Graded Chinese Reader 3000 Words

Selected Abridged Chinese Contemporary Short Stories

汉语分级阅读·3000词

史 迹 编著

华语教学出版社
SINOLINGUA

First Edition 2007
Revised Edition 2016
First Printing 2016

ISBN 978-7-5138-0832-3

Published by Sinolingua Co., Ltd
24 Baiwanzhuang Road, Beijing 100037, China
Tel: (86) 10-68320585 68997826
Fax: (86) 10-68997826 68326333
http://www.sinolingua.com.cn
E-mail: hyjx@sinolingua.com.cn
Facebook: www.facebook.com/sinolingua
Printed by Beijing Efeng EasyPrint Technology Co., Ltd

Printed in the People's Republic of China

目录 Contents

Preface

It is an established fact that reading practice is effective in improving one's proficiency in a foreign language. Thus, for students of Chinese as a foreign language, learning how to read Chinese is essential to the process of becoming familiar with Chinese words. To become effectively literate, students need to have a command of about 3000 to 5000 Chinese words. However, mastering such a large amount of Chinese vocabulary can be quite a significant burden. But students are eager to read in Chinese even with a limited amount of vocabulary. I once taught in the Chinese Department of Venice University and found that the students needed simple Chinese materials to improve their reading ability. This series, Graded Chinese Readers, is made up of such simple reading materials which have been specifically designed for students of Chinese as a foreign language to help them improve their reading comprehension. These materials can be useful both inside and outside the classroom.

Readability and language practicability are characteristics of the simplified stories in this series, based on contemporary Chinese novels, some of which are prize-winning literary works. The stories describe Chinese people's lives and the various social changes that have occurred since the 1980s in China. By reading these literary works, students of Chinese as a foreign language can gain a better knowledge of the everyday lives of the Chinese people. In order to help readers have a better comprehension of these works, each story has a "Guide to reading" which appears before the main text. Questions based on the texts and brief introductions to the authors are also included following the stories.

The series has already published *Graded Chinese Reader* 500 *Words, Graded Chinese Reader 1000 Words*, *Graded Chinese Reader 1500, Graded Chinese Reader 2000 Words*, and *Graded Chinese Reader 2500 Words. Graded Chinese Reader 3000 Words* is the sixth book of the series. The stories have been selected from a range of contemporary stories written by celebrated authors, such as Bi Shumin, Liang Xiaosheng and etc. The vocabulary is limited to about 3000 common Chinese words, which are mainly based on the 2500 Chinese words listed in the Chinese Proficiency Test Syllabus Level 5 (2010).

To satisfy readers needs better, the compilers have adopted the following strategies: 1. In each story, words outside of these above mentioned categories, such as more advanced words, proper nouns, idioms, and complex sentence structures, are explained in notes at the side of each page along with some examples. 2. The most common words appear frequently in the text so that students can memorize them more efficiently. 3. The sentences are reasonably short, sentence structures are complete, complex sentences are avoided. 4. Pinyin is used so that students can easily master each word's pronunciation and be able to look each character up in a dictionary. 5. Each story has its own notes so that readers may choose whichever story they wish to read without having to refer to other stories' notes. 6. In order to improve students' listening comprehension, CDs in MP3 format are attached to the book. 7. A pinyin-invisible card is designed specially for those who wish to read only the characters. 8. In addition, the stories are all illustrated with pictures, which will help students better understand the plot of each story. The main goal of Chinese Graded Reader series is to reduce the difficulty of Chinese reading for students.

I would like to thank the College of Foreign Languages of Southwest Jiaotong University and my publisher Sinolingua for their helpful support, Professor Abbiati Magda of the Chinese Department of Venice University for all the valuable ideas she gave me when I was preparing the series, all the Chinese contemporary writers for their permission to adapt their works in the book, Fu Mei, Director of the Editorial Department and my editor Lu Yu, of Sinolingua, for their constructive suggestions and sincere help, my friends Peter Moon and Pat Burrows for their suggestions. I would also like to thank my readers and all of the many other people who helped me, directly or indirectly, in the development of this book.

I sincerely welcome constructive criticism and helpful suggestions from both our esteemed colleagues and, of course, students of the Chinese language. We hope that this series, Graded Chinese Reader, will be helpful to all CFL students and readers.

The author can be contacted at: shiji0612@126.com

Shi Ji

前　言

众所周知，通过阅读提高语言水平历来是被广为接受的、有效的语言学习途径。对于以汉语为外语的学生来说，通过汉语阅读来学习汉语词汇是非常重要的学习途径。通常情况下，要读懂一般的汉语材料，需要掌握3000至5000个汉语词汇。然而，外国学生要掌握3000个常用词难度非常大。但是学生们却渴望用他们有限的词汇进行汉语阅读。本人在威尼斯大学中文系任教期间，了解到学生们很需要这方面的阅读材料来提高他们的阅读能力。《汉语分级阅读》系列就是为世界各国汉语学习者编写的简易读本。《汉语分级阅读》系列的主要目的是帮助学生提高汉语阅读能力。该系列既可以作为课堂的汉语阅读教材，也可作为课外的汉语泛读材料。

《汉语分级阅读》系列所选的故事主要是中国当代作家的中短篇小说，有些是获奖作品。所选作品重点突出了作品的可读性和语言的实用性。通过阅读，学生可以在一定程度上了解现在中国人的生活，了解自20世纪80年代至今中国发生的各种社会变化。为了让学生更充分理解故事内涵，在阅读之前有英文的“阅读指导”，阅读之后有思考题和英文的作家介绍。

《汉语分级阅读》系列共6册，包括《汉语分级阅读·500词》、《汉语分级阅读·1000词》（原名《汉语分级阅读3》）、《汉语分级阅读·1500词》、《汉语分级阅读·2000词》（原名《汉语分级阅读1》）、《汉语分级阅读·2500词》和《汉语分级阅读·3000词》（原名《汉语分级阅读2》）。本书《汉语分级阅读·3000词》的故事选自中国当代著名作家毕淑敏、梁晓声等的五篇反映当代中国人生活的小说。《汉语分级阅读·3000词》的词汇量限定在3000个汉语常用词，主要根据《新汉语水平考试大纲HSK》（2010）五级限定的2500词进行编写。

为满足读者需要，《汉语分级阅读》在编写过程中进行了精心设计：①对每篇故事中超出上述词汇以外的词、难词、专有名词、俗语及难句都进行了旁注，一些常用词给出了例句。②尽量增加常用词的复现率，以此增强读者对汉语常用词的理解与记忆。③句子力求简短，结构完整，尽量避免结构复杂的长句。④故事正文均配上拼音，使学生尽可能地通过读音记忆词义和查阅词典。⑤为方便读者能够按自己的兴趣任意挑选某篇故事去阅读，注释都是以单篇故事为单位重复出现的。⑥为提高学生的听力水平，本书配有 MP3 格式的 CD 光盘。⑦为适应学生的不同需求，本书配有可以隐去拼音的拼音隐形卡。⑧除此之外，每篇故事还配有插图，以帮助学生更直观地了解故事内容。《汉语分级阅读》的编写宗旨是进一步降低汉语阅读的难度，帮助学生提高汉语阅读和汉语听力的水平。

《汉语分级阅读》系列的编写得到各界人士的关心和支持。非常感谢西南交通大学外语学院的领导和华语教学出版社的支持；感谢威尼斯大学中文系 Abbiati Magda 教授对本书的关心和指导；感谢为本书提供作品的当代作家们；感谢华语教学出版社编辑部主任付眉及编辑陆瑜对本书提出的宝贵意见和热情帮助；感谢朋友 Peter Moon 和 Pat Burrows 提出宝贵意见感谢读者对《汉语分级阅读》系列的厚爱和提出的宝贵意见；感谢曾经以不同方式直接或间接帮助我完成本书的所有朋友们。对于你们的帮助，本人在此谨表示衷心的谢意。

我真诚希望《汉语分级阅读》系列能成为世界各国汉语学习者的良师益友，并希望广大读者和同人不吝赐教。

作者邮箱：shiji0612@126.com

史迹

Yī ， Làng Jìn Chuáncāng

一、浪进船舱

Yuánzhù： Zhōu Dàxīn

原著：周大新

一、浪进船舱

Guide to reading:

This is a romantic story. Nowadays more and more expatriated Chinese return to China to travel, to work, or to set up new companies. This group of people are called "Hǎi Guī Pài" (海归派 returned overseas Chinese). In this story, the protagonist is called Min Ming, an American-Chinese girl who is brought up and educated in America. Her father returns to China to run a company in Beijing. At first when Min Ming comes to China with her parents, she only wants to stay for a short time to understand more about China. However, she unexpectedly falls in love with Liang Zhi, a handsome and intelligent Chinese boy, son of a division commander of the army. Throughout their love affair, Liang Zhi and Min Ming experience a great deal of cultural conflict. First of all, Min Ming and Liang Zhi come from different family backgrounds, representing different modern lifestyles. Also, as Liang Zhi's grandmother is a Taoist, his mother is a Buddhist, and Min Ming is a Christian, their different religious beliefs represent different cultures. Liang

Zhi's grandmother and mother represent traditional Chinese culture, while Min Ming represents the Western Christian culture. Although they hold differing cultural views and spiritual beliefs, through the course of the story, all the family members are finally able to communicate with each other, love each other, and respect each other. This romantic drama tells both of love and of cultural ferment.

故事正文：

Mǐn Míng cóngxiǎo zài Měiguó shēnghuó， zài
闵茗从小在美国生活，在
Měiguó zhǎngdà， shòu de shì Měiguó jiàoyù． Tā
美国长大，受的是美国教育。她
zǒng xiǎng huí Zhōngguó kànkan， kànkan bàba de
总想回中国看看，看看爸爸的
gùxiāng hé lǎolao de gùxiāng． Tā xiǎng dào
故乡和姥姥[1]的故乡。她想到
Zhōngguó shēnghuó yì duàn shíjiān， shùnbiàn yóulǎn
中国生活一段时间，顺便游览
yìxiē míngshèng-gǔjì． Mǐn Míng de bàba juédìng
一些名胜古迹。闵茗的爸爸决定
zài Běijīng bàn yì jiā gōngsī， Mǐn Míng jiù gēnzhe
在北京办一家公司，闵茗就跟着
fùmǔ yìqǐ dēngshàngle fēiwǎng Zhōngguó de
父母一起登上了飞往中国的
fēijī． Dāngshí tā zhēnshì xīngfèn jíle．
飞机。当时她真是兴奋极了。

Mǐn Míng de bàba juédìng cóng Měiguó de
闵茗的爸爸决定从美国的
Xīyǎtú huí Běijīng bàn gōngsī， tā de māma
西雅图[2]回北京办公司，她的妈妈
fēicháng zhīchí， dànshì tā de lǎolao jiānjué
非常支持，但是她的姥姥坚决
fǎnduì． Lǎolao yìzhí shēnghuó zài Měiguó． Lǎolao
反对。姥姥一直生活在美国。姥姥
zhīdao zài Měiguó shēnghuó de hǎochù， tā bú
知道在美国生活的好处，她不

1 **姥姥**: maternal grandmother
姥爷: maternal grandfather
2 **西雅图**: Seattle, the United States

yuànyi nǚ'ér huí Zhōngguó qù shēnghuó . Kěshì
愿意女儿回中国去生活。可是
Mǐn Míng de bàba shuō , Běijīng shì jīntiān shìjiè
闵茗的爸爸说，北京是今天世界
shang zuì néng zhuàn qián de dìfang , yìnggāi qù
上最能赚钱[1]的地方，应该去
zhàn yí kuài dìpán .
占一块地盘[2]。

Suǒyǐ tāmen quánjiā jiù juédìng huíguó le .
所以他们全家就决定回国了。
Mǐn Míng de bàba xiǎng huíguó háiyǒu yí gè
闵茗的爸爸想回国还有一个
zhòngyào de yuányīn , nà jiù shì tā bàba tài
重要的原因，那就是她爸爸太
xiǎng zìjǐ de mǔqīn le . Mǐn Míng de nǎinai
想自己的母亲了。闵茗的奶奶
niánlíng dà le , bùnéng lái Měiguó , jiù zhǐyǒu
年龄大了，不能来美国，就只有
bàba qù kàn nǎinai le . Guānyú huíguó zhè jiàn
爸爸去看奶奶了。关于回国这件
shì , Mǐn Míng yuánlái zhǔnbèi péi bà mā zài Běijīng
事，闵茗原来准备陪爸妈在北京
zhùshàng yì nián bàn nián de . Hòulái wèile hǎo
住上一年半年的。后来为了好
wán , tā yòu xīnxuèláicháo de xiǎng zài Běijīng
玩，她又心血来潮[3]地想在北京
gōngzuò yí duàn shíjiān , xiǎng duō liǎojiě yìxiē
工作一段时间，想多了解一些
dàlùrén de shēnghuó . Tā shì xué jīnróng de .
大陆人的生活。她是学金融[4]的。

1 赚钱：make a fortune
2 地盘：in the context it means a field or a market share
3 心血来潮：be seized by whim
4 金融：finance

Tā zài yì jiā yínháng zhǎodàole gōngzuò, yě
她在一家银行找到了工作，也
suànshì yí cì shíxí ba. Méi xiǎngdào Mǐn Míng
算是一次实习[1]吧。没想到闵茗
zài nà jiā yínháng lǐ rènshíle yí gè jiào Liáng
在那家银行里认识了一个叫梁
Zhì de xiǎohuǒzi. Hòulái tā de shēnghuó jiù
智的小伙子。后来她的生活就
fāshēngle jùdà de biànhuà.
发生了巨大的变化。

Mǐn Míng shì bùzhībùjué de àishàng Liáng
闵茗是不知不觉[2]地爱上梁
Zhì de. Àishàng Liáng Zhì de shíhou, tā
智的。爱上梁智的时候，她
yìdiǎnr yě bù zhīdao tā fùqīn shì jūnduì de
一点儿也不知道他父亲是军队的
yí gè shīzhǎng. Dāngrán, Liáng Zhì yě bù zhīdao
一个师长[3]。当然，梁智也不知道
Mǐn Míng de fùmǔ shì zuò shénme de, gèng bù
闵茗的父母是做什么的，更不
zhīdao Mǐn Míng yì jiā qùnián cái cóng Měiguó
知道闵茗一家去年才从美国
Xīyǎtú huílái. Liáng Zhì zhǐshì juéde Mǐn Míng
西雅图回来。梁智只是觉得闵茗
de pǔtōnghuà shuō de hěn bièniu.
的普通话说得很别扭[4]。

Tāliǎ tán liàn'ài shì yīnwèi xiānghù xīyǐn.
他俩谈恋爱是因为相互吸引[5]。
Liáng Zhì zhǎng de hěn shuài, tā dǒng de
梁智长得很帅[6]，他懂的

1 **实习**: internship
2 **不知不觉**: unconsciously
e.g. 时间过得真快，不知不觉地已经到了夏天。
3 **师长**: the division commander of the army
4 **别扭**: awkward
e.g. 有的汉字很好写，可是有的汉字写起来却很别扭。
5 **吸引**: to attract
6 **帅**: handsome

jīnróng zhīshi yě bǐ Mǐn Míng duō. Mǐn Míng
金融知识也比闵茗多。闵茗
juéde zài tā gōngzuò de nà jiā yínháng li, Liáng
觉得在她工作的那家银行里，梁
Zhì shì xiǎohuǒzi lǐmiàn zhǎng de zuì shuài de yí
智是小伙子里面长得最帅的一
wèi. Liáng Zhì xǐhuan shàng Mǐn Míng, zuìchū shì
位。梁智喜欢上闵茗，最初是
yīnwèi tā de Yīngyǔ shuō de hǎo, hòulái shì
因为她的英语说得好，后来是
yīnwèi tā hěn xǐhuan tā de xiōngbù. Mǐn Míng
因为他很喜欢她的胸部[1]。闵茗
xiǎng: Zhège Liáng Zhì, kàn yí gè gūniang zěnme
想：这个梁智，看一个姑娘怎么
néng zhǐ kàn xiōngbù? Yīnggāi kàn tā de quánshēn,
能只看胸部？应该看她的全身，
hái yǒu nèixīn! Rúguǒ zhǐ kàn xiōngbù, yàoshi
还有内心！如果只看胸部，要是
zài pèngshàng yí gè xiōngbù bǐ wǒ měi de
再碰上一个胸部比我美的
nǚzǐ, nàyàng dehuà, tā bú jiù yào yí
女子，那样的话，他不就要移
qíng le?
情[2]了？

Tāmen de liàn'ài jīběn shùnlì, zhǐyǒu yí
他们的恋爱基本顺利，只有一
cì tāmen nòng de bù yúkuài. Nà shì yí gè
次他们弄得不愉快。那是一个
bàngwǎn, tāmen liǎ zài yì tiáo hébiān zuòzhe,
傍晚，他们俩在一条河边坐着，

1 胸部: breasts
2 移情: change (his) love

Liáng Zhì hǎoxiàng zài xiǎngzhe shénme shìr. Mǐn
梁智好像在想着什么事儿。闵
Míng wèn tā: "Nǐ zài xiǎng shénme?" Liáng Zhì
茗问他："你在想什么？"梁智
bù hǎoyìsi de xiàoxiao, shuō: "Wǒ zài xiǎng yí
不好意思地笑笑，说："我在想一
gè wèntí. Nǐ kěyǐ gàosu wǒ ma?" Tā de
个问题。你可以告诉我吗？"他的
yàngzi shǐ Mǐn Míng gǎndào hàoqí. Liáng Zhì
样子使闵茗感到好奇[1]。梁智
shuō: "Wǒ xiǎng wèn nǐ …" Tā yǒudiǎnr bù
说："我想问你……"他有点儿不
hǎoyìsi. Mǐn Míng zháojí le: "Nǐ shuō
好意思。闵茗着急了："你说
ya!"
呀！"

Liáng Zhì bù hǎoyìsi de wèn: "Nǐ duì
梁智不好意思地问："你对
nǚrén zài jiéhūn qián yǔ nánrén fāshēng xìngguānxi
女人在结婚前与男人发生性关系[2]
zhège wèntí zěnme kàn?" Mǐn Míng yíxiàzi
这个问题怎么看？"闵茗一下子
jiù míngbaile tā zài guānxīn shénme. "Nǐ
就明白[3]了他在关心什么。"你
shénme yìsi?"
什么意思？"

Liáng Zhì shuō: "Wǒ xiǎng, nǐ zài Měiguó
梁智说："我想，你在美国
nàge tèbié kāifàng de guójiā zhǎngdà, duì
那个特别开放的国家长大，对

1 **好奇**: curious
e.g. 他刚来中国的时候，对什么都感到好奇。
2 **发生性关系**: have sexual relation with someone
3 **明白**: to understand

zhège wèntí kěndìng yǒu xǔduō xīn de
这个问题肯定有许多新的
kànfǎ."
看法。”

Mǐn Míng shuō: "Nǐ xiǎng liǎojiě de kǒngpà
闽茗说：“你想了解的恐怕
búshì shénme xīn de kànfa, érshì xiǎng zhīdao
不是什么新的看法，而是想知道
wǒ xiànzài hái shì bu shì chǔnǚ, duì ba?"
我现在还是不是处女[1]，对吧？”
Mǐn Míng zhízhí de kànzhe Liáng Zhì de yǎnjing.
闽茗直直地看着梁智的眼睛。
Liáng Zhì de liǎn hóng le, jímáng shuō: "Bù,
梁智的脸红了，急忙说：“不，
bù, nǐ bié wùhuì."
不，你别误会。”

Mǐn Míng díquè yǒu xiē shēngqì. Mǐn Míng
闽茗的确有些生气。闽茗
shuō: "Wǒmen liàn'àile zhème duō rìzi, zài
说：“我们恋爱了这么多日子，在
wǒmen xiānghù shuōle 'wǒ ài nǐ' zhīhòu, nǐ
我们相互说了‘我爱你’之后，你
hái zài kǎolǜ zhège wèntí, wǒ bùnéng bù
还在考虑这个问题，我不能不
shēngqì. Nàme hǎo ba, wǒ lái gàosu nǐ,
生气。那么好吧，我来告诉你，
rènhé yí gè nánrén xiǎng hé wǒ shuìjiào, wǒ dōu
任何一个男人想和我睡觉，我都
huì mǎnzú tā! Wǒ shísān suì jiù hé nánrén
会满足他！我十三岁就和男人

1 处女：virgin

shuìjiào le, wǒ xiànzài yǐjīng hé sānbǎi gè
睡觉了，我现在已经和三百个
nánrén shuìguo jiào, wǒ rènshí nǐ yǐhòu hái hé
男人睡过觉，我认识你以后还和
qítā nánrén shuì…"
其他男人睡……”

Liáng Zhì yíxiàzi shēn shǒu wǔzhùle Mǐn
梁智一下子伸手捂[1]住了闵
Míng de zuǐ, bú ràng tā shuō xiàqu.
茗的嘴，不让她说下去。

Mǐn Míng shuō: "Zěnme bú ràng wǒ shuō
闵茗说：“怎么不让我说
le?"
了？”

Liáng Zhì gǎnmáng shuō: "Duìbuqǐ,
梁智赶忙说：“对不起，
duìbuqǐ, wǒ bù gāi luàn shuō."
对不起，我不该乱说[2]。”

Mǐn Míng shuō: "Zhǐ shì duìbuqǐ? Nǐ
闵茗说：“只是对不起？你
yàoshi bù xiāngxìn wǒ, wèi shénme hái gēn wǒ tán
要是不相信我，为什么还跟我谈
liàn'ài? Nǐ wèi shénme bù zǒukāi?" Mǐn Míng
恋爱？你为什么不走开？”闵茗
shuōwán, qǐshēn jiù zǒu. Liáng Zhì sǐsǐ de
说完，起身就走。梁智死死地
lāzhù tā, xiàng tā dàoqiàn. Yào bú shì kànzhe
拉住她，向她道歉。要不是看着
tā yǎnlèi jí de dōu yào liú chūlái, Mǐn Míng
他眼泪急得都要流出来，闵茗

1 捂: to cover
e.g. 他的样子很好笑，他的同学都捂着嘴偷偷地笑他。
2 乱说: talk nonsense

shì bú huì yuánliàng tā de .
是不会原谅他的。

Mǐn Míng xīnli xiǎng : Zǒng yǒu yì tiān wǒ
闵茗心里想：总有一天我
yào ràng tā zhīdao tā de xiǎngfa shì duōme
要让他知道他的想法是多么
huāngtang !
荒唐[1]！

Zhè jiàn shì Mǐn Míng yìzhí jì zài xīnli .
这件事闵茗一直记在心里。
Zài yí gè xiàtiān de wǎnshang , tāmen zài Běijīng
在一个夏天的晚上，他们在北京
jiāoqū de yí gè shānpō shang , Liáng Zhì kǔkǔ
郊区的一个山坡上，梁智苦苦
de qǐngqiú Mǐn Míng tuōxià yīfu . Mǐn Míng nàshí
地请求闵茗脱下衣服。闵茗那时
ài Liáng Zhì yǐjīng ài de yìtāhútú ,
爱梁智已经爱得一塌糊涂[2]，
shízài bù xiǎng kàn tā nà zhǒng nánshòu de
实在不想看他那种难受的
yàngzi , jiù bǎ tā de bái chènyī pū zài le
样子，就把他的白衬衣铺在了
zìjǐ de shēn xià … Dāng Liáng Zhì fēicháng
自己的身下……当梁智非常
jǐnzhāng de gēn Mǐn Míng zuòwán nà jiàn shì
紧张地跟闵茗做完那件事[3]
yǐhòu , Mǐn Míng rěnzhe téngtòng , chōuchū shēn xià
以后，闵茗忍着疼痛，抽出身下
nà jiàn bái chènyī , ràng tā kàn shàngbian de xiě .
那件白衬衣，让他看上边的血。

1 **荒唐**: absurd, preposterous
e.g. 这种想法真荒唐。
2 **一塌糊涂**: in a hopeless mess; in a terrible state
e.g. 最近工作上的事情很多，他忙得一塌糊涂。
3 **那件事**: in the context it refers to love-making

Mǐn Míng shuō: "Zūnjìng de Liáng Zhì xiānsheng, nǐ
闵茗说："尊敬的梁智先生，你
gěi wǒ kàn qīngchu le!" Liáng Zhì fǎnfù de
给我看清楚了！"梁智反复地
shuō: "Duìbuqǐ, duìbuqǐ!" Mǐn Míng zhuāzhù
说："对不起，对不起！"闵茗抓住
tā de ěrduo, xiǎoshēng shuō: "Zài nǐ de
他的耳朵，小声说："在你的
yǎnli, shì bu shì suǒyǒu de nǚrén dōu kěyǐ
眼里，是不是所有的女人都可以
suíbiàn de xiàng nánrén xiànshēn? Shì bu shì
随便地向男人献身[1]？是不是
Měiguó jiù méiyǒu chǔnǚ le? Gàosu nǐ, wǒ
美国就没有处女了？告诉你，我
zài Měiguó shòudào de shì zuì yángé de huárén
在美国受到的是最严格的华人[2]
chuántǒng jiàoyù. Zài kāifàng de guójiā yě zhīdao
传统教育。再开放的国家也知道
bǎohù tāmen de nǚ'ér!" Tā diǎn tóu shuō:
保护他们的女儿！"他点头说：
"duì, duì." Mǐn Míng zhuāzhe tā de ěrduo hái
"对，对。"闵茗抓着他的耳朵还
xiǎng jìxù shuō, Liáng Zhì méi ràng tā shuōwán,
想继续说，梁智没让她说完，
zhǐ shì bùtíng de wěn tā, wěn de Mǐn Míng yí
只是不停地吻[3]她，吻得闵茗一
gè zì yě shuō bù chūlái…
个字也说不出来……

Zài qiūtiān de yí gè bàngwǎn, Mǐn Míng
在秋天的一个傍晚，闵茗

1 **献身**: in this context it refers to girls giving up their virginity
2 **华人**: foreign citizens of Chinese descent
3 **吻**: to kiss

dì-yī cì gēn Liáng Zhì qùle tāmen jiā. Tāmen
第一次跟梁智去了他们家。他们
gāng zài yí piàn shùlín li wěnguo, Liáng Zhì shuō:
刚在一片树林里吻过，梁智说：
"Zǒu ba, ràng nǐ jiàn yi jiàn nǐ de gōnggong
"走吧，让你见一见你的公公
pópo!" Mǐn Míng shuō: "Nǐ bié gāoxìng de tài
婆婆[1]！"闵茗说："你别高兴得太
zǎo le, shì bu shì nǐ Liáng jiā de érxífu,
早了，是不是你梁家的儿媳妇[2]，
hái děi xiān kàn wǒ yuàn bu yuànyì!" Tā lāzhe
还得先看我愿不愿意！"他拉着
Mǐn Míng zǒu dào yí gè dàyuàn ménkǒu, lǐng tā zǒule
闵茗走到一个大院门口，领她走了
jìnqu. Mǐn Míng zhè shí yǒuxiē chījīng. Tā wèn:
进去。闵茗这时有些吃惊。她问：
"Nǐmen jiā zhèlǐ zěnme yǒu jūnrén zhàngǎng?"
"你们家这里怎么有军人站岗[3]？"
Tā xiàoxiao shuō: "Wǒ xiànzài zhèngshì gàosu nǐ,
他笑笑说："我现在正式告诉你，
wǒ shì yí gè jūnrén de érzi. Fùqīn zhǐ shì
我是一个军人的儿子。父亲只是
gè shīzhǎng, guān búdà. Zhè bú huì xiàzháo nǐ
个师长，官不大[4]。这不会吓着你
ba?"
吧？"

Mǐn Míng zhēn de lèngzhù le, tā díquè
闵茗真的愣[5]住了，她的确
méi xiǎngguo huì zhǎo yí gè jūnrén de érzi zuò
没想过会找一个军人的儿子做

1 公公婆婆: father-in-law and mother-in-law of a married woman
2 儿媳妇: daughter-in-law
3 军人站岗: soldiers on guard
4 官不大: not a high official
5 愣: dumbfounded
e.g. 听到这个消息，他愣了半天没说话。

zhàngfu . Tāmen jiā méiyǒu hé jūnrén jiāoguo
丈夫。她们 家 没有 和 军人 交过
péngyou , jūnrén jiātíng duì tā láishuō shízài shì
朋友，军人 家庭 对 她 来说 实在 是
mòshēng . Búguò zhè shí Mǐn Míng yǐ méi shíjiān
陌生[1]。不过 这 时 闵 茗 已 没 时间
qù xiǎng biéde , zhǐnéng gēnzhe tā zǒu xiàng yì
去 想 别的，只能 跟着 他 走 向 一
pái dài xiǎoyuàn de fángzi . Zài yì zuò xiǎo
排 带 小院 的 房子。在 一 座 小
yuànzi li , tā kànjiàn yí gè tóu shang yǒuxiē
院子 里，她 看见 一 个 头 上 有些
báifà de zhōngnián nánzǐ , zhèng dàizhe yǎnjìng
白发 的 中年 男子，正 戴着 眼镜
zuò zài yǐzi shang kàn bàozhǐ . Liáng Zhì hǎnle
坐 在 椅子 上 看 报纸。梁 智 喊了
yì shēng : " Bàba . " Tā dàyuē yòu kànle yì
一 声：“爸爸。”他 大约 又 看了 一
xíng zì cái tái qǐ tóu lái , biān zhāixià yǎnjìng
行 字 才 抬 起 头 来，边 摘下 眼镜
biān shuō : " Zěnme cái xiàbān ? Nǐ mā zǎo bǎ
边 说：“怎么 才 下班？你 妈 早 把
fàn … " Tā kànjiànle Mǐn Míng , tūrán
饭……”他 看见了 闵 茗，突然
tíngzhù le .
停住 了。

Liáng Zhì shuō : " Zhè shì wǒ de nǚpéngyou
梁 智 说：“这 是 我 的 女朋友
Mǐn Míng . " Zhèshí , Mǐn Míng lǐmào de xiàng tā
闵 茗。”这时，闵 茗 礼貌 地 向 他

1 **陌生**: strange
e.g. 我们虽然是第一次见面，但是并不感到陌生。

shuōle yì shēng: "Bóbo hǎo!" Liáng Zhì de
说了一声："伯伯好！"梁智的
bàba méi chuān jūnzhuāng, kànshàngqu hé yìbān
爸爸没穿军装[1]，看上去和一般
de zhōngniánrén méishénme bù yíyàng. Zhè ràng Mǐn
的中年人没什么不一样。这让闵
Míng shāowēi fàngxīn le yìdiǎnr.
茗稍微放心了一点儿。

Liáng Zhì de bàba shuō: "É. Kuài qǐng
梁智的爸爸说："哦。快请
jìn wū." Mǐn Míng zhùyì dào tā kànle zìjǐ
进屋。"闵茗注意到他看了自己
yì yǎn, dàn jiùshì zhè yì yǎn yě ràng tā
一眼，但就是这一眼也让她
gǎnjué dào le tā de yánsù. Mǐn Míng xiǎng,
感觉到了他的严肃。闵茗想，
zhè shì yí gè yánsù de fùqīn, hé tā fùqīn
这是一个严肃的父亲，和她父亲
de xìnggé wánquán bù yíyàng.
的性格完全不一样。

Liáng Zhì de māma hé nǎinai duì yú Mǐn
梁智的妈妈和奶奶对于闵
Míng de yìwài dàolái xiǎnde shífēn rèqíng. Liǎng
茗的意外到来显得十分热情。两
gè rén lāzhe Mǐn Míng zuò zài kètīng de shāfā
个人拉着闵茗坐在客厅的沙发
shang, yòu shì duān chá, yòu shì dì máojīn, yòu
上，又是端茶，又是递毛巾，又
shì ná shuǐguǒ. Yóuqí shì tā de nǎinai, nàge
是拿水果。尤其是他的奶奶，那个

1 军装：army uniform

mǎntóu báifà de nóngcūn dǎban de lǎotàitai,
满头白发的农村打扮的老太太，
lāzhe Mǐn Míng de shǒu, xiào de hébushàng zuǐ.
拉着闵茗的手，笑得合不上嘴。
Tā shuō: "Kànkan ǎn sūnzi de yǎnguāng,
她说："看看俺[1]孙子[2]的眼光[3]，
zhǎo de gūniang duō hǎokàn! Wǒ zǎo jiù shuō, ǎn
找的姑娘多好看！我早就说，俺
sūnzi kěndìng néng zhǎodào yí gè piàoliang de
孙子肯定能找到一个漂亮的
lǎopo, zǎ yàng? Zhè bú shì zhǎodàole ma?"
老婆[4]，咋样？这不是找到了吗？"
Mǐn Míng de liǎn bèi tā shuō de hónghóng de.
闵茗的脸被她说得红红的。
Liáng Zhì jiēzhe shuō: "Nǎinai, xiànzài rénjia
梁智接着说："奶奶，现在人家[5]
hái zhǐshì wǒ de péngyou, bù shì lǎopo."
还只是我的朋友，不是老婆。"
Lǎoren cháo sūnzi dùndun guǎizhàng shuō: "Qù,
老人朝孙子顿顿拐杖[6]说："去，
qù, rénjia gūniang yàoshi bù xiǎng zuò nǐ de
去，人家姑娘要是不想做你的
lǎopo lái zán jiāli gàn shá?" Mǐn Míng zhēnshi
老婆来咱家里干啥？"闵茗真是
bù zhīdao shuō shénme hǎo, méifǎ kāikǒu.
不知道说什么好，没法开口。
Zhènghǎo Liáng Zhì de fùqīn cháo Liáng Zhì de
正好梁智的父亲朝梁智的
māma shuō: "Hái bù kuài qù zài duō zuò liǎng gè
妈妈说："还不快去再多做两个

1 俺: (dialect) I, me
2 孙子: grandson
3 眼光: sense of judgement
e.g. 这件衣服很漂亮，你真有眼光。
4 老婆: same as 妻子
5 人家: a certain person, here referring to Min Ming
e.g. 这是我同屋的自行车，你用完了赶快给人家送回去。
6 拐杖: walking stick

cài, háizimen kěndìng è le."
菜，孩子们肯定饿了。"

Fànlái duānshàng fànzhuō shí, Mǐn Míng ànzhào cóngxiǎo yǎngchéng de xíguàn, tái shǒu zài xiōngqián huàle gè shízì, qīngqīng shuōle jǐ jù gǎnxiè Shàngdì de huà, ránhòu cái qù ná kuàizi.
饭菜端上饭桌时，闵茗按照从小养成的习惯，抬手在胸前画了个十字[1]，轻轻说了几句感谢上帝[2]的话，然后才去拿筷子。

Kàndào Mǐn Míng de zhège dòngzuò, Liáng Zhì de quán jiā rén dōu lèngzhù le. Liáng Zhì de fùqīn wèn: "Zěnme, nǐ xìn Jīdū?"
看到闵茗的这个动作，梁智的全家人都愣住了。梁智的父亲问："怎么，你信基督[3]？"

Mǐn Míng wēixiàozhe shuō: "Wǒmen yì jiā dōu xìn Jīdūjiào. Wǒ mǔqīn shì Měiguó huárén de hòuyì, wǒ fùqīn shì zài Xīyǎtú liúxué de shíhou hé mǔqīn jiéhūn de, tā yě xìnle Jīdūjiào. Wǒmen yì jiā rén qùnián cái cóng Měiguó Xīyǎtú huílái."
闵茗微笑着说："我们一家都信基督教[4]。我母亲是美国华人的后裔[5]，我父亲是在西雅图留学的时候和母亲结婚的，他也信了基督教。我们一家人去年才从美国西雅图回来。"

Mǐn Míng kànjiàn Liáng Zhì chījīng de yàngzi,
闵茗看见梁智吃惊的样子，

1 十字: cross
2 上帝: God
3 信基督: believe in Christ
信教: believe in a religion
4 基督教: Christianity
5 后裔: descendant

bùyóude zài xīnli gāoxìng qǐlái . Zài zhè
不由得[1]在心里高兴起来。在这
zhīqián , tā gēnběn bù zhīdao Mǐn Míng de yì jiā
之前，他根本不知道闵茗的一家
rén dōu shì Jīdūjiàotú . Tā xīnxiǎng : Nǐ bú
人都是基督教徒[2]。她心想：你不
gàosu wǒ nǐ fùqīn shì jūnrén , érqiě shì gè
告诉我你父亲是军人，而且是个
shīzhǎng , xiànzài gāi nǐ chījīngle ba ?
师长，现在该[3]你吃惊了吧？

Liáng Zhì de nǎinai méi tīngdǒng . Tā wèn :
梁智的奶奶没听懂。她问：
" Jīdū shì shéi ? "
“基督是谁？”

Liáng Zhì xiàng nǎinai jiěshì : " Shì yí gè
梁智向奶奶解释：“是一个
shén . "
神。”

Lǎoren yòu wèn : " Shén ? Zhège shén wǒ zǎ
老人又问：“神？这个神我咋
bù zhīdao ? "
不知道？”

Liáng Zhì shuō : " Nǎinai , shìjiè shang de
梁智说：“奶奶，世界上的
shén hěn duō , Jīdū hé nǐ xìn de Zǔshīyé
神很多，基督和你信的祖师爷[4]
yíyàng , dōu shì shén … "
一样，都是神……”

Mǐn Míng méiyǒu qù tīng Liáng Zhì de jiěshì ,
闵茗没有去听梁智的解释，

1 **不由得**: can not help
e.g. 看到这张照片，他不由得想起了过去的艰苦生活。
2 **教徒**: follower of a religion
3 **该**: be someone's turn
4 **祖师爷**: the founder of Taoism

zhǐ xìxīn de guānchá shīzhǎng. Tā méiyǒu zài
只细心地观察师长。他没有再
shuōhuà, zhǐ shì dīzhe tóu chīfàn. Zài zhěnggè
说话，只是低着头吃饭。在整个
chīfàn guòchéng zhōng, tā méiyǒu zài shuō yí jù
吃饭过程中，他没有再说一句
huà. Mǐn Míng gǎnjué dào, shīzhǎng xiānsheng duì
话。闵茗感觉到，师长先生对
xìn Jīdū de shì bú tài gāoxìng. Mǐn Míng
信基督的事不太高兴。闵茗
xīnxiǎng: Nǐ jǐnguǎn bù gāoxìng ba, wǒ jué bú
心想：你尽管不高兴吧，我决不
huì yīnwèi yào zuò nǐ érzi de nǚpéngyou ér
会因为要做你儿子的女朋友而
gǎibiàn wǒ de xìnyǎng!
改变我的信仰[1]！

Mǐn Míng de gǎnjué méi cuò. Dì-èr tiān Liáng
闵茗的感觉没错。第二天梁
Zhì lái shàngbān shí xīnqíng bù hǎo. Tā gàosu Mǐn
智来上班时心情不好。他告诉闵
Míng: "Wǒ liǎ de shì zài jiāli kěnéng huì yǒu
茗："我俩的事在家里可能会有
máfan!" Mǐn Míng jiǎzhuāng wúsuǒwèi de yàngzi
麻烦！"闵茗假装无所谓[2]的样子
shuō: "Yǒu máfan cái hǎo, nàyàng wǒ kěyǐ qù
说："有麻烦才好，那样我可以去
zài zhǎo yí gè nánrén! Zhōngguó shuài nánrén
再找一个男人！中国帅男人
zhème duō, wǒ hái néng zhǎobudào yí gè?"
这么多，我还能找不到一个？"

1 **信仰**: belief
2 **无所谓**: be indifferent; not matter
e.g. 今天去还是明天去都行，我无所谓。

Liáng Zhì shēngqì de niēzhù Mǐn Míng de shǒu,
梁智生气地捏[1]住闵茗的手，
téng de tā liúchūle yǎnlèi.
疼得她流出了眼泪。

Liáng Zhì wèn Mǐn Míng: "Nǐ de fùmǔ
梁智问闵茗："你的父母
jiūjìng shì gàn shénme de? Nǐ děi gěi wǒ shuō
究竟是干什么的？你得给我说
shíhuà."
实话[2]。"

Mǐn Míng xiàodào: "Wǒ fùmǔqīn dōu shì
闵茗笑道："我父母亲都是
wàiguó de tèwu, pài wǒ gùyì xīyǐn nǐ,
外国的特务[3]，派我故意吸引你，
hǎo cóng nǐ jiā nòngchū qíngbào!" Liáng Zhì
好从你家弄出情报[4]！"梁智
yúshì yòu měng de niēzhù Mǐn Míng de ěrduo,
于是又猛地捏住闵茗的耳朵，
téng de tā chādiǎnr guìdǎo. Méiyǒu bànfǎ, Mǐn
疼得她差点儿跪倒。没有办法，闵
Míng zhǐdé xiàng tā shuōle shíhuà: "Wǒ fùqīn
茗只得向他说了实话："我父亲
shì yì míng shēngwùxué bóshì, xiànzài shì Běijīng
是一名生物学博士[5]，现在是北京
yì jiā gōngsī de zǒngjīnglǐ. Mǔqīn shì Běijīng
一家公司的总经理。母亲是北京
Dàxué de Yīngyǔ fùjiàoshòu." Tīngwán, tā de
大学的英语副教授。"听完，他的
yàngzi qīngsōng qǐlái, shuō: "Děngzhe ba, wǒ
样子轻松起来，说："等着吧，我

1 捏: to pinch
2 实话: truth
3 特务: secret agent; spy
4 情报: information, intelligence
5 博士: doctor
文学博士 (doctor of literature)

néng bǎ shìqing bǎipíng ! ”
能把事情摆平[1]！”

Hòulái Liáng Zhì gàosu Mǐn Míng , nà tiān
后来梁智告诉闵茗，那天

wǎnshang Mǐn Míng cóng tā jiā zǒule zhīhòu , tā
晚上闵茗从他家走了之后，他

fùqīn lìkè zhǎo tā tánhuà , shuō tā bù xīwàng
父亲立刻找他谈话，说他不希望

Liáng Zhì jìxù gēn Mǐn Míng wǎnglái . Liáng Zhì wèn
梁智继续跟闵茗往来。梁智问

wèi shénme , tā de shīzhǎng bàba shuō : “ Zhè
为什么，他的师长爸爸说：“这

gūniang xìn Jīdū , ér wǒmen jūnrén bú xìn
姑娘信基督，而我们军人不信

zhèxiē . ” Liáng Zhì shuō : “ Tā shì gēn jūnrén de
这些。”梁智说：“她是跟军人的

érzi jiéhūn , yòu bú shì hé jūnrén jiéhūn .
儿子结婚，又不是和军人结婚。

Zàishuō , xìnyǎng bùtóng yòu bú yǐngxiǎng yì jiā rén
再说，信仰不同又不影响一家人

de gǎnqíng . Nǎinai xìn Dàojiào , māma xìn
的感情。奶奶信道教[2]，妈妈信

Fójiào , nǐ shénme yě bú xìn , nǐ bú shì
佛教[3]，你什么也不信，你不是

zhàoyàng hé tāmen zài yìqǐ shēnghuó de hěn hǎo
照样和她们在一起生活得很好

ma ? ” Shīzhǎng bèi wènzhù le , bù zhīdao zěnme
吗？”师长被问住了，不知道怎么

huídá . Liáng Zhì de nǎinai shuō : “ Wǒ kàn nà
回答。梁智的奶奶说：“我看那

1 **摆平**: work out
e.g. 我们要摆平两边的关系。
2 **道教**: Taoism
3 **佛教**: Buddhism

gūniang tǐng hǎo de , yǎnli méi èqì , shēn shang
姑娘挺好的，眼里没恶气，身上
yǒu yì gǔ qīngshuǎng jìn , bú xiàng lǎn rén ,
有一股清爽劲，不像懒人，
píqi yě bú shì nà zhǒng zhàzhahūhū de ;
脾气也不是那种咋咋呼呼的；
zàishuō , tā de liǎ nǎizi bù xiǎo , pìgu zhǎng
再说，她的俩奶子不小，屁股长
de dūnshi , rìhòu yǎng gè háizi yě shùnliu ;
得墩实，日后养个孩子也顺溜；
hái yǒu yíyàng , tā rén zhǎng de bái , zánmen yì
还有一样，她人长得白，咱们一
jiā rén dōu yǒuxiē hēi , tā lái le , yě hǎo gěi
家人都有些黑，她来了，也好给
zán Liáng jiā de hòudài biànbian zhǒng . Wǒ kàn jiù
咱梁家的后代变变种。我看就
zhèyàng dìng le ! " Tā dùnle dùn guǎizhàng hòu ,
这样定了！[1]”她顿了顿拐杖后，
shīzhǎng jiù búzài shuōhuà le … Zuìhòu ,
师长就不再说话了……最后，
shīzhǎng jiù gǎibiànle tàidu . Mǐn Míng tīngzhe Liáng
师长就改变了态度。闵茗听着梁
Zhì xué nǎinai de yàngzi shuō nàxiē huà , xiàole
智学奶奶的样子说那些话，笑了
bàntiān . Tā shuō : " Tiān nǎ , yàoshi ràng wǒ
半天。她说：“天哪，要是让我
bàmā tīngjian yǒurén zhèyàng shuō tāmen de
爸妈听见有人这样说他们的
nǚ'ér , fēi qìsǐ bùkě . "
女儿，非气死不可[2]。”

1 **“我看那姑娘挺好…”**: The grandmother talks about Min Ming using a local dialect. The main idea is that Min Ming is quite good, for she looks kind and clean. She does not look lazy and showing off. What's more, she has big breasts and sturdy hips. She will give birth to a child smoothly. Besides, she is white in complexion and her own family are all dark. After she marries Liang Zhi, their child will have lighter skin. Therefore she thinks it is good for Liang Zhi to marry her.

2 **非气死不可**: (My parents) will be very angry when they hear this. **非…不可** expresses a sense of necessity.

e.g.外面下雨了，可是这孩子非要出去不可。

e.g.明天你非来不可。

Dì-èr cì qù Liáng Zhì jiā shí, shīzhǎng duì
第二次去梁智家时，师长对
Mǐn Míng kèqi duō le. Tā dàgài shì bǎ tā
闵茗客气多了。他大概是把她
kànchéngle Liáng jiā de rén, zhǔdòng gēn tā
看成了梁家的人，主动跟她
shuōhuà, hái wèn tā gōngzuò shang de qíngkuàng,
说话，还问她工作上的情况，
wèn tā xiǎng bu xiǎng Xīyǎtú, shì bu shì
问她想不想西雅图，是不是
yǐjīng xíguànle guónèi de huánjìng. Mǐn Míng
已经习惯了国内的环境。闵茗
yìbiān huídá yìbiān guānchá tā. Tā hěn xiǎng
一边回答一边观察他。她很想
liǎojiě zhège "gōnggong", xiǎng liǎojiě yí gè
了解这个"公公"，想了解一个
nánrén chéngle jūnduì de shīzhǎng zhīhòu, jiūjìng
男人成了军队的师长之后，究竟
shì yí gè shénme yàngzi. Tā zuìhòu wèndàole
是一个什么样子。他最后问到了
Jīdū, wèn tā shì cóng shénme shíhou xìn
基督，问她是从什么时候信
Jīdūjiào de. Mǐn Míng shuō: "Wǒ shēng xiàlái
基督教的。闵茗说："我生下来
jiù shòule xǐlǐ, māma hé lǎolao zài wǒ hěn
就受了洗礼[1]，妈妈和姥姥在我很
xiǎo de shíhou jiù gàosu wǒ, Jīdū shì shàn de
小的时候就告诉我，基督是善[2]的
dàibiǎo. Tā dàibiǎo Shàngdì, guānhuái shìshang de
代表。他代表上帝，关怀世上[3]的

1 洗礼：baptism
2 善：kindness
3 世上：in the world
e.g. 世上还是好人多。
e.g. 人活在世上，还是应该多做善事。

yíqiè rén, tā jǐn kěnéng de bǎ xìngfú dài gěi
一切人，他尽可能地把幸福带给
rénmen, tā guǎn rénmen de shēng yě guǎn rénmen
人们，他管人们的生也管人们
de sǐ. Wǒmen yīnggāi duì tā mǎnhuái jìngyǎng
的死。我们应该对他满怀敬仰
zhī qíng …"
之情[1]……"

Tā suīrán tīng de hěn rènzhēn, dàn Mǐn Míng
他虽然听得很认真，但闵茗
néng kàn de chū tā gēnběn bú xìn zhèxiē. Mǐn Míng
能看得出他根本不信这些。闵茗
xīnxiǎng: Bùguǎn nǐ xìn bu xìn, jìrán nǐ wèn
心想：不管你信不信，既然你问
le, wǒ jiù yīnggāi xiàng nǐ xuānchuán.
了，我就应该向你宣传。

Zài Liáng Zhì de jiāli, Liáng Zhì māma
在梁智的家里，梁智妈妈
xìn Fójiào, Fóxiàng bèi fàngzài tā de wòshì de
信佛教，佛像[2]被放在她的卧室的
chuāngtái shang. Liáng Zhì de māma měi tiān gěi
窗台[3]上。梁智的妈妈每天给
Fó shāoxiāng, kētóu. Mǐn Míng wèn tā:
佛烧香[4]、磕头[5]。闵茗问她：
"Bómǔ, nǐ wèi shénme xìn zhège shén?" Tā
"伯母，你为什么信这个神？"她
hěn yánsù de shuō: "Fó shì dàcídàbēi de
很严肃地说："佛是大慈大悲[6]的
shén, jìng tā shì wèile láishēng."
神，敬他是为了来生[7]。"

1 **敬仰之情**: feelings of veneration
2 **佛像**: statue of Buddha
3 **窗台**: windowsill
4 **烧香**: burn joss sticks
5 **磕头**: to kowtow
6 **大慈大悲**: infinitely merciful
7 **来生**: next life

Mǐn Míng hěn chījīng, wèn: “Rén zěnme
闵茗很吃惊，问：“人怎么
hái yǒu láishēng?” Liáng Zhì jiěshì shuō: “Fójiào
还有来生？”梁智解释说：“佛教
rènwéi, rén sǐ shì bìrán de, dàn shénhún què
认为，人死是必然的，但神魂却
bú miè. Rén sǐ hòu, bú miè de línghún, jiāng
不灭。人死后，不灭的灵魂，将
zài tiān, rén, chùsheng, è guǐ, dìyù zhōng
在天、人、畜生、饿鬼、地狱中
lúnhuí. Láishēng de mìngyùn zé yóu shàn'è bàoying
轮回。来生的命运则由善恶报应
de yuánzé zhīpèi…”
的原则支配……”[1]

Mǐn Míng zhùyì dào, Liáng Zhì zài gěi tā
闵茗注意到，梁智在给她
jiǎng zhèxiē de shíhou, shīzhǎng suīrán tīngzhe,
讲这些的时候，师长虽然听着，
dàn hǎoxiàng bú tài gāoxìng. Liáng Zhì xiǎoshēng
但好像不太高兴。梁智小声
gàosu tā:
告诉她：

“Māma shì zài yí cì dà bìng zhīhòu xìn
“妈妈是在一次大病之后信
Fó de. Bàba yǐqián fǎnduìguo, kěshì māma
佛的。爸爸以前反对过，可是妈妈
què shǐzhōng jiānchízhe xìn Fó.”
却始终坚持着信佛。”

Liáng Zhì de nǎinai xìn Dàojiào. Nǎinai de
梁智的奶奶信道教。奶奶的

1 **“佛教认为…”**: The belief of Buddhism is that man is mortal, but the soul after death will be immortalized. After death, the immortal soul will experience the samsara among the heaven, humans, animals, hungry ghosts, and hell, etc. The destiny of one's future life is dominated by the retribution of the good and evil.

shén shì Zǔshīyé, Zǔshīyé de xiàng jiù fàngzài
神是祖师爷，祖师爷的像就放在
nǎinai de chuángtóuguì shang. Nǎinai zài xiàng qián
奶奶的床头柜上。奶奶在像前
bǎile yí gè xiǎo tiěpén, zhōngwǔ de shíhou,
摆了一个小铁盆，中午的时候，
nǎinai zài tiěpén li shāo liǎng zhāng huáng zhǐ,
奶奶在铁盆里烧两张黄纸，
shāowán zhǐ hòu hái yào kētóu.
烧完纸后还要磕头。

Liáng Zhì shuō: "Dàojiào zhǔzhāng zài xiànshí
梁智说：“道教主张在现实
shìjiè shang jiànlì méiyǒu zāihuāng、méiyǒu
世界上建立没有灾荒、没有
zhànzhēng、méiyǒu jíbìng de píngděng shèhuì,
战争、没有疾病的平等社会，
'Rénrén wú guì jiàn, jiē tiān zhī suǒ shēng',
‘人人无贵贱，皆天之所生’，
'Gāo zhě yì zhī, xià zhě jǔ zhī, yǒuyú zhě
‘高者抑之，下者举之，有余者
sǔn zhī, bùzú zhě bǔ zhī'. Tā hái zhuīqiú
损之，不足者补之’。它还追求
qīngjìng wú wéi、chāofán tuōsú de jìngjiè…"
清静无为、超凡脱俗的境界……”[1]

Liáng Zhì shuō: "Nǎinai cóngxiǎo jiù xìn
梁智说：“奶奶从小就信
Zǔshīyé. Bàba gāng dāng shīzhǎng shí xiǎng quàn
祖师爷。爸爸刚当师长时想劝
nǎinai bié zài xìn Zǔshīyé le, nǎinai fēicháng
奶奶别再信祖师爷了，奶奶非常

1 “道教主张…”：Taoism advocates a world without disasters, wars, and diseases. In this world, 人人无贵贱，皆天之所生：people are equal no matter rich and poor, all are born of nature; 高者抑之，下者举之，有余者损之，不足者补之：When a bow is bent the top comes down and the bottom-end comes up. So does heaven take away from those that have too much, and provide for those that have not enough. Taoism also pursues the bourn of tranquility and transcendency in life.

shēngqì .
生气。

Nǎinai shuō, guójiā dōu ràng xìnjiào zìyóu,
奶奶说，国家都让信教自由，
nǐ dāng shīzhǎng jiù bú ràng wǒ xìn Zǔshīyé
你当师长就不让我信祖师爷
le? Wǒ xìn Zǔshīyé shì wèile ràng Zǔshīyé
了？我信祖师爷是为了让祖师爷
bǎoyòu quán jiā dōu néng chángmìng-bǎisuì." Mǐn Míng
保佑全家都能长命百岁[1]。”闵茗
tīngle dàxiào qǐlái, yuánlái zhège shīzhǎng zài
听了大笑起来，原来这个师长在
nǎinai miànqián bìng bù wēifēng.
奶奶面前并不威风[2]。

Mǐn Míng duì Liáng Zhì shuō: "Wǒ bǎ wǒmen
闵茗对梁智说：“我把我们
de shì gàosule wǒ de bàba māma. Nǐ cāi
的事告诉了我的爸爸妈妈。你猜
wǒ bà mā de fǎnyìng zěnmeyàng? Māma de
我爸妈的反应怎么样？妈妈的
fǎnyìng zuì kuài, māma shuōle yí jù —
反应最快，妈妈说了一句——
'Zhèyàng xùnsù?!' Ránhòu, zhuāqǐ diànhuà jiù
‘这样迅速？！’然后，抓起电话就
gěi zài Xīyǎtú de lǎolao dǎ diànhuà. Māma duì
给在西雅图的姥姥打电话。妈妈对
lǎolao shuō — 'Gàosu nǐ yí gè bùhǎo de
姥姥说——‘告诉你一个不好的
xiāoxi, tā zhǎo le!' Lǎolao dàshēng wèn —
消息，她找了！’姥姥大声问——

1 长命百岁: longevity
2 威风: awe-inspiring

'Shéi zhǎo le? Zhǎole shénme le?!'"
'谁找了？找了什么了？！'"

Mǐn Míng de māma píngjìngle yíxià zìjǐ,
闵茗的妈妈平静了一下自己，
cái bǎ shìqing gēn lǎolao shuō qīngchu. Lǎolao zài
才把事情跟姥姥说清楚。姥姥在
diànhuà li shuō: "Wǒ dāngchū jiù fǎnduì nǐmen
电话里说："我当初[1]就反对你们
bǎ tā dài huíqu, zhè xià kě hǎo, tā hái
把她带回去，这下可好，她还
huídelái ma? Nǐmen yì jiā sān gè rén quán shì
回得来吗？你们一家三个人全是
hútuchóng! Quán shì!"
糊涂虫[2]！全是！"

Māma yě xiào le: "Fǎnzhèng tā zǎowǎn děi
妈妈也笑了："反正她早晚得
wèi zìjǐ xuǎn gè nánrén, jiù ràng tā zìjǐ
为自己选个男人，就让她自己
juédìng ba." Lǎolao zuìhòu shuō: "Rúguǒ
决定吧。"姥姥最后说："如果
Míngming zài Xīyǎtú zhǎo gè huárén qīngnián,
茗茗[3]在西雅图找个华人青年，
wǒ sòng de jiàzhuangqián shì sānshíwàn měiyuán;
我送的嫁妆钱[4]是三十万美元；
yào shì zài Zhōngguó dàlù zhǎo, zhǐ yǒu
要是在中国大陆找，只有
yíwàn!" Mǐn Míng shàngqián zhuāguo diànhuà xiàozhe
一万！"闵茗上前抓过电话笑着
shuō: "Lǎolao, yì fēn qián wǒ yě bú yào!"
说："姥姥，一分钱我也不要！"

1 当初: in the beginning; at first
2 糊涂虫: addlehead, blunderer
3 茗茗: pet name for Min Ming, same as 小茗
4 嫁妆钱: dowry money

Bàba de fǎnyìng shì zhāixià yǎnjìng, bù
爸爸的反应是摘下眼镜，不
tíng de cā, cāle yǒu sān fēnzhōng zhīhòu, cái
停地擦，擦了有三分钟之后，才
kāikǒu dào: "Zhǐyào nǐ juéde hǎo, jiù xíng."
开口道："只要你觉得好，就行。"
Mǐn Míng yíxiàzi pūdào bàba shēn shang,
闵茗一下子扑到爸爸身上，
hǎnzhe: "Bàba shèngmíng!" "Dànshì —"
喊着："爸爸圣明[1]！""但是——"
bàba shuō, "Nǐ yào zuòhǎo xīnlǐ zhǔnbèi. Nǐ
爸爸说，"你要做好心理准备。你
shì Jīdūtú, nǐ nánpéngyou bú shì, nǐmen
是基督徒，你男朋友不是，你们
rìhòu zài shēnghuó zhōng kěnéng huì yǒu máfan."
日后在生活中可能会有麻烦。"

Mǐn Míng shuō: "Yǒudiǎnr máfan yě
闵茗说："有点儿麻烦也
méi guānxì, wǒ bù xǐhuan wǒmen de rìzi
没关系，我不喜欢我们的日子
píngpíngdàndàn!"
平平淡淡[2]！"

Bàba pāipai Mǐn Míng de tóu shuō: "Hǎo,
爸爸拍拍闵茗的头说："好，
zhǐyào nǐ yǒu zhège xīnlǐ zhǔnbèi jiù kěyǐ le."
只要你有这个心理准备就可以了。"

Mǐn Míng gǎnjǐn shuō: "Zhème shuō, wǒ
闵茗赶紧说："这么说，我
kěyǐ bǎ tā dàilái yǔ nǐmen jiànmiàn le?"
可以把他带来与你们见面了？"

1 圣明: insightful and wise
2 平平淡淡: placid, uneventful

Māma diǎn tóu : " Dài tā lái ba , zhǐshì yào
妈妈点头:“带他来吧,只是要
xiān gàosu wǒ tā de kǒuwèi , tā xǐhuan chī xīcān
先告诉我他的口味,他喜欢吃西餐
háishi zhōngcān ? " Mǐn Míng shuō : " Miàntiáor , yí
还是中餐?”闵茗说:“面条儿,一
dà wǎn miàntiáor jiù kěyǐ le ! "
大碗面条儿就可以了!”

Māma dèngle tā yì yǎn , shuō : " Zěnme
妈妈瞪[1]了她一眼,说:“怎么
kěyǐ zhǐ yòng miàntiáo zhāodài kèren ? "
可以只用面条招待客人?”

Mǐn Míng yě dèngle māma yì yǎn : " Wǒ
闵茗也瞪了妈妈一眼:“我
liǎojiě tā , háishi nǐ liǎojiě tā ? Tā lǎojiā
了解他,还是你了解他?他老家
shì Hénán , tā hái shì Hénánrén de chīfàn
是河南,他还是河南人的吃饭
xíguàn … "
习惯……”

Liáng Zhì shì zài dāngtiān bàngwǎn láidào Mǐn
梁智是在当天傍晚来到闵
Míng jiā de . Tā wǎng kètīng li yí zhàn , Mǐn
茗家的。他往客厅里一站,闵
Míng bàba māma de yǎnjing dōu liàng le . Mǐn
茗爸爸妈妈的眼睛都亮了。闵
Míng xīnxiǎng : Zěnmeyàng ? Xiàng bu xiàng lǎolao
茗心想:怎么样?像不像姥姥
cháng shuō de shēnshì ? Huòzhě xiàng māma cháng
常说的绅士[2]?或者像妈妈常

1 瞪: glare at
2 绅士: gentleman

shuō de zhèngpài nánzǐ ? Wǒ xuǎn de zhàngfu shì
说的正派[1]男子？我选的丈夫是
búhuì cuò de !
不会错的！

Mǐn Míng dì-sān cì qù Liáng Zhì jiā de
闵茗第三次去梁智家的
shíhou , jiù kāishǐ tǎolùn yǒuguān hūnlǐ de
时候，就开始讨论有关婚礼[2]的
shìqing le .
事情了。

Nà tiān , Mǐn Míng hé Liáng Zhì shāngdìng ,
那天，闵茗和梁智商定，
yóu tā xiàng tā de fùmǔ hé nǎinai tán tāliǎ
由他向他的父母和奶奶谈他俩
de dǎsuan , tā zhǐ zuò zài yìbiān tīng .
的打算，她只坐在一边听。

Liáng Zhì gāng yì kāikǒu shuō tāmen yào
梁智刚一开口说他们要
jiéhūn , shīzhǎng jiù diǎntóu shuō : " Hǎo . " Liáng
结婚，师长就点头说："好。"梁
Zhì de bàba tóngyì de hěn tòngkuai . Tā mā
智的爸爸同意得很痛快。他妈
gēnzhe jiù xiào le : " Nǐ bà zǎojiù jízhe yào
跟着就笑了："你爸早就急着要
dāng yéye li ! "
当爷爷哩！"

Liáng Zhì de nǎinai shuō : " Gǎnjǐn zhǔnbèi
梁智的奶奶说："赶紧准备
ba , xiān zhǎo gè yīnyáng xiānsheng bǎ xǐrìzi
吧，先找个阴阳先生把喜日子

1 正派：honest and upright
2 婚礼：wedding

dìngxià: ránhòu bǎ pìnlǐ gěi Mǐn Míng jiā
定下；然后把聘礼给闵茗家

sòngqu …"
送去……[1]"

Liáng Zhì jiàole qǐlái: "Sòng shénme
梁智叫了起来："送什么

pìnlǐ? Nǎinai nǐ zhè shì nǎ yì nián de
聘礼？奶奶你这是哪一年的

huánglì?! Gàosu nǐmen, wǒ hé Mǐn Míng de
皇历[2]?！告诉你们，我和闵茗的

hūnlǐ zài jiàotáng li jǔbàn!"
婚礼在教堂里举办！"

Shīzhǎng xiǎnrán chīle yì jīng: "Zěnme néng
师长显然吃了一惊："怎么能

zài jiàotáng?"
在教堂？"

Liáng Zhì shuō: "Mǐn Míng hé tā fùmǔ dōu
梁智说："闵茗和她父母都

jiānchí yào zài jiàotáng jǔxíng hūnlǐ, wǒ xiǎng
坚持要在教堂举行婚礼，我想

wǒ yīnggāi tóngyì." shuōwán kànle Mǐn Míng
我应该同意。"说完看了闵茗

yì yǎn.
一眼。

Bàba shuō: "Kě wǒ shì jūnrén, cónglái
爸爸说："可我是军人，从来

méi qùguo jiàotáng cānjiā hūnlǐ."
没去过教堂参加婚礼。"

Liáng Zhì shuō: "Nà zhè cì jiù qù! Zhè
梁智说："那这次就去！这

1 "先找个…": This is the traditional way of planning a wedding. People often find a geomancer to fix a lucky date of wedding. In the past, the bridegroom's family would send betrothal gifts (聘礼) to the bride's family.

2 皇历: almanac

yòu bú huì sǔnhài jūnduì de lìyì ."
又不会损害[1]军队的利益。"

Shīzhǎng yě bù hǎo zài shuō biéde , xiǎngle yíhuìr cái diǎndiantóu , shuō : " Hǎo ba . "
师长也不好再说别的，想了一会儿才点点头，说："好吧。"

Zhè yì tiān yīnwèi háiyào hé Liáng Zhì shāngliang jiéhūn lǚyóu de shì , háiyào shàngwǎng chá yi chá , nòng de yǒuxiē wǎn le , děng Mǐn Míng tíchū yào zǒu shí , yǐjīng shì wǎnshang shíyī diǎn le . Liáng Zhì zhèshí xiàozhe shuō : " Zhème wǎn le , gāncuì bié huíqu le , jiù zài ǎnjiā zhùxià ba . " Tā māma yě lìkè shuō : " Duì , duì , zhège shíhou zǒu yě bù ānquán , jiù zhùxià ba . " Mǐn Míng yě bù xiǎng líkāi Liáng Zhì , jiù shuō : " Hǎo ba , tīng nǐmen ānpái . " Tā māma gǎnmáng shuō : " Wǒ qù gěi nǐ nǎinai de chuáng shang zài jiā yì
这一天因为还要和梁智商量结婚旅游的事，还要上网[2]查一查，弄得有些晚了，等闵茗提出要走时，已经是晚上十一点了。梁智这时笑着说："这么晚了，干脆别回去了，就在俺家住下吧。"他妈妈也立刻说："对，对，这个时候走也不安全，就住下吧。"闵茗也不想离开梁智，就说："好吧，听你们安排。"他妈妈赶忙说："我去给你奶奶的床上再加一

1 损害: to ruin; do harm to

2 上网: surf on the Internet

chuáng bèizi , Míngming jiù gēn nǎinai shuì zài
床 被子，茗茗 就 跟 奶奶 睡 在
yìqǐ ba . ” Liáng Zhì yì tīng zhèyàng de
一起 吧。” 梁 智 一 听 这样 的
ānpái , jímáng shuō : “ Nàme máfan gàn shá ?
安排，急忙 说：“那么 麻烦 干 啥？
Jiù ràng tā shuì wǒ chuáng shang ba , wǒmen liǎ
就 让 她 睡 我 床 上 吧，我们 俩
yì rén yì chuáng bèizi bú jiù xíng le ? ” Tā
一 人 一 床 被子 不 就 行 了？”他
māma kànle Mǐn Míng yì yǎn , jiǎzhuāng kàn
妈妈 看了 闵 茗 一 眼，假装 看
bàozhǐ . Kànjiàn Mǐn Míng méi fǎnduì , Liáng Zhì
报纸。看见 闵 茗 没 反对，梁 智
de māma jiù zhǔnbèi qù ānpái yíxià . Méi
的 妈妈 就 准备 去 安排 一下。没
xiǎngdào jiù zài zhèshí , shūfáng ménkǒu tūrán
想到 就 在 这时，书房 门口 突然
xiǎngqǐle shīzhǎng de yì shēng késou , gēnzhe
响起了 师长 的 一 声 咳嗽，跟着
jiù kànjiàn tā bàba lěnglěng de kànzhe Liáng Zhì
就 看见 他 爸爸 冷冷 地 看着 梁 智
de māma . Mǐn Míng hé Liáng Zhì de māma
的 妈妈。闵 茗 和 梁 智 的 妈妈
zhèng zhàn zài yìqǐ . Tā tūrán dǎle gè
正 站 在 一起。她 突然 打了 个
hánzhàn , yào hé Liáng Zhì shuì zài yìqǐ de
寒战[1]，要 和 梁 智 睡 在 一起 的
xiǎngfa lìkè xiāoshī le . Mǐn Míng gǎnmáng shuō :
想法 立刻 消失 了。闵 茗 赶忙 说：

1 **寒战：** shiver

e.g. 一阵冷风吹来，他不由得打了一个寒战。

“ Wǒ yào hé nǎinai shuì yìqǐ . ” Liáng Zhì yě
“我要和奶奶睡一起。”梁智也
tīngdàole tā bàba de késou , bùgǎn zài
听到了他爸爸的咳嗽，不敢再
shuō shénme , zhǐshì cháo Mǐn Míng shēnle shēn
说什么，只是朝闵茗伸了伸
shétou .
舌头。

Jǔxíng hūnlǐ nà tiān , shīzhǎng chuānzhe yì
举行婚礼那天，师长穿着一
shēn xīfú , hé Liáng Zhì de māma yìqǐ zhàn
身西服[1]，和梁智的妈妈一起站
zài jiàotáng li . Tā kěndìng shì dì-yī cì zǒujìn
在教堂里。他肯定是第一次走进
Jīdū jiàotáng , yíhuìr kànkan zhèr ,
基督教堂，一会儿看看这儿，
yíhuìr kànkan nàr , duì jiàotáng gǎndào hěn
一会儿看看那儿，对教堂感到很
xīnqí . Mǐn Míng xīnxiǎng : Shīzhǎng , nǐ de
新奇[2]。闵茗心想：师长，你的
érxí jiāng ràng nǐ jiēchù dào yì zhǒng xīn de
儿媳将让你接触到一种新的
zōngjiào wénhuà !
宗教[3]文化！

Ràng Mǐn Míng gǎndào yìwài de shì , dāng
让闵茗感到意外的是，当
hūnlǐ jiù yào jiéshù de shíhou , shīzhǎng gōnggong
婚礼就要结束的时候，师长公公
què bú zài jiàotáng li le . Mǐn Míng yòng yǎnjing
却不在教堂里了。闵茗用眼睛

1 西服：Western-style suit

2 新奇：new and strange

e.g. 他刚到中国的时候，处处都觉得新奇。

3 宗教：religion

sǎole yíxià , méiyǒu , gēnběn méiyǒu tā de
扫了一下，没有，根本没有他的
yǐngzi !
影子！

Mǐn Míng lìkè gǎndào fènnù le . Tā
闵茗立刻感到愤怒[1]了。她
juéde , hái yǒu zhèyàng bù dǒng lǐyí de
觉得，还有这样不懂礼仪[2]的
gōnggong , érzi érxí de hūnlǐ méiyǒu wán tā
公公，儿子儿媳的婚礼没有完他
què xiān zǒu le ! Zhè shì duì wǒ , duì wǒ jiā ,
却先走了！这是对我、对我家、
duì wǒmen Jīdūtú de bù zūnzhòng ! Mǐn Míng
对我们基督徒的不尊重[3]！闵茗
ràng shēnbiān de Liáng Zhì kàn tā bàba zhàn de
让身边的梁智看他爸爸站的
wèizhi , tā xiǎnrán yě chīle yì jīng , hěn
位置，他显然也吃了一惊，很
bàoqiàn de kànle Mǐn Míng yì yǎn . Mǐn Míng xiǎng :
抱歉地看了闵茗一眼。闵茗想：
Bùxíng , wǒ bìxū bǎ wǒ de fènnù biǎoxiàn
不行，我必须把我的愤怒表现
chūlái !
出来！

Tāmen cóng jiàotáng li chūlái zhǔnbèi shàngchē
他们从教堂里出来准备上车
huí Liáng Zhì jiā de shíhou , Mǐn Míng jùjué
回梁智家的时候，闵茗拒绝
shàngchē , tā yào huí niángjiā . Zhè kě bǎ Liáng
上车，她要回娘家[4]。这可把梁

1 愤怒：indignation
2 礼仪：etiquette
3 不尊重：to disrespect
4 娘家：married woman's parents' home; her parents-in-law's home is called 婆家.

Zhì hé tā māma jíhuài le . Liáng Zhì lìkè
智和他妈妈急坏了。梁智立刻
míngbaile yuányīn , dīshēng duì tā māma shuōle jǐ
明白了原因，低声对他妈妈说了几
jù shénme , tā māma gǎnmáng zǒu guòlái xiàng Mǐn
句什么，他妈妈赶忙走过来向闵
Míng dàoqiàn : " Duìbuqǐ , Mǐn Míng , Liáng Zhì tā
茗道歉："对不起，闵茗，梁智他
bà gānggāng jiēdào bùduì de tōngzhī , shuō yǒu
爸刚刚接到部队[1]的通知，说有
jíshì , tā bùdébù xiān huíqu … " Mǐn Míng
急事，他不得不先回去……"闵茗
méiyǒu jiēshòu dàoqiàn , réngrán jiānchí yào huí
没有接受道歉，仍然坚持要回
niángjiā . Méi xiǎngdào zhèshí Mǐn Míng de bàba zǒu
娘家。没想到这时闵茗的爸爸走
guòlái , yánsù de shuō : " Xiǎo Míng , búyào
过来，严肃地说："小茗，不要
húnào , nǐ gōnggong línshí yǒu zhòngyào de
胡闹[2]，你公公临时有重要的
shìqing huíqu , tā líkāi zhīqián gēn wǒ
事情回去，他离开之前跟我
shuōguo ! " Mǐn Míng de māma yě zǒudào tā
说过！"闵茗的妈妈也走到她
shēnbiān , hěnhěn de qiāle tā de shǒu yí xià ,
身边，狠狠地掐了她的手一下，
Mǐn Míng zhè cái shàngchē huíle Liáng jiā …
闵茗这才上车回了梁家……

Shīzhǎng shì dào xiàwǔ hěn wǎn de shíhou cái
师长是到下午很晚的时候才

1 部队: the army
2 胡闹: run wild; make trouble
e.g. 这孩子不懂事，在家经常胡闹。

huílái de . Mǐn Míng zuò zài xīnfáng li tīngjian tā
回来的。闵茗坐在新房里听见他
jìn wū de shēngyīn , què jiǎzhuāng méi tīngjiàn ,
进屋的声音，却假装没听见，
gùyì méiyǒu chūqù . Tā zài xīnli shuō :
故意没有出去。她在心里说：
jīnhòu , wǒ duì nǐ de zūnjìng huì jiǎnshǎo
今后，我对你的尊敬会减少
xǔduō ! Chūhūyìliào de shì , shīzhǎng méiyǒu
许多！出乎意料[1]的是，师长没有
xiān qù kètīng zuòxià , què zǒu dào Mǐn Míng de
先去客厅坐下，却走到闵茗的
fángjiān ménkǒu shuō : " Míngming , bàba duìbuqǐ
房间门口说："茗茗，爸爸对不起
nǐ , méiyǒu cānjiā wán nǐmen de hūnlǐ jiù zǒu
你，没有参加完你们的婚礼就走
le . Jiāoqū de yí zuò shuǐkù tūrán chūle
了。郊区的一座水库[2]突然出了
diǎn wèntí , shàngjí mìnglìng wǒmen bùduì lìkè
点问题，上级命令我们部队立刻
gǎnqù qiǎngxiǎn , suǒyǐ … "
赶去抢险[3]，所以……"

Mǐn Míng táitóu kànle yì yǎn shīzhǎng píjuàn
闵茗抬头看了一眼师长疲倦
de yàngzi , tā chōngmǎn gǎnqíng de jiàole shēng :
的样子，她充满感情地叫了声：
" Bàba . " Zhè shì tā dì-yī cì zhèngshì chēng tā
"爸爸。"这是她第一次正式称他
" bàba ". Mǐn Míng zhèngshì shǔyú Liáng jiā rén le .
"爸爸"。闵茗正式属于梁家人了。

1 **出乎意料**: unexpected; beyond expectation
e.g. 在期末考试中，他出乎意抖地考了第一名。

2 **水库**: reservoir

3 **抢险**: rush to deal with an emergency

Dàgài shì zài dì-sān tiān wǎnfàn hòu, Mǐn
大概是在第三天晚饭后，闵
Míng zài chúfáng bāng pópo xǐwán wǎn, gāng
茗在厨房帮婆婆洗完碗，刚
huídào kètīng zuòxià kàn diànshì, Liáng Zhì jiù shǐ
回到客厅坐下看电视，梁智就使
yǎnse, ràng tā qù wòshì. Mǐn Míng zhīdao
眼色[1]，让她去卧室。闵茗知道
tā de yìsi, tā yí jìn wòshì, Liáng Zhì jiù
他的意思，她一进卧室，梁智就
huì bǎ tā bào dào chuáng shang. Mǐn Míng kànguo
会把她抱到床上。闵茗看过
yì běn Fǎguórén xiě de shū, shū shang shuō,
一本法国人写的书，书上说，
xīnniáng duìyú zhàngfu de shàngchuáng yāoqiú, jué
新娘[2]对于丈夫的上床要求，决
bùnéng yǒuqiúbìyìng, nàyàng, tā hěn kuài jiù
不能有求必应[3]，那样，他很快就
huì duì nǐ jiǎnshǎo xìngqù. Suǒyǐ tā jiǎzhuāng méi
会对你减少兴趣。所以她假装没
kànjiàn Liáng Zhì de yǎnsè, ānjìng de zuò zài
看见梁智的眼色，安静地坐在
nǎinai shēnbiān kàn diànshì, yǒushí hé pópo
奶奶身边看电视，有时和婆婆
shuōshàng yì-liǎng jù huà. Kànjiàn Liáng Zhì jí de
说上一两句话。看见梁智急得
zhuā'ěr-náosāi, tā xīnli xiào gè bù tíng.
抓耳挠腮[4]，她心里笑个不停。
Zhèshí, gōnggong cóng tā de shūfáng li zǒule
这时，公公从他的书房里走了

1 **使眼色**: wink at somebody; give a hint with eyes
e.g. 他使了一个眼色，让她别说话。
2 **新娘**: bride
新郎: bridegroom
3 **有求必应**: grant whatever is requested
e.g. 别人求他帮助，他总是有求必应。
4 **抓耳挠腮**: scratch one's head, as a manner of anxiety

chūlái, xiānshì késoule yì shēng, ránhòu shuō:
出来，先是咳嗽了一声，然后说：
“Wǒmen kāi gè huì.”
“我们开个会。”

Mǐn Míng dùnshí yí lèng: Kāihuì? Zài
闵茗顿时一愣：开会？在
jiāli kāi shénme huì?
家里开什么会？

Gōnggong yánsù de shuō: “Quán jiā rén dōu
公公严肃地说：“全家人都
zài, wǒ xuānbù jǐ tiáo jìlǜ!”
在，我宣布几条纪律！”

Mǐn Míng kànzhe Liáng Zhì, hǎoxiàng ràng tā
闵茗看着梁智，好像让他
jiěshì yíxià.
解释一下。

Liáng Zhì shuō: “Bàba de yìsi shì kāi
梁智说：“爸爸的意思是开
gè jiātíng huì.” Kàn tā de yàngzi, zhèyàng de
个家庭会。”看他的样子，这样的
huì guòqù kěndìng yě kāiguo.
会过去肯定也开过。

Gōnggong shuō: “Dì-yī, bùxǔ jiēshòu
公公说：“第一，不许接受
lǐwù.” Mǐn Míng juéde zhè tiáo tài huāngtang,
礼物。”闵茗觉得这条太荒唐，
yúshì lìkè tíle yí gè wèntí: “Wǒ niángjiā
于是立刻提了一个问题：“我娘家
bà mā lái kàn wǒ, rúguǒ nále lǐwù, wǒ wèi
爸妈来看我，如果拿了礼物，我为

shénme bùnéng shōuxià? ” Liáng Zhì xiào le, shuō:
什么不能收下？”梁智笑了，说：
“Zhè zhǔyào shì zhǐ bàba bùxià sòng de lǐwù.
“这主要是指爸爸部下[1]送的礼物。
Wǒmen bùnéng shōu tāmen de lǐwù.” Mǐn Míng
我们不能收他们的礼物。”闵茗
wèn: “Bàba de bùxià wèi shénme yào gěi wǒmen
问：“爸爸的部下为什么要给我们
sòng lǐwù?” Tā háishi bù lǐjiě. Liáng Zhì
送礼物？”她还是不理解。梁智
bèi wèn de yǒuxiē zháojí. Liáng Zhì shuō: “Rúguǒ
被问得有些着急。梁智说：“如果
tāmen sòng le, wǒmen jiù bù shōu.”
他们送了，我们就不收。”

Gōnggong yòu shuō: “Dì-èr tiáo, bùzhǔn zuò
公公又说：“第二条，不准坐
jiàochē.” Mǐn Míng zàicì chīle yì jīng, wèn:
轿车[2]。”闵茗再次吃了一惊，问：
“Wèi shénme bú ràng zuò jiàochē? Wǒ fùqīn xiǎng
“为什么不让坐轿车？我父亲想
bǎ tā de nà liàng chē sòng gěi wǒ, wǒ wèi
把他的那辆车送给我，我为
shénme bùnéng zuò?” Liáng Zhì yòu xiào le, shuō:
什么不能坐？”梁智又笑了，说：
“Bàba shuō de shì bùzhǔn wǒmen zuò tā de nà
“爸爸说的是不准我们坐他的那
liàng jūnduì jiàochē.”
辆军队轿车。”

Gōnggong yòu shuō: “Dì-sān tiáo, gōngkuǎn
公公又说：“第三条，公款[3]

1 部下: subordinate
2 轿车: saloon car
3 公款: public money

yì fēn bùnéng dòng." Mǐn Míng míngbai zhè yì tiáo
一分不能动。"闵茗明白这一条
de yìsi: Gōnggong shì shuō búyào yòng gōngkuǎn.
的意思：公公是说不要用公款。
Tā xiǎng: Kě shì wǒ zài yínháng gōngzuò, měi tiān
她想：可是我在银行工作，每天
"dòng" de bú dōu shì "gōngkuǎn" ma?
"动"的不都是"公款"吗？

Zhè zhǒng jiātíng huì gēnběn bù gěi pángrén
这种家庭会根本不给旁人
tǎolùn de jīhui. Jǐnguǎn Mǐn Míng bù xíguàn,
讨论的机会。尽管闵茗不习惯，
kě tā háishi juéde gōnggong shì yí gè búcuò
可她还是觉得公公是一个不错
de shīzhǎng. Tā xīnli gèngjiā zūnjìng shīzhǎng
的师长。她心里更加尊敬师长
gōnggong le.
公公了。

Mìyuè de rìzi bùzhī-bùjué jiù guòwán
蜜月[1]的日子不知不觉就过完
le. Zài zhèxiē rìzi li, kěyǐ shuì dà jiào,
了。在这些日子里，可以睡大觉，
xiǎng zuò shénme jiù zuò shénme, zhēn shūfu, Mǐn
想做什么就做什么，真舒服，闵
Míng xīnli fēicháng mǎnzú. Tā gěi zài Měiguó de
茗心里非常满足。她给在美国的
lǎolao dǎle gè diànhuà. Tā shuō: "Lǎolao, wǒ
姥姥打了个电话。她说："姥姥，我
xiànzài cái zhīdao shénme jiào xìngfú!" Yuǎn zài
现在才知道什么叫幸福！"远在

1 蜜月：honeymoon

Měiguó de lǎolao shuō: " Chàbuduō suǒyǒu de
美国的姥姥说："差不多所有的
xīnniáng zài mìyuè li dōu hěn xìngfú. Dànyuàn
新娘在蜜月里都很幸福。但愿
mìyuè zhīhòu nǐ hái néng gǎndào xìngfú, yóuqí
蜜月之后你还能感到幸福，尤其
shì zài nǐ jiéhūn sānshí nián zhīhòu." Mǐn Míng
是在你结婚三十年之后。"闵茗
xiǎng, zìjǐ huì xìngfú de. Fàngxià diànhuà, tā
想，自己会幸福的。放下电话，她
duì Liáng Zhì shuō: " Lǎolao yǒudiǎnr bù xiāngxìn wǒ
对梁智说："姥姥有点儿不相信我
huì yǒngyuǎn xìngfú xiàqu." Liáng Zhì xiàole yì
会永远幸福下去。"梁智笑了一
shēng, shuō: " Zěnme kěnéng huì bú xìngfú ne?"
声，说："怎么可能会不幸福呢？"

Mǐn Míng kàn chūlái le, Liáng jiā de yì jiā
闵茗看出来了，梁家的一家
rén dōu xǐhuan tā, yě chǒngzhe tā, zhǐ yǒu
人都喜欢她，也宠[1]着她，只有
Liáng Zhì gǎn duì tā shuō yì-liǎng gè " bù " zì.
梁智敢对她说一两个"不"字。

Mǐn Míng bǎ niángjiā zìjǐ wū li de dōngxi
闵茗把娘家自己屋里的东西
chàbuduō dōu bānle guòlái, tā yào ànzhào tā
差不多都搬了过来，她要按照她
de shěnměiguān lái bùzhì pójiā de wūzi.
的审美观[2]来布置婆家的屋子。
Zhèr cái shì tā yào chángjiǔ shēnghuó de jiā.
这儿才是她要长久生活的家。

1 宠: dote on
e.g. 他十分宠爱他的孙女儿。

2 审美观: aesthetic conceptions; sentiment

Liáng jiā kètīng de zhèngmiàn qiáng shang,
梁家客厅的正面墙上，
guàzhe yì fú hěn dà de shèyǐng zuòpǐn, huàmiàn
挂着一幅很大的摄影[1]作品，画面
shì Yuánmíngyuán li de Dàshuǐfǎ fèixū.
是圆明园里的大水法废墟[2]。
Huàkuàng de liǎng biān, gè guàzhe yí gè tiáofú.
画框的两边，各挂着一个条幅[3]。
Liáng Zhì gàosu tā, nà zhàopiàn shì tā bàba pāi
梁智告诉她，那照片是他爸爸拍
de, tiáofú yě shì bàba xiě de. Mǐn Míng
的，条幅也是爸爸写的。闵茗
chéngrèn, nà zhàopiàn zhào de búcuò. Búguò
承认，那照片照得不错。不过
gōnggong de shūfǎ hěn yìbān. Mǐn Míng xiǎng huàn
公公的书法很一般。闵茗想换
yì fú fēngjǐnghuà guà shàng, Liáng Zhì jiānjué
一幅风景画挂上，梁智坚决
fǎnduì, shuō: "Nà shì bàba de zuòpǐn, nǐ bǎ
反对，说："那是爸爸的作品，你把
tā huàn xiàlái, huì rě bàba bù gāoxìng!" Tā
它换下来，会惹爸爸不高兴！"她
xiǎngxiang yěshì, jiù zài duìmiàn de qiáng shang
想想也是，就在对面的墙上
guàle yì fú Shèngmǔ yǔ Shèngzǐ huàxiàng. Nà
挂了一幅圣母与圣子[4]画像。那
fú huàxiàng yě hěn dà, érqiě huàmiàn shang yǒu
幅画像也很大，而且画面上有
yì zhǒng wēnxīn de gǎnjué. Mǐn Míng hái zài
一种温馨[5]的感觉。闵茗还在

1 **摄影**: photography
2 **大水法废墟**: ruins of Dashuifa in Yuanmingyuan in Beijing
3 **条幅**: scroll of calligraphy
4 **圣母与圣子画像**: picture of the Virgin Mary and Jesus
5 **温馨**: warm and cozy
e.g. 她的房间布置得很温馨。
e.g. 人们都希望有一个温馨的家。

cānzhuō shang bǎile yí gè shízìjià .
餐桌上摆了一个十字架[1]。

Duì jiāli zhèxiē gǎibiàn, gōnggong, pópo
对家里这些改变，公公、婆婆
hé nǎinai dōu méiyǒu fǎnduì, Liáng Zhì gèng bú
和奶奶都没有反对，梁智更不
huì yǒu yìjian. Tā céng duìzhe Mǐn Míng de
会有意见。他曾对着闵茗的
ěrduo xiàozhe shuō: "Zhǐyào yèli wǒ jiào nǐ zuò
耳朵笑着说："只要夜里我叫你做
shénme nǐ jiù zuò shénme jiù xíng le, gěi wǒ
什么你就做什么就行了，给我
wánquán de zìyóu, biéde shì wǒ dōu bù guǎn."
完全的自由，别的事我都不管。"
Mǐn Míng tīng hòu, zài tā de dàtuǐ shang qiāle
闵茗听后，在他的大腿上掐了
yí xià, shuō: "Nǐ tǎoyàn bu tǎoyàn?!"
一下，说："你讨厌不讨厌？！"

Rán'ér, Mǐn Míng yě yǒu zāodào fǎnduì de
然而，闵茗也有遭到反对的
shíhou. Mǐn Míng zài nǎinai de wūzi li bǎile
时候。闵茗在奶奶的屋子里摆了
yí gè xiǎo Yēsū xiàng, ràng nǎinai suíshí
一个小耶稣[2]像，让奶奶随时
kàndào Shàngdì, ràng Shàngdì yě bǎoyòu tā
看到上帝，让上帝也保佑她
lǎorénjia shēntǐ jiànkāng. Méi xiǎngdào nǎinai
老人家身体健康。没想到奶奶
kànjiàn hòu, xià de gǎnmáng hǎndào: "Kuài, kuài
看见后，吓得赶忙喊道："快，快

1 十字架：crucifix
2 耶稣：Jesus

názǒu ! Yì jiān wūzi li bùnéng yǒu liǎng gè
拿走！一间屋子里不能有两个
shén , rúguǒ tāmen zhōngjiān yǒule chōngzhuàng ,
神，如果他们中间有了冲撞[1]，
nà kě zěnme bàn ? ” Mǐn Míng xiǎng jiěshì
那可怎么办？”闵茗想解释
yíxià , kěshì nǎinai yǐjīng bèi xià de xiàng
一下，可是奶奶已经被吓得向
Zǔshīye guìxià le . Tā zhǐhǎo názǒu le . Tā
祖师爷跪下了。她只好拿走了。她
xīnli juéde , Zǔshīye hé Yēsū jìrán dōu
心里觉得，祖师爷和耶稣既然都
shì shén , tāmen kěndìng huì hémùxiāngchǔ de .
是神，他们肯定会和睦相处[2]的。

Ànzhào jiéhūn qián de jìhuá , Mǐn Míng hé
按照结婚前的计划，闵茗和
Liáng Zhì jiéhūn hòu yào huí yí tàng tāmen de
梁智结婚后要回一趟他们的
lǎojiā Hénán , hái yào qù Wǔdāng Shān hé
老家[3]河南，还要去武当山和
Luòyáng lǚyóu . Zài tāmen dòngshēn zhīqián ,
洛阳[4]旅游。在他们动身之前，
tāmen zhǔnbèile sòng gěi lǎojiā qīnqimen de
他们准备了送给老家亲戚们的
lǐwù hé tāmen zìjǐ chī de , hē de , chuān
礼物和他们自己吃的、喝的、穿
de , yòng de suǒyǒu dōngxi . Mǐn Míng hái ràng Liáng
的、用的所有东西。闵茗还让梁
Zhì qù mǎile jǐ hé bìyùntào . Jǐnguǎn tā zhīdao
智去买了几盒避孕套[5]。尽管她知道

1 冲撞：conflict
2 和睦相处：live in harmony
e.g. 各国留学生和睦相处，大家生活得很愉快。
3 老家：hometown
4 武当山和洛阳：Mount Wudang and Luoyang City
5 避孕套：condom

pópo hé nǎinai fēicháng xiǎng yào háizi, kě tā bù
婆婆和奶奶非常想要孩子，可她不
xiǎng xiànzài jiù huáiyùn, tā xiǎng yào hǎohāor
想现在就怀孕[1]，她想要好好儿
xiǎngshòu qīngchūn. Zàishuō, tā zài Xīyǎtú de
享受青春[2]。再说，她在西雅图的
nàme duō jiěmèi dōu juédìng bú yào háizi, tā yě
那么多姐妹都决定不要孩子，她也
bù xiǎng ràng háizi xiànzhì zìjǐ de zìyóu. Tā
不想让孩子限制自己的自由。她
gǎndào qíguài de shì, tā qīngqīngchǔchǔ jìde
感到奇怪的是，她清清楚楚记得
Liáng Zhì bǎ jǐ hé bìyùntào zhuāng zài le tíbāo
梁智把几盒避孕套装在了提包
li, kěshì zài chū mén zhīqián, tā què fāxiàn
里，可是在出门之前，她却发现
méiyǒu le, érqiě zài wòshì li zhǎole bàntiān yě
没有了，而且在卧室里找了半天也
méi zhǎodào, Liáng Zhì yě juézhe qíguài. Tāliǎ
没找到，梁智也觉着奇怪。他俩
zhèng zài zháojí de shíhou, pópo guòlái xiàozhe
正在着急的时候，婆婆过来笑着
wèn: "Zhǎo shá ne? Qù chēzhàn de shíjiān yǐjīng
问："找啥呢？去车站的时间已经
dào le, gāi zǒu le!" Mǐn Míng shuō: "Wǒmen
到了，该走了！"闵茗说："我们
yǒu yí yàng dōngxi bù zhī fàng nǎr le."
有一样东西不知放哪儿了。"
Pópo wèn: "Shì bu shì nàge dōngxi……"
婆婆问："是不是那个东西……"

1 怀孕: be pregnant
2 青春: youth, bloom

Pópo zuòle gè shǒushì . Mǐn Míng liǎnhóng le
婆婆做了个手势[1]。闵茗脸红了

yíxià , diǎntóu shuō duì . Pópo xiào dào : " Bié
一下，点头说对。婆婆笑道："别

zhǎo le , nà dōngxi shì wǒ názǒu le . " Mǐn
找了，那东西是我拿走了。"闵

Míng hěn chījīng , wèn : " Māma , nǐ názǒu nà
茗很吃惊，问："妈妈，你拿走那

dōngxi gàn shénme ? " Pópo xiàodào : " Nǐ bàba
东西干什么？"婆婆笑道："你爸爸

tèbié xiǎng yào yí gè sūnzi , jiù ràng wǒ lái
特别想要一个孙子，就让我来

zhǎo nàxiē dōngxi . Wǒ názǒu le . " Mǐn Míng
找那些东西。我拿走了。"闵茗

jiǎnzhí yǒuxiē kūxiàobùdé : Tiān na , xiǎng yòng
简直有些哭笑不得：天哪，想用

zhè zhǒng bànfǎ ràng wǒ huáiyùn , tài bèn le !
这种办法让我怀孕，太笨了！

Dàole chēzhàn děng huǒchē de shíhou , Mǐn
到了车站等火车的时候，闵

Míng ràng Liáng Zhì zài qù mǎi jǐ hé bìyùntào ,
茗让梁智再去买几盒避孕套，

tā què bù xiǎng qù mǎi , xiǎnrán gōnggong pópo
他却不想去买，显然公公婆婆

gēn tā shuōguo huáiyùn de shì . Tā shuō : " Wǒ
跟他说过怀孕的事。他说："我

hǎoxiàng jìde , nǐmen jiàohuì shì bùxǔ jiéyù
好像记得，你们教会是不许节育[2]

de . " Mǐn Míng yì liǎn bù gāoxìng de shuō : " Nǐ
的。"闵茗一脸不高兴地说："你

1 手势：gesture
e.g. 警察向他打手势，让他把车开过去。
2 节育：birth control

dào huì zhǎo jièkǒu . Yě hǎo, nǐ bú qù mǎi
倒会找借口[1]。也好，你不去买
dāngrán kěyǐ, zhǐ shì cóng jīntiān qǐ, nǐ bié
当然可以，只是从今天起，你别
xiǎng dòng wǒ yí xià!”
想动我一下！”

Liáng Zhì jiàn tā fāle píqi, zhǐhǎo
梁智见她发了脾气，只好
lǎolǎoshíshí de qù mǎi le.
老老实实地去买了。

Tāmen xiān dàole Liáng Zhì de Hénán
他们先到了梁智的河南
lǎojiā, bàifǎngle Liáng Zhì de dàbó, dàniáng
老家，拜访[2]了梁智的大伯、大娘
hé èrshū, èrshěn, yǐjí tánggē, tángjiě,
和二叔、二婶，以及堂哥、堂姐、
tángdì, tángmèi. Tāmen qù Liáng Zhì yéye de
堂弟、堂妹[3]。他们去梁智爷爷的
fén shang shāole zhǐ. Zhè shì Mǐn Míng dì-yī cì
坟上烧了纸[4]。这是闵茗第一次
láidào Hénán nóngcūn. Zhèlǐ de xiāngcūn fēngjǐng
来到河南农村。这里的乡村风景
hé Měiguó de xiāngcūn fēngjǐng wánquán bùtóng, zuì
和美国的乡村风景完全不同，最
dà de bùtóng shì zhèlǐ de cūnzhuāng lí de hěn
大的不同是这里的村庄[5]离得很
jìn, yǒuxiē cūnzhuāng zhījiān de jùlí jǐn yǒu
近，有些村庄之间的距离仅有
yì gōnglǐ. Měi gè cūnzhuāng li zhù de rén yě
一公里。每个村庄里住的人也

1 **借口**: excuse, pretext
e.g.他英语考试没通过，他找借口说这次考试太难了。

2 **拜访**: call on
e.g.他每次春节回家都要拜访很多亲戚朋友。
e.g.他经常去拜访他的老师。

3 **大伯、大娘**: father's elder brother and his wife; **二叔、二婶**: father's first younger brother and his wife; **堂哥**: elder cousin; **堂姐**: female elder cousin; **堂弟**: younger cousin; **堂妹**: female younger cousin

4 **（去）坟上烧纸**: a superstitious belief that burning paper money for the dead on their tomb provides money to the dead in the underworld
This is regarded as one's filial devotion to his late grandparents, late parents, etc.

5 **村庄**: village

hěn duō. Mǐn Míng xīnqí de kànzhe xiāngjiān de
很多。闵茗新奇地看着乡间的
yíqiè. Cūn li hěn duō rén dōu lái kàn tāmen.
一切。村里很多人都来看他们。
Gūniangmen hàoqí de wèn tā de yīfu shì yòng
姑娘们好奇地问她的衣服是用
shénme liàozi zuò de, wèn tā shì yòng shénme
什么料子做的，问她是用什么
bànfǎ bǎ pífū bǎohù de nàyàng bái …
办法把皮肤保护得那样白……
Tāmen duì tā de yíqiè dōu gǎn xìngqù, bāokuò
她们对她的一切都感兴趣，包括
duì tā zhège rén.
对她这个人。

Wǎnfàn hòu, dàjiā zuò zài yuànzi li
晚饭后，大家坐在院子里
yìqǐ liáotiān, tāmen shuōdàole gōnggong. Yǒu
一起聊天，他们说到了公公。有
jǐ gè lǎoren jiǎngle gōnggong guòqù de gùshi.
几个老人讲了公公过去的故事。
Tāmen shuō gōnggong xiǎoshíhou tèbié néng pá shù,
他们说公公小时候特别能爬树，
tā néng páshàng cūnli zuì gāo de shù; tāmen
他能爬上村里最高的树；他们
shuō tā lìqi dà, tā kángzhe yìbǎibāshí jīn zhòng
说他力气大，他扛着180斤重
de dōngxi, zǒulù néng xiàng hóuzi yíyàng de
的东西，走路能像猴子一样地
kuài. Tāmen zuìhòu wèn gōnggong néng bu néng
快。他们最后问公公能不能

dāngshàng jiāngjūn, Liáng Zhì shuō bù zhīdao. Tāmen shuō: Zánmen cūnli hái méi chūguo yí gè jiāngjūn, yàoshi tā néng dāng jiāngjūn, nà kěshì zán cūnzi de guāngróng a! Mǐn Míng cóng méi xiǎngguo gōnggong dāng bu dāng jiāngjūn de wèntí, zhè yǔ tā méiyǒu rènhé guānxì. Tā zhǐshì duì gōnggong guòqù de gùshi gǎn xìngqù. Yuánlái gōnggong niánqīng shí hái shì yí gè tǐng yǒuyìsi de rénwù.

当上将军[1]，梁智说不知道。他们说：咱们村里还没出过一个将军，要是他能当将军，那可是咱村子的光荣[2]啊！闵茗从没想过公公当不当将军的问题，这与她没有任何关系。她只是对公公过去的故事感兴趣。原来公公年轻时还是一个挺有意思的人物。

Hòulái tāmen dào Wǔdāng Shān hé Luòyáng lǚyóu. Wǔdāng Shān zhēn shì yí gè měilì de dìfang. Mǐn Míng kàndàole Zǔshīyé de zuòxiàng. Zǔshīyé zuò zài nàlǐ de yàngzi zhēn shǐ rén xiāngxìn tā yǐ jìnrùle xiānjìng. Tāmen láidào Luòyáng. Zhàn zài Luòyáng Lóngmén Shíkū zhōng

后来他们到武当山和洛阳旅游。武当山真是一个美丽的地方。闵茗看到了祖师爷的坐像。祖师爷坐在那里的样子真使人相信他已进入了仙境[3]。他们来到洛阳。站在洛阳龙门石窟[4]中

1 将军：general
2 光荣：glory
3 仙境：fairyland
4 龙门石窟：Longmen Grottoes

nà zuò zuì dà de fóxiàng qián, Mǐn Míng wèi
那座最大的佛像前，闵茗为
xiānrén de diāokè jìyì jīngtàn, hǎoxiàng tā
先人的雕刻[1]技艺惊叹[2]，好像她
yě kāishǐ lǐjiě pópo wèi shénme xìn Fó le.
也开始理解婆婆为什么信佛了。
Yǒu zhèyàng de dàfó lái bǎoyòu, yìbān de
有这样的大佛来保佑，一般的
guǐmèi shì bùgǎn zǒujìn bèi tā bǎohù de rén
鬼魅[3]是不敢走近被他保护的人
de. Liáng Zhì gàosu Mǐn Míng, māma yě céng
的。梁智告诉闵茗，妈妈也曾
láiguo zhèlǐ. Zhèlǐ shì Fójiào zài Zhōngguó de
来过这里。这里是佛教在中国的
qǐdiǎn. Zài Báimǎ Sì, Liáng Zhì ràng Mǐn Míng
起点。在白马寺[4]，梁智让闵茗
gěi Fó kētóu. Mǐn Míng xiǎngle xiǎng, háishi
给佛磕头。闵茗想了想，还是
méiyǒu kē, tā dānxīn Jīdū kànjiànle bù
没有磕，她担心基督看见了不
gāoxìng.
高兴。

Dàojiào hé Fójiào zhè liǎng chù shèngde shǐ
道教和佛教这两处圣地[5]使
Mǐn Míng dàkāiyǎnjiè. Liáng Zhì shuō: "Nǎinai
闵茗大开眼界[6]。梁智说："奶奶
kànzhòng de shì jìnrù xiānjìng, shì chángshēng;
看重[7]的是进入仙境，是长生；
māma kànzhòng de shì láishēng, láishì; nǐ
妈妈看重的是来生、来世；你

1 雕刻：sculpture
2 惊叹：to exclaim
3 鬼魅：ghosts
4 白马寺：White Horse Temple
It is said that this was the first temple of Buddhism in China. Once upon a time, a hierarch led a white horse from the west, carrying volumes of sutra to Luoyang. The Emperor of the East Han Dynasty received him warmly and ordered the construction of a temple in the year 68. This is regarded as the starting point of Buddhism in China.
5 圣地：holy land
6 大开眼界：widen one's view
7 看重：regard as important

kànzhòng de shì tiānguó. Wǒ jì bú xìn Zǔshīyé
看重的是天国。我既不信祖师爷
yě bú xìn Fózǔ, wǒ zhè zhǒng bú xìn rènhé
也不信佛祖，我这种不信任何
zōngjiào de rén, kànzhòng de zhǐ shì xìngfú."
宗教的人，看重的只是幸福。”

Lǚyóu jiéshù le. Tāmen huíjiā de nà
旅游结束了。他们回家的那
tiān wǎnshang, quán jiā rén wèi tāmen jǔxíngle yí
天晚上，全家人为他们举行了一
gè wǎnyàn. Mǐn Míng hé nǎinai, gōnggong,
个晚宴。闵茗和奶奶、公公、
pópo hái yǒu Liáng Zhì dōu pèngle bēi. Quán jiā
婆婆还有梁智都碰了杯[1]。全家
rén hē de yí piàn xiàoshēng. Pópo kěnéng hái
人喝得一片笑声。婆婆可能还
zài xiǎngzhe érxí huáiyùn de shì, bú ràng tā duō
在想着儿媳怀孕的事，不让她多
hē jiǔ. Píngrì hěn yánsù de gōnggong, nà wǎn
喝酒。平日很严肃的公公，那晚
yě mǎnliǎn hánxiào de tīngzhe tā jiǎng lǚyóu zhōng
也满脸含笑地听着她讲旅游中
de shìqing.
的事情。

Dàyuē zài tāmen dào jiā jǐ tiān hòu de yí
大约在他们到家几天后的一
gè bàngwǎn, Mǐn Míng fāxiàn gōnggong yǔ píngshí
个傍晚，闵茗发现公公与平时
yǒuxiē bùtóng. Tā píngshí xiàbān hòu zǒngshì zuò
有些不同。他平时下班后总是坐

1 碰杯：clink glasses

zài nàr kàn bàozhǐ, yàome zuò zài yuànzi li,
在那儿看报纸，要么坐在院子里，
yàome zuò zài kètīng li. Dàn nà tiān xiàbān
要么坐在客厅里。但那天下班
hòu, tā zuò zài shāfā shang yídòng-búdòng. Mǐn
后，他坐在沙发上一动不动[1]。闵
Míng bǎ jiāli de jǐ fèn bàozhǐ dōu nádàole
茗把家里的几份报纸都拿到了
tā de miànqián, dàn tā hǎoxiàng méi kànjiàn,
他的面前，但他好像没看见，
háishi zuò zài nàlǐ yídòng-búdòng.
还是坐在那里一动不动。

Nà tiān de wǎnfàn gōnggong chī de hěn
那天的晚饭公公吃得很
shǎo, tā zhǐ chīle jǐ kǒu miàntiáo jiù
少，他只吃了几口面条就
fàngxiàle kuàizi. Pópo yě gǎndào hěn
放下了筷子。婆婆也感到很
yìwài, wèn tā: "Shì bu shì bìng le?"
意外[2]，问他："是不是病了？"
Gōnggong yáoyao tóu, shuō: "Zhōngwǔ chīduō le,
公公摇摇头，说："中午吃多了，
bú è." Dì-èr tiān zǎoshang qǐchuáng hòu,
不饿。"第二天早上起床后，
gōnggong yě méiyǒu xiàng píngshí nàyàng ná gè
公公也没有像平时那样拿个
shōuyīnjī qù sànbù, érshì zhàn zài yuàn zhōng
收音机去散步，而是站在院中
de zhúzi qián fādāi.
的竹子前发呆[3]。

1 **一动不动**: motionless

2 **意外**: unexpected
e.g. 出现这种情况真是让人感到意外。

3 **发呆**: be in a daze
e.g. 她站在窗前发呆。

Jiē xiàlái de jǐ tiān, qíngxing dōu chàbuduō.
接下来的几天，情形都差不多。

Yǒu yì tiān zhōngwǔ, Mǐn Míng kànjiàn gōnggong hé pópo dōu zài shūfáng li, tā tīngjian pópo wèn: "Tā bà, nǐ shì bu shì yùdào shénme shìr le?" Gōnggong tànle kǒu qì: "Méi shì." Pópo shuō: "Yǒushì nǐ jiù shuō chūlái, wǒ yě hǎo bāngzhe gěi nǐ chū gè zhǔyi." Gōnggong shuō: "Néng yǒu shénme shìr? Fàngxīn ba."
有一天中午，闵茗看见公公和婆婆都在书房里，她听见婆婆问："他爸，你是不是遇到什么事儿了？"公公叹了口气："没事。"婆婆说："有事你就说出来，我也好帮着给你出个主意。"公公说："能有什么事儿？放心吧。"

Kě Mǐn Míng cāixiǎng gōnggong xīnli yǒu shìr, jiù qiāoqiāo duì Liáng Zhì shuō: "Nǐ guānxīn yíxià bàba, tā kěndìng shì yùdàole shénme shìr." Liáng Zhì chénmòle yízhèn, shuō: "Bú huì ba, jíshǐ yùdàole shénme shìr, tā shì shīzhǎng yě néng xiǎngdetōng. Búguò nǐ shuō de yě duì, wǒ wǎnshang wènwen tā."
可闵茗猜想公公心里有事儿，就悄悄对梁智说："你关心一下爸爸，他肯定是遇到了什么事儿。"梁智沉默了一阵，说："不会吧，即使遇到了什么事儿，他是师长也能想得通[1]。不过你说得也对，我晚上问问他。"

1 **想得通**: relieve worries in the mind through thinking
e.g. 这个问题他想得通，但对于这件事他想不通。

Liǎng tiān zhīhòu, Mǐn Míng tóng Liáng Zhì kāi
两天之后，闵茗同梁智开
wánxiào dào: "Guānxīn nǐ bà le ma?" Tā
玩笑道："关心你爸了吗？"他
xiàoxiao: "Wèn le, yí jiàn xiǎoshì, mǎshàng jiù
笑笑："问了，一件小事，马上就
huì chǔlǐ hǎo."
会处理好。"

Mǐn Míng hěn kuài bǎ zhè jiàn shìr wàng
闵茗很快把这件事儿忘
le. Zàishuō, tā zìjǐ yě yǒu hěn duō shìr
了。再说，她自己也有很多事儿
yào zuò, zuò měiróng, zuò tóufa, zuò
要做，做美容[1]、做头发、做
jiànměicāo, jiàn nǚ péngyou děngděng.
健美操[2]、见女朋友等等。

Hěn duō nǚ péngyou dōu gàosu tā, jiéhūn
很多女朋友都告诉她，结婚
hòu de rìcháng shēnghuó hěn kěpà, tā huì shǐ nǐ
后的日常生活很可怕，它会使你
měihǎo de xīwàng yì diǎndiǎn de xiāoshī, tā huì
美好的希望一点点地消失，它会
gěi nǐ dàilái wújìn de fánnǎo hé máfan. Kě
给你带来无尽的烦恼和麻烦。可
Mǐn Míng fāxiàn shìqing bìng bú shì zhèyàng de. Hūn
闵茗发现事情并不是这样的。婚
hòu shēnghuó kāishǐ zhīhòu, tā hé Liáng Zhì réngrán
后生活开始之后，她和梁智仍然
juéde hěn xìngfú. Zǎoshang tāmen liǎ yìqǐ qù
觉得很幸福。早上他们俩一起去

1 美容: facial
2 健美操: aerobics

yínháng shàngbān: tāmen pànwàng zhe yèwǎn de
银行上班；他们盼望着夜晚的
dàolái, hǎo xiǎngshòu àiqíng. Chúle xīngqīrì tā
到来，好享受爱情。除了星期日她
qù jiàotáng zuò lǐbài shì yí gè rén qù, shèngxià
去教堂做礼拜[1]是一个人去，剩下
de shíjiān tāmen chàbuduō shì xíngyǐngbùlí.
的时间他们差不多是形影不离[2]。
Zhǐyào Mǐn Míng zài Běijīng, měi gè zhōumò tā dōu
只要闵茗在北京，每个周末她都
qù jiàotáng zuò lǐbài. Māma duō cì gàosu tā,
去教堂做礼拜。妈妈多次告诉她，
zuòle Jīdūtú, jiù yào jìzhù Jīdūtú de
做了基督徒，就要记住基督徒的
guījù. Māma shuō: Qù jiàotáng shì yì zhǒng
规矩[3]。妈妈说：去教堂是一种
xuéxí, gèng zhòngyào de, qù jiàotáng kěyǐ
学习，更重要的，去教堂可以
jiāndìng rén de xìnyǎng. Zài jīntiān, suízhe kēxué
坚定人的信仰。在今天，随着科学
de fāzhǎn, Jīdūtú yào búduàn de chóngwēn
的发展，基督徒要不断地重温[4]
Shàngdì de jiàohuì, cóng'ér shǐ zìjǐ duì shàngdì
上帝的教诲[5]，从而使自己对上帝
de xìnyǎng gèngjiā jiāndìng qǐlái.
的信仰更加坚定起来。

Mǐn Míng yǐwéi tā duì shàngdì nàme
闵茗以为她对上帝那么
qiánchéng, shàngdì gěi tā de xìngfú yídìng hěn
虔诚[6]，上帝给她的幸福一定很

1 做礼拜: go to church
2 形影不离: be always together
3 规矩: rules
4 重温: to review
5 教诲: edification
6 虔诚: pious

duō, zúgòu tā xiǎngshòu dào yìbǎi suì. Kěshì
多，足够她享受到一百岁。可是
tā méi xiǎngdào, jiéhūn zhīhòu jǐnjǐn qīshíwǔ
她没想到，结婚之后仅仅七十五
tiān, tā de xìngfú jiù tūrán zhōngduàn le!
天，她的幸福就突然中断[1]了！

Nà shì yí gè lǐbàitiān. Zǎofàn hòu, Mǐn
那是一个礼拜天。早饭后，闵
Míng yào qù jiàotáng zuò lǐbài. Tā zhèngyào
茗要去教堂做礼拜。她正要
chūmén, Liáng Zhì guòlái shuō: "Bà ràng nǐ gěi
出门，梁智过来说："爸让你给
yí wèi Tán shūshu sòng yí yàng dōngxi. Tán shūshu
一位谭叔叔送一样东西。谭叔叔
jiù zhù zài lí jiàotáng bù yuǎn de yí gè xiǎoqū
就住在离教堂不远的一个小区
li. Nǐ zuòwán lǐbài, shùnbiàn zǒu guòqu, jǐ
里。你做完礼拜，顺便走过去，几
fēnzhōng jiù dào, zhǎodào Tán shūshu de jiā, jiù
分钟就到，找到谭叔叔的家，就
shuō shì bàba ràng nǐ dài guòlái de, fàngxià
说是爸爸让你带过来的，放下
lǐwù jiù xíng le." Tā gěile Mǐn Míng yì zhāng
礼物就行了。"他给了闵茗一张
xiězhe dezhǐ de zhǐtiáo hé yí gè shǒutídài. Mǐn
写着地址的纸条和一个手提袋。闵
Míng kànjiàn shǒutídài li zhuāngzhe yì hé
茗看见手提袋里装着一盒
qiǎokèlì hé yì hé diǎnxin, hěn qīng, tā diǎn
巧克力和一盒点心，很轻，她点

1 中断：break off

tóu shuō: “Fàngxīn ba.”
头说：“放心吧。”

Mǐn Míng dàizhe hǎo xīnqíng xiàng jiàotáng
闵茗带着好心情向教堂
zǒuqù. Láidào Běijīng zhīhòu, yí dào qiūtiān,
走去。来到北京之后，一到秋天，
tā de xīnqíng dōu tèbié hǎo. Běijīng de qiūtiān
她的心情都特别好。北京的秋天
qiūgāo-qìshuǎng, yǔ Xīyǎtú de qìhòu hěn
秋高气爽[1]，与西雅图的气候很
xiāngsì. Jīnnián de qiūtiān yīnwèi yǒule hūnyīn
相似。今年的秋天因为有了婚姻
de xìngfú, Mǐn Míng xīnqíng gèngjiā yúkuài. Tā
的幸福，闵茗心情更加愉快。她
xiǎoshēng chàngzhe gēr zǒudàole jiàotáng ménqián.
小声唱着歌儿走到了教堂门前。
Zhè zuò jiàotáng bú dà, yīnwèi zhège dìqū de
这座教堂不大，因为这个地区的
Jīdūtú bù duō, dàgài néng zuò jǐshí gè rén
基督徒不多，大概能坐几十个人
ba. Tā kuài yào zǒudào jiàotáng ménkǒu de
吧。她快要走到教堂门口的
shíhou, hūrán kànjiàn yí gè lǎotàitai lāzhe
时候，忽然看见一个老太太拉着
yí gè nǚháir, zài jiàotáng ménkǒu gēn jǐ gè
一个女孩儿，在教堂门口跟几个
zhèngyào jìn jiàotáng de Jīdūjiàotú shuōzhe
正要进教堂的基督教徒说着
shénme. Mǐn Míng yǒuxiē hàoqí, yě zǒudàole
什么。闵茗有些好奇，也走到了

1 秋高气爽：clear and crisp autumn day

tāmen miànqián. Tā tīngdào lǎotàitai zhèng duì
她们面前。她听到老太太正对
rénmen shuōzhe: "Wǒ zhè sūnnü bǎ sānbǎi duō
人们说着："我这孙女把三百多
kuài qián de xuéfèi diū le, xiànzài wǒ sūnnü
块钱的学费丢了，现在我孙女
méifǎ shàngxué le, máfan gèwèi
没法[1]上学了，麻烦各位
bāngbangmáng, zhè háizi jí de zǎofàn dōu méi
帮帮忙，这孩子急得早饭都没
chī ne." Jǐ gè rén tīng le, jiù dōu qù mō
吃呢。"几个人听了，就都去摸
zìjǐ de qiánbāo. Mǐn Míng yě zài tāo qiánbāo,
自己的钱包。闵茗也在掏钱包，
yì mō cái zhīdao zìjǐ wàngle dài qiánbāo. Hái
一摸才知道自己忘了带钱包。还
hǎo, jǐ gè jiàotú yǐjīng wèi nà nǚháir
好，几个教徒已经为那女孩儿
còugòule sānbǎi duō kuài qián de xuéfèi. Lǎoren
凑够了三百多块钱的学费。老人
hé nǚháir zhēnshì qiān'ēn-wànxiè. Zhèshí Mǐn
和女孩儿真是千恩万谢[2]。这时闵
Míng xiǎngdào nà nǚháir hái méi chī zǎofàn, jiù
茗想到那女孩儿还没吃早饭，就
bǎ dài gěi Tán shūshu de lǐwù dìdàole
把带给谭叔叔的礼物递到了
nǚháir shǒushang. Tā shuō: "Zhèlǐ yǒudiǎnr
女孩儿手上。她说："这里有点儿
chīde, nǐ náqù ba." Lǎorén hé nǚháir
吃的，你拿去吧。"老人和女孩儿

1 没法：same as 没有办法

2 千恩万谢：be extremely grateful

yòu shì qiān'ēn-wànxiè . Mǐn Míng yìbiān wǎng jiàotáng
又是千恩万谢。闵茗一边往教堂
li zǒu yìbiān xiǎngzhe míngtiān zài mǎi yì hé
里走一边想着明天再买一盒
diǎnxin hé qiǎokèlì gěi nàge Tán shūshu sòngqù
点心和巧克力给那个谭叔叔送去
jiù xíng le , fǎnzhèng yòu bú shì shénme guìzhòng
就行了，反正又不是什么贵重
dōngxi , érqiě zhè zhǒng dōngxi zǎo yì tiān
东西，而且这种东西早一天
sòngdào hé wǎn yì tiān sòngdào yě bú huì yǒu duō
送到和晚一天送到也不会有多
dà de guānxì . Tā dāngshí yìdiǎnr yě bù
大的关系。她当时一点儿也不
zhīdao zìjǐ fànle yí gè dà cuòwù .
知道自己犯了一个大错误。

Mǐn Míng zuòwán lǐbài hòu , zài huíjiā de
闵茗做完礼拜后，在回家的
lù shang , pèngjiànle yí wèi āyí . Zhè wèi
路上，碰见了一位阿姨。这位
āyí dāngchū zài Měiguó liúxué shí cháng dào
阿姨当初在美国留学时常到
tāmen jiā wán . Tāmen liǎng gè zhàn zài jiē biān
她们家玩。她们两个站在街边
shuōle hěn cháng shíjiān de huà . Děng tā huí jiā
说了很长时间的话。等她回家
shí yǐjīng shì zhōngwǔ le . Tā gāng yí jìn mén ,
时已经是中午了。她刚一进门，
Liáng Zhì jiù zǒu guòlái wèn : " Sòngdàole ba ? "
梁智就走过来问："送到了吧？"

Tā dāngshí hái zài xiǎng hé nà wèi āyí de
她当时还在想和那位阿姨的
tánhuà , méi fǎnyìng guòlái tā wèn de shìqing ,
谈话，没反应过来他问的事情，
jiù suíbiàn de diǎnle diǎntóu .
就随便地点了点头。

Liáng Zhì yí jiàn tā diǎntóu , jiù gāoxìng de
梁智一见她点头，就高兴地
pǎodào bàba miànqián shuō : " Bà , zǎ yàng , wǒ
跑到爸爸面前说："爸，咋样，我
shuō néng xíng ba ? Chéng le , shìqing kěndìng néng
说能行吧？成了，事情肯定能
chéng le ! " Liáng Zhì de huà yǐnqǐle Mǐn Míng
成了！"梁智的话引起了闵茗
de zhùyì , tā gǎnmáng wèn : " Nǐ shuō shénme
的注意，她赶忙问："你说什么
shì chéng le ? " Tā xiàodào : " Zànshí bǎomì ,
事成了？"他笑道："暂时保密[1]，
yǐhòu zàishuō ba . " Tā de huà ràng Mǐn Míng
以后再说吧。"他的话让闵茗
gèngjiā hútu . Tā fǎnzhèng yǒudiǎnr lěi le ,
更加糊涂[2]。她反正有点儿累了，
hái yǒudiǎnr è , yě méi zài wèn , jiù jímáng
还有点儿饿，也没再问，就急忙
zuòdàole fànzhuō qián .
坐到了饭桌前。

Chīguòle yì wǎn fàn zhīhòu , Mǐn Míng cái
吃过了一碗饭之后，闵茗才
xiǎngqǐle gōnggong ràng tā sòngqù de lǐwù ,
想起了公公让她送去的礼物，

1 保密：keep secret
2 糊涂：confused, bewildered
e.g. 他越解释，我越糊涂。

xiǎngqǐ gāi gēn lǎorén shuō yì shēng, yúshì jiù
想起该跟老人说一声，于是就
kāikǒu dào: " Bà, nǐ zǎoshang ràng wǒ sònggěi Tán
开口道："爸，你早上让我送给谭
shūshu de nà liǎng hé chī de dōngxi, wǒ
叔叔的那两盒吃的东西，我
zhuǎnsòng gěi biéren le. Míngtiān wǒ shàngbān
转送给别人了。明天我上班
lùguò Tán shūshu jiā de shíhou, wǒ zài mǎile
路过谭叔叔家的时候，我再买了
sòng guòqu… "
送过去……"

Mǐn Míng shuō dào zhèr tíngzhù le, yīnwèi
闵茗说到这儿停住了，因为
tā kàndào gōnggong hé Liáng Zhì de liǎn shang dōu
她看到公公和梁智的脸上都
lùchūle jīng'è. Tāmen dōu bǎ kuàizi tíng zài
露出了惊愕[1]。他们都把筷子停在
zuǐbiān, quán shēn yídòng-búdòng.
嘴边，全身一动不动。

Liáng Zhì zuì xiān kāile kǒu, wèn: " Nǐ
梁智最先开了口，问："你
gāngcái bú shì shuō nǐ bǎ nà dōngxi sòngdàole
刚才不是说你把那东西送到了
ma? "
吗？"

Mǐn Míng shuō: " Méiyǒu a? "
闵茗说："没有啊？"

Liáng Zhì shēngqì de shuō: " Nǐ zěnme kěyǐ
梁智生气地说："你怎么可以

1 惊愕：to startle, to stun

zhèyàng? ”
这样?”

Tā shuō: “ Bú jiù shì liǎng hé chī de dōngxi ma? Wǒ míngtiān zài mǎi yíyàng de gěi Tán shūshu sòngqù bú jiù dé le! Jīntiān nàge xiǎo nǚháir shízài kělián … ” Tā kāishǐ jiǎng zǎochen zài jiàotáng ménkǒu fāshēng de shìqing. Méi xiǎngdào tā hái méiyǒu jiǎngwán, gōnggong tūrán bǎ kuàizi wǎng zhuōshang yì pāi, zhàn qǐ shēn lái hǒudào: “ Húnào! ”

她说:“不就是两盒吃的东西吗?我明天再买一样的给谭叔叔送去不就得了!今天那个小女孩儿实在可怜……”她开始讲早晨在教堂门口发生的事情。没想到她还没有讲完,公公突然把筷子往桌上一拍,站起身来吼[1]道:“胡闹!”

Mǐn Míng lènglèng de kànzhe gōnggong, tā zhēnde yǒuxiē chījīng. Tā xiǎng: tā wèi zhème diǎn xiǎoshìr jiù fā zhème dà de píqi! Kànlái, wǒ duì tā zhēnde shì bù liǎojiě. Zhè jiàn shì yào zài wǒ jiā, wǒ bà mā zhīdao hòu huì kuājiǎng wǒ de.

闵茗愣愣地看着公公,她真的有些吃惊。她想:他为这么点小事儿就发这么大的脾气!看来,我对他真的是不了解。这件事要在我家,我爸妈知道后会夸奖[2]我的。

1 吼: to shout
2 夸奖: to praise

Gōnggong de huǒqì hǎoxiàng yuèláiyuè dà, tā shuō: "Nǐ hái néng bànchéng yìdiǎnr shénme shìr?!"

公公的火气好像越来越大，他说："你还能办成一点儿什么事儿？！"

Mǐn Míng yě rěnbuzhù le, shuō: "Wǒ dàgài bànbuchéng shénme dàshì, kě wǒ méiyǒu húnào!" Tā lěnglěng de huíle tā yí jù.

闵茗也忍不住了，说："我大概办不成什么大事，可我没有胡闹！"她冷冷地回了他一句。

Gōnggong líkāile fànzhuō, zǒujìn tā hé pópo de wòshì, bǎmén shuāishàng le.

公公离开了饭桌，走进他和婆婆的卧室，把门摔上了。

Pópo xiǎnrán kàn bú xiàqù le, shuō: "Bú jiù shì yìdiǎn chī de dōngxi ma, yǒu shénme dàbuliǎo de? Míngming sòng rén jiù sòng rén le bei, zài mǎi liǎng yàng xiāngtóng de bú jiù dé le? Wǒ kàn Míngming zhèyàng zuò yě duì. Zhè shì jīfú-xíngshàn de shì, zhè shì zuò de duì! Fózǔ kànjiànle kěndìng yào gāoxìng de!"

婆婆显然看不下去了，说："不就是一点吃的东西嘛，有什么大不了的[1]？茗茗送人就送人了呗，再买两样相同的不就得了？我看茗茗这样做也对。这是积福行善[2]的事，这事做得对！佛祖[3]看见了肯定要高兴的！"

1 **大不了的**: (usu. used in negations or questions) not serious e.g. 这个病没什么大不了的，吃点药就会好的。

2 **积福行善**: do good deeds and accumulate happiness

3 **佛祖**: Buddha

Gōnggong zhèshí yòu lākāi wòshì mén dèngle
公公这时又拉开卧室门瞪了
pópo yì yǎn, màdào: "Nǐ dǒng shénme!"
婆婆一眼，骂道："你懂什么！"
Mǐn Míng zài yí cì jīng'è de kànzhe
闵茗再一次惊愕地看着
gōnggong, tā zěnme dāngzhe tā de miàn
公公，他怎么当着她的面[1]
màqǐle pópo! Tā bàba zài māma miànqián
骂起了婆婆！她爸爸在妈妈面前
cónglái bú huì zhèyàng.
从来不会这样。

Gōnggong cháo Mǐn Míng huīle yí xià shǒu,
公公朝闵茗挥了一下手，
shuō: "Qù! Lìkè bǎ nà liǎng hé chīde gěi
说："去！立刻把那两盒吃的给
wǒ yào huílái!" Míngming chījīng de kànzhe tā.
我要回来！"茗茗吃惊地看着他。
Shìshàng hái yǒu zhèyàng de rén? Tā zěnme huì yǒu
世上还有这样的人？她怎么会有
zhèyàng de gōnggong? Jiù zài nà yíkè, Mǐn
这样的公公？就在那一刻，闵
Míng dì-yī cì huáiyí tā duì hūnyīn de xuǎnzé.
茗第一次怀疑[2]她对婚姻的选择。
Tā juéde tā tài bù liǎojiě jūnrén de jiātíng,
她觉得她太不了解军人的家庭，
bù liǎojiě jūnrén le.
不了解军人了。

Nǎinai zhèshí kāile kǒu: "Hǎo le! Yào
奶奶这时开了口："好了！要

1 当着……的面: in front of somebody
2 怀疑: to doubt

shá yào? Sòng chūqu de dōngxi nǎ yǒu zài yào
啥要？送出去的东西哪有再要
huílái de? Wǒ kàn Míngming zài zhè shì shang
回来的？我看茗茗在这事上
méiyǒu cuò!"
没有错！”

Mǐn Míng shuō: "Wǒ huì gěi tā de!" Mǐn
闵茗说：“我会给他的！”闵
Míng shēngqì de zǒuchūle jiāmén. Tā xīnxiǎng:
茗生气地走出了家门。她心想：
Shīzhǎng xiānsheng, hái yǒu nǐ Liáng Zhì, wǒ
师长先生，还有你梁智，我
yídìng yào huán gěi nǐmen!
一定要还给你们！

Yí gè xiǎoshí zhīhòu, Mǐn Míng yǐjīng
一个小时之后，闵茗已经
huídào zìjǐ de niángjiā, zhàn zài le zìjǐ de
回到自己的娘家，站在了自己的
bà mā miànqián. Māma kàn tā fènnù de
爸妈面前。妈妈看她愤怒的
yàngzi, gǎnjǐn wèn: "Chūle shénme shìqing?"
样子，赶紧问：“出了什么事情？”
Mǐn Míng shénme yě méi shuō, zhǐ jiào māma
闵茗什么也没说，只叫妈妈
gǎnjǐn gěi tā liǎngqiān kuài qián. Bàba gūjì tā
赶紧给她两千块钱。爸爸估计她
yǒu jíshì, biàn liánmáng cóng píbāo li tāochūle
有急事，便连忙从皮包里掏出了
liǎngqiān yuán qián. Tā jiēguo qián zhuǎnshēn jiù
两千元钱。她接过钱转身就

qùle yì jiā shāngdiàn. Tā hái jìde nà hé
去了一家商店。她还记得那盒
diǎnxin hé nà hé qiǎokèlì de míngzi. Zhè liǎng
点心和那盒巧克力的名字。这两
yàng dōngxi yígòng shì jiǔshíjiǔ kuài qī máo qián,
样东西一共是九十九块七毛钱，
tā yíxiàzi mǎile shí hé diǎnxin hé shí hé
她一下子买了十盒点心和十盒
qiǎokèlì. Ránhòu tā jiù dǎdī bǎ dōngxi
巧克力。然后她就打的[1]把东西
sòngdàole Liáng Zhì jiā. Tā bǎ nàxiē dōngxi
送到了梁智家。她把那些东西
yìbiān wǎng kètīng li bān, yìbiān dàshēng de
一边往客厅里搬，一边大声地
cháo Liáng Zhì jiào: "Xìng Liáng de, wǒ xiànzài yǐ
朝梁智叫："姓梁的，我现在以
jiǔ bèi de dōngxi huán gěi nǐ!" Shuōwán, tā
九倍的东西还给你！"说完，她
jiù qù wòshì li shōushi zìjǐ de dōngxi. Zhè
就去卧室里收拾自己的东西。这
jiàn shì shì nàyàng de ràng Mǐn Míng tòngxīn, tā
件事是那样地让闵茗痛心[2]，她
juéde tā bù kěnéng zài yǔ zhèyàng de zhàngfu hé
觉得她不可能再与这样的丈夫和
gōnggong shēnghuó zài yìqǐ le. Tā bìxū
公公生活在一起了。她必须
lìkè zǒu!
立刻走！

Pópo zuìxiān zǒujìn tā hé Liáng Zhì de
婆婆最先走进她和梁智的

1 打的：take a taxi
2 痛心：be distressed

wòshì . Pópo shuō: "Míngming, nǐ xiāoxiaoqì ."
卧室。婆婆说："茗茗，你消消气[1]。"

Mǐn Míng zhuǎnshēn duì pópo shuō: "Wǒ méifǎ xiāoqì, wǒ zhǐ yào hái zài zhège jiāli jiù bú huì xiāoqì!" Nǎinai gēnzhe jìnlái zhuāzhù tā de shǒu shuō: "Míngming, nǐ bié zǒu, nǎinai yíhuìr gěi nǐ chūqì! Wǒ yídìng yào xùn tāmen!"
闵茗转身对婆婆说："我没法消气，我只要还在这个家里就不会消气！"奶奶跟着进来抓住她的手说："茗茗，你别走，奶奶一会儿给你出气[2]！我一定要训[3]他们！"

Mǐn Míng yáoyao tóu shuō: "Nǎinai, zhè jiàn shì yǔ nǐ hé māma méi yǒu guānxì, dàn zhè jiàn shì yě bú shì nǐ néng bāng wǒ jiějué de liǎo de, wǒ bìxū zǒu!"
闵茗摇摇头说："奶奶，这件事与你和妈妈没有关系，但这件事也不是你能帮我解决得了的，我必须走！"

Liáng Zhì zuìhòu zǒule jìnlái. Tā hǎoxiàng yào shuō diǎn shénme, dàn yòu bù zhīdao zěnme shuō hǎo. Tā shuō: "Yǒuxiē shì nǐ gēnběn bù dǒng."
梁智最后走了进来。他好像要说点什么，但又不知道怎么说好。他说："有些事你根本不懂。"

1 **消消气**: calm one's anger
e.g. 你去向她道歉，让她消消气。

2 **出气**: vent one's anger
e.g. 你不高兴，也不应该拿我出气。

3 **训**: rebuke; give sb. a dressing-down
e.g. 晚上他爸爸训了他一顿。

Mǐn Míng fènnù de lánzhùle tā, hǒudào:
闵茗愤怒地拦住了他，吼道：
"Wǒ gēnběn bù xiǎng dǒng! Nǐmen shì shéi? wèi
"我根本不想懂！你们是谁？为
shénme fēi yào wǒ qù dǒng nǐmen bùkě?" Liáng
什么非要我去懂你们不可？"梁
Zhì kàn tā lāzhe xiāngzi zhēn de yào zǒu, jiù
智看她拉着箱子真的要走，就
lán zài ménkǒu bú ràng tā zǒu. Mǐn Míng lìkè
拦在门口不让她走。闵茗立刻
náchū shǒujī, shuō: "Wǒ zhǐ gěi nǐ wǔ
拿出手机[1]，说："我只给你五
miǎozhōng, wǔ miǎo guòhòu nǐ bú ràng wǒ zǒu,
秒钟，五秒过后你不让我走，
wǒ lìkè dǎ yāo yāo líng bàojǐng. Nǐ bù néng
我立刻打110报警[2]。你不能
xiànzhì wǒ de zìyóu!" Liáng Zhì kàn tā fènnù
限制我的自由！"梁智看她愤怒
de yàngzi, jiù ràngkāi le.
的样子，就让开了。

Mǐn Míng lín chūmén shí zuìhòu kànle yìyǎn
闵茗临出门时最后看了一眼
shīzhǎng. Tā miànxiàng chuāngwài zhànzhe, kànbujiàn
师长。他面向窗外站着，看不见
tā de liǎn, dàn tā de hòubèi réngrán gěi tā yì
他的脸，但他的后背仍然给她一
zhǒng fènnù de gǎnjué. Mǐn Míng zǒuchūle Liáng
种愤怒的感觉。闵茗走出了梁
jiā de mén — zàijiàn le, shīzhǎng xiānsheng!
家的门——再见了，师长先生！

1 手机：mobile phone
2 打110报警：dial 110 to call the police

Mǐn Míng xīnxiǎng: Shàngdì, yuánliàng wǒ
闵茗心想：上帝，原谅我
jǐnjǐn zài qīshíwǔ tiān hòu jiù wéibèile
仅仅在七十五天后就违背[1]了
dāngchū zài jiàotáng jǔxíng hūnlǐ shí fā de
当初在教堂举行婚礼时发的
shìyán. Tā méifǎ zài Liáng jiā dāi xiàqù le,
誓言[2]。她没法在梁家待下去了，
tā bùnéng ài Liáng Zhì yíbèizi, tā yào
她不能爱梁智一辈子[3]，她要
líhūn!
离婚！

Dàole niángjiā zhīhòu, bà mā yí kàn tā
到了娘家之后，爸妈一看她
dàizhe xíngli xiāngzi huílái, jímáng zhuīwèn
带着行李箱子回来，急忙追问
yuányīn. Mǐn Míng shuō: "Wǒ dāngchū zhēn bù gāi
原因。闵茗说："我当初真不该
xuǎnzé Liáng Zhì nàyàng de nánrén zuò zhàngfu,
选择梁智那样的男人做丈夫，
xuǎnle nàyàng yí gè jiātíng dāng pójiā. Wǒ yào
选了那样一个家庭当婆家。我要
huílái, wǒ yào líhūn!"
回来，我要离婚！"

Māma yì tīng, xiào le, wèn: "Xiǎoliǎngkǒu
妈妈一听，笑了，问："小两口
shì bu shì shēngqì le?"
是不是生气了？"

Māma de tàidu gèng ràng tā shēngqì, tā
妈妈的态度更让她生气，她

1 **违背**: to violate
2 **誓言**: oath, pledge
e.g. 你不应该随便违背誓言。
3 **一辈子**: all one's life

shuō : " Nǐ xiào shénme xiào ? Yǒu shénme hǎo xiào de ? "
说："你笑什么笑？有什么好笑的？"

Māma zhè cái shōuzhù xiào , shuō :
妈妈这才收住笑，说：
" Xiǎoliǎngkǒu yì shēngqì jiùyào líhūn , nà xiàng
"小两口一生气就要离婚，那像
shénme yàngzi ? Tiānxià nǎ yǒu bù shēngqì de
什么样子？天下哪有不生气的
fūqī ? Wǒ hé nǐ bàba bú yě shì chǎole
夫妻？我和你爸爸不也是吵了
duōshao cì , wǒmen líhūnle ma ? Jiéhūn shì
多少次，我们离婚了吗？结婚是
liǎng gè yuánlái mòshēng de rén zài yìqǐ shēnghuó ,
两个原来陌生的人在一起生活，
bù kěnéng bù fāshēng yìdiǎn kǒujiǎo … "
不可能不发生一点口角[1]……"

Mǐn Míng shuō : " Wǒ bù jǐnjǐn shì gēn Liáng
闵茗说："我不仅仅是跟梁
Zhì shēngqì , wǒ hái gēn tā de bàba , gēn
智生气，我还跟他的爸爸，跟
nàge shīzhǎng shēngqì . Wǒ tǎoyàn tāmen ! "
那个师长生气。我讨厌他们！"

Bàba kěnéng gǎndàole shìqing de yánzhòng ,
爸爸可能感到了事情的严重，
wèn : " Jiūjìng shì zěnme huí shì ? Nǐ gōnggong
问："究竟是怎么回事？你公公
zěnme huì rě nǐ le ? " Mǐn Míng ràng zìjǐ
怎么会惹你了？"闵茗让自己
píngjìng xiàlái , bǎ shìqing de jīngguò shuōle yí
平静下来，把事情的经过说了一

1 **发生口角**: to quarrel; bicker with someone over something **e.g.** 不要因为一点小事儿，就跟人家发生口角。

biàn . Bà mā tīng hòu , bàn tiān dōu méiyǒu
遍。爸妈听后，半天都没有
shuōhuà . Tā dàshēng wèn : " Nǐmen shuō wǒ gāi bu
说话。她大声问："你们说我该不
gāi shēngqì ? " Bàba diǎndiantóu shuō : " Rúguǒ nǐ
该生气？"爸爸点点头说："如果你
shuō de zhèxiē dōu shì shìshí , nàme dàolǐ
说的这些都是事实，那么道理
kěndìng zài nǐ zhè biān . Nǐ yìnggāi shēngqì , bà
肯定在你这边。你应该生气，爸
mā yě zhàn zài nǐ yìbiān . "
妈也站在你一边。"

Mǐn Míng shuō : " Rúguǒ wǒ shuōle jiǎhuà ,
闵茗说："如果我说了假话[1]，
ràng wǒ chū mén jiù zāo chēhuò . " Bàba tàn kǒu
让我出门就遭车祸[2]。"爸爸叹口
qì shuō : " Ràng wǒmen děngděng Liáng jiā de
气说："让我们等等梁家的
jiěshì . Wǒ xiǎng , tāmen huì yǒu jiěshì de . "
解释。我想，他们会有解释的。"
Mǐn Míng fǎnduì shuō : " Wǒ bù děng ! Wǒ duì
闵茗反对说："我不等！我对
tāmen yǐjīng tǎoyàn tòu le . Fāshēngle zhè jiàn
他们已经讨厌透了。发生了这件
shì , wǒ bù kěnéng zài tóng tāmen shēnghuó zài
事，我不可能再同他们生活在
yìqǐ , wǒ yào lìkè líhūn ! " Tā biān shuō
一起，我要立刻离婚！"她边说
biān náqǐle diànhuà .
边拿起了电话。

1 假话：lie, falsehood
2 遭车祸：suffer traffic accident

Māma ànxiàle diànhuà, wèn: "Nǐ dǎsuan
妈妈按下了电话，问："你打算
gàn shénme?" Mǐn Míng shuō: "Tōngzhī Liáng Zhì
干什么？"闵茗说："通知梁智
míngtiān qù hé wǒ bàn líhūn shǒuxù." Māma
明天去和我办离婚手续。"妈妈
pāile pāi tā de shǒu, shuō: "Hái jìde wǒ
拍了拍她的手，说："还记得我
zài nǐ de rìjìběn shang xiě de nà jù huà
在你的日记本上写的那句话
ma? Chǔlǐ shìqing búyào zhǐ píng qíngxù.
吗？处理事情不要只凭[1]情绪[2]。
Háizi, duìdài líhūn de shì yào tèbié
孩子，对待离婚的事要特别
shènzhòng. Wǒmen yīnggāi zài děng yi děng."
慎重[3]。我们应该再等一等。"

Mǐn Míng dèngzhe māma wèn: "Děng
闵茗瞪着妈妈问："等
shénme?" Māma shuō: "Zhìshǎo yào děng Liáng jiā
什么？"妈妈说："至少要等梁家
de yí gè diànhuà. Nǐ zhèyàng líkāi Liáng jiā,
的一个电话。你这样离开梁家，
tāmen bú huì bù lái diànhuà."
他们不会不来电话。"

Mǐn Míng qìhūhū de zuò zài shāfā shang,
闵茗气呼呼地坐在沙发上，
shuō: "Hǎo, wǒ jiù děng tāmen de diànhuà."
说："好，我就等他们的电话。"

Dàyuē shíjǐ fēnzhōng yǐhòu, diànhuà xiǎng
大约十几分钟以后，电话响

1 凭: based on
e.g. 凭着多年的经验，他顺利地完成这项工作。
2 情绪: emotion
3 慎重: cautious

le . Māma náqǐle huàtǒng, shì Liáng Zhì de
了。妈妈拿起了话筒，是梁智的
shēngyīn: " Māma, wǒ hé Xiǎo Míng zhījiān
声音："妈妈，我和小茗之间
fāshēngle yìdiǎnr xiǎo wùhuì, hěn bàoqiàn,
发生了一点儿小误会[1]，很抱歉，
bǎ tā qì huíjiā le … "
把她气回家了……"

Mǐn Míng pǎo guòqù duìzhe huàtǒng dàshēng de
闵茗跑过去对着话筒大声地
hǒu: " Bú shì xiǎo wùhuì, shì yuánzé wèntí,
吼："不是小误会，是原则问题，
shì yào bu yào xíngshàn, yào bu yào guānxīn biéren
是要不要行善，要不要关心别人
de dà shìqing! Liáng Zhì, wǒ cóng zhè jiàn shì
的大事情！梁智，我从这件事
shang kàntòule nǐ hé nǐ bà de nèixīn! Nǐmen
上看透了你和你爸的内心！你们
shì zìsī de … "
是自私[2]的……"

Bàba bǎ tā cóng huàtǒng qián tuīkāi, duì
爸爸把她从话筒前推开，对
tā yáoyaotóu, ràng tā búyào zài hǎnjiào.
她摇摇头，让她不要再喊叫。

Māma duìzhe huàtǒng shuō: " Xiǎo Zhì, nǐ
妈妈对着话筒说："小智，你
hái yǒu shénme huà xiǎng shuō ma? "
还有什么话想说吗？"

Liáng Zhì shuō: " Wǒ zhǐ xiǎng duì Xiǎo Míng
梁智说："我只想对小茗

1 误会: misunderstanding
e.g.咱们之间有点儿小误会，我说的不是这个意思。
2 自私: selfish
e.g.他从不关心别人，他很自私。

dàoqiàn . Lìngwài , wǒ hái xiǎng wèn tā yí jiàn
道歉。另外，我还想问她一件
shìqing . ” Māma yòu bǎ huàtǒng gěi Mǐn Míng .
事情。”妈妈又把话筒给闵茗。

Mǐn Míng shuō : “ Yǒu huà kuài shuō ! ”
闵茗说：“有话快说！”

Liáng Zhì shuō : “ Nǐ néng gěi wǒ shuō yíxià
梁智说：“你能给我说一下
nǐ sònggěi tāmen dōngxi de nàge lǎotàitai hé
你送给她们东西的那个老太太和
tā sūnnü de qíngkuàng ma ? ”
她孙女的情况吗？”

Mǐn Míng shuō : “ Nǐ xiǎng gàn shénme ? Zài
闵茗说：“你想干什么？再
qù bǎ nà liǎng hé dōngxi yào huílái ma ? Nǐ
去把那两盒东西要回来吗？你
tài ràng wǒ ěxīn le ! Bié shuō wǒ bù zhīdao
太让我恶心[1]了！别说我不知道
tāmen de qíngkuàng , wǒ jiù shì zhīdao yě bú
她们的情况，我就是知道也不
huì gàosu nǐmen . Nǐmen zhèxiē shì qián rú mìng
会告诉你们。你们这些视钱如命[2]
de dōngxi , wǒ dāngchū zěnme huì kànshàngle
的东西，我当初怎么会看上了
nǐ ? ! ”
你？！”

Māma zhèshí duìzhe huàtǒng shuō : “ Xiǎo Zhì ,
妈妈这时对着话筒说：“小智，
wǒ hé Míngming tā bà dōu rènwéi , Míngming zài
我和茗茗她爸都认为，茗茗在

1 **恶心**: feel nauseated
2 **视钱如命**: regard money as one's life

zhè jiàn shì shang méiyǒu zuòcuò shénme！”
这件事上没有做错什么！”

Liáng Zhì tūntūntǔtǔ de shuō：“Dāngrán，
梁智吞吞吐吐[1]地说：“当然，
zhǐ shì … tā shì …”
只是……她是……”

Mǐn Míng yì bǎ cóng māma shǒu li qiǎngguo
闵茗一把从妈妈手里抢过
huàtǒng，shuō：“Liáng Zhì，míngtiān shàngwǔ，nǐ
话筒，说：“梁智，明天上午，你
bā diǎn zhǔnshí gǎndào fǎyuàn，wǒ yào hé nǐ
八点准时赶到法院[2]，我要和你
bànlǐ líhūn shǒuxù！” Tā shuōbà jiù guàshàngle
办理离婚手续！”她说罢就挂上了
diànhuà. Tā gēn bà mā shuō tā bù xiǎng zài gēn
电话。她跟爸妈说她不想再跟
zhèyàng de rén luōsuo！
这样的人啰唆[3]！

Míngming shēngzhe qì chī wǎnfàn. Māma
茗茗生着气吃晚饭。妈妈
yuánlái dānxīn Míngming chībuxià fàn，Míngming què
原来担心茗茗吃不下饭，茗茗却
shuō：“Chī！Wǒ wèi shénme bù chī？Wǒ bǎ zìjǐ
说：“吃！我为什么不吃？我把自己
cóng yúchǔn de hūnyīn zhōng jiěfàng chūlái，wǒ
从愚蠢[4]的婚姻中解放出来，我
yīnggāi gāogāoxìngxìng，wǒ méiyǒu lǐyóu bù chī
应该高高兴兴，我没有理由不吃
fàn！Wǒ yào dà chī！” Mǐn Míng chī de bǎobǎo
饭！我要大吃！”闵茗吃得饱饱

1 吞吞吐吐：be hesitant in speech
2 法院：court
3 啰唆：be wordy
4 愚蠢：silly

de , zǒujìnle tā yǐqián de wòfáng . Kěshì
的，走进了她以前的卧房。可是
guòle yíhuìr , tā jiù pǎo dào wèishēngjiān bǎ
过了一会儿，她就跑到卫生间把
chīde dōngxi quán tùle chūlái . Tùwán zhīhòu ,
吃的东西全吐了出来。吐完之后，
tā shāngxīn de pā zài chuáng shang kū le ,
她伤心地趴在床上哭了，
“ Shàngdì ya , wǒ zuòcuòle shénme shì jìng yào
“上帝呀，我做错了什么事竟要
zhèyàng chéngfá wǒ ? Wǒ měi gè lǐbài dōu qù
这样惩罚[1]我？我每个礼拜都去
jiàotáng , wǒ měi tiān shuì qián dōu zuò qídǎo , wǒ
教堂，我每天睡前都做祈祷[2]，我
měi dùn fàn qián dōu zài gǎn'ēn , wǒ měi guò yí
每顿饭前都在感恩[3]，我每过一
duàn rìzi dōu yào chóngwēn《Shèngjīng》, kě nǐ
段日子都要重温《圣经》[4]，可你
wèihé ràng wǒ yùshàng zhèyàng de hūnyīn ? Gěi wǒ
为何让我遇上这样的婚姻？给我
zhèyàng yí gè zhàngfu ? Sòng gěi wǒ zhèyàng yí gè
这样一个丈夫？送给我这样一个
gōnggong ? Wǒ dāngchū wèi shénme jiù kànbuchū Liáng
公公？我当初为什么就看不出梁
jiā fùzǐ shì shénmeyàng de rén … ”
家父子是什么样的人……”

Jiù zài Mǐn Míng shāngxīn de shíhou , lǎolao
就在闵茗伤心的时候，姥姥
cóng Xīyǎtú dǎlái diànhuà . Māma zài diànhuà
从西雅图打来电话。妈妈在电话

1 惩罚：to punish
2 祈祷：prayer
3 感恩：feel grateful
4 圣经：Holy Bible

li jiǎzhuāng píngjìng de shuō: " Míngming hěn hǎo,
里假装平静地说："茗茗很好，
tā hé tā de zhàngfu shēnghuó de hěn kuàilè."
她和她的丈夫生活得很快乐。"
Mǐn Míng yì tīng jiù huǒ le, qiǎngguo diànhuà
闵茗一听就火了[1]，抢过电话
kūzhe shuō: " Lǎolao, māma zài shuō jiǎhuà,
哭着说："姥姥，妈妈在说假话，
wǒ yào líhūn! " Lǎolao tīng hòu dàchīyìjīng,
我要离婚！"姥姥听后大吃一惊，
máng wèn shì zěnme huí shì. Mǐn Míng kūzhe
忙问是怎么回事。闵茗哭着
jiǎndān de shuōle shìqing jīngguò, lǎolao tīngwán
简单地说了事情经过，姥姥听完
jiù bàoyuàn shuō: " Wǒ dāngchū jiù fǎnduì nǐ zài
就抱怨[2]说："我当初就反对你在
Zhōngguó zhǎo zhàngfu, xiànzài kě hǎo, bú dào sān
中国找丈夫，现在可好，不到三
gè yuè de hūnyīn, zhēnshì yí dài bùrú yí
个月的婚姻，真是一代不如一
dài! Hǎo le, cāgān yǎnlèi, bǎ líhūn de shì
代！好了，擦干眼泪，把离婚的事
chǔlǐ hǎo, ránhòu zuò fēijī fēi huílái, wǒ
处理好，然后坐飞机飞回来，我
zài Xīyǎtú gěi nǐ chóngxīn zhǎo gè zhàngfu.
在西雅图给你重新找个丈夫。
Měiguó huárén zhōng hǎo nánrén duōdeshì, bǎozhèng
美国华人中好男人多的是，保证
ràng nǐ mǎnyì…… " Mǐn Míng hěn hòuhuǐ,
让你满意……"闵茗很后悔，

1 **一听就火了**: As soon as Min Ming hears what her mother says to her grandmother, she gets angry. **火**: (fig.v.&n.) be angry; rage; fury
e.g. 他火了。
e.g. 他发火了。

2 **抱怨**: to complain
e.g. 自己做错了事赶紧改，不能抱怨。

yěxǔ tā dāngchū gāi tīng lǎolao de huà. Tā de
也许她当初该听姥姥的话。她的
yǎnjing jiūjìng shì zěnme huí shì, zěnme huì
眼睛究竟是怎么回事，怎么会
kàncuòle rén ne?
看错了人呢？

Jiāli de ménlíng xiǎng le. Māma qù
家里的门铃[1]响了。妈妈去
kāimén, jiēzhe, Mǐn Míng jiù yòu tīngjianle
开门，接着，闵茗就又听见了
pópo de shēngyīn: "Dà mèizi, wǒ lái kànkan
婆婆的声音："大妹子[2]，我来看看
Míngming. Zhè háizi qìxing dà, yīnwèi jǐ jù
茗茗。这孩子气性[3]大，因为几句
huà gēn Liáng Zhì hé Liáng Zhì tā bà shēngqì
话跟梁智和梁智他爸生气
le…" Tā tīngjiàn māma ràng zuò de shēngyīn.
了……"她听见妈妈让坐的声音。
Mǐn Míng xiànzài quèshí méi xīnqíng zài gēn Liáng jiā
闵茗现在确实没心情再跟梁家
rén shuōhuà, yúshì jímáng zài chuáng shang
人说话，于是急忙在床上
tǎngxià, jiǎzhuāng shuìzháo.
躺下，假装睡着。

Māma shuō: "Míngming zhè háizi píqi juè,
妈妈说："茗茗这孩子脾气倔[4]，
zhǐyào tā rènwéi duì de shì, tā jiù huì qù zuò."
只要她认为对的事，她就会去做。"

Pópo shuō: "Míngming jīntiān zuò de shì
婆婆说："茗茗今天做的事

1 **门铃**: doorbell
2 **大妹子**: Here Liang Zhi's mother calls Min Ming's mother "sister". It sounds intimate and friendly.
3 **气性**: temperament
气性大: hot-tempered
4 **倔**: obstinate, self-willed
e.g.他的脾气很倔。
e.g.这个老爷爷可真倔。

yìdiǎn dōu méi cuò. Kànzhe biéren méi chī fàn,
一点都没错。看着别人没吃饭，
zìjǐ shǒu shang yòu līnzhe chī de dōngxi, dāngrán
自己手上又拎着吃的东西，当然
yìnggāi sòng gěi rénjia chī. Yàoshi wǒ, wǒ yě huì
应该送给人家吃。要是我，我也会
zhèyàng zuò. Liáng Zhì tā bà hé Liáng Zhì píngrì
这样做。梁智他爸和梁智平日
yào shuō yě bú shì xiǎoqi de rén. Wǒ gāngcái
要说也不是小气[1]的人。我刚才
chū mén zhīqián, hái bǎ Liáng Zhì màle yí dùn.
出门之前，还把梁智骂了一顿[2]。
Zhēn bù zhīdao zhè cì shì zǎ huí shì…"
真不知道这次是咋回事……”

Māma kànlái zhēn de shēngqì le, yě tì
妈妈看来真的生气了，也替
Mǐn Míng shuōhuà: "Zhè jiàn shì suīrán xiǎo, dàn
闵茗说话：“这件事虽然小，但
tā gěi Míngming zàochéng de shānghài kě yìdiǎnr
它给茗茗造成的伤害[3]可一点儿
yě bù xiǎo."
也不小。”

Pópo kǔxiàozhe shuō: "Nà shì nà shì,
婆婆苦笑着说：“那是那是，
wǒ qù kànkan háizi!"
我去看看孩子！”

Mǐn Míng tīngjian pópo zhèyàng shuō, jímáng
闵茗听见婆婆这样说，急忙
yòu bǎ yǎnjing bìshàng. Pópo zǒudào tā shēnbiān
又把眼睛闭上。婆婆走到她身边

1 小气：stingy
2 骂了一顿：reproach sb.
顿：(classifier) of food, reproach, beating
e.g.我说了他一顿。
3 伤害：harm

shí, tā yǒuxiē jǐnzhāng, jiǎzhuāng shuìzháo,
时，她有些紧张，假装睡着，
qīpiàn pópo. Shàngdì huì kànjiàn de, tā
欺骗婆婆。上帝会看见的，他
kànjiànle huì bu huì guàizuì tā?
看见了会不会怪罪[1]她？

Pópo dīshēng shuōzhe: "Háizi shuìzháo
婆婆低声说着："孩子睡着
le." Tā biān shuō biān bǎ shǒu shēn dào Mǐn Míng
了。"她边说边把手伸到闵茗
de tóushang fǔmōzhe. Māma kěnéng jiù zhàn
的头上抚摸[2]着。妈妈可能就站
zài mén biān, tā sìhū bù zhī shuō shénme hǎo.
在门边，她似乎不知说什么好。
Pópo de shǒu ràng Mǐn Míng gǎndàole yì zhǒng
婆婆的手让闵茗感到了一种
wēnnuǎn. Mǐn Míng zhīdao tā bùnéng liúlèi, kě
温暖。闵茗知道她不能流泪，可
yǎnlèi háishi liúle chūlái. Tā kāishǐ gěngyè
眼泪还是流了出来。她开始哽咽[3]
le. Pópo qīngqīngde pāizhe tā de shēnzi, yě
了。婆婆轻轻地拍着她的身子，也
kěnéng cóng yì kāishǐ jiù zhīdao tā méiyǒu
可能从一开始就知道她没有
shuìzháo. Pópo dīshēng shuō: "Háizi, wǒ zhīdao
睡着。婆婆低声说："孩子，我知道
nǐ xīnli wěiqu, nǐ jiù kū chūlái ba.
你心里委屈[4]，你就哭出来吧。
Búguò yǒu yì diǎn nǐ yīnggāi fàngxīn, nǐ zuò de
不过有一点你应该放心，你做的

1 **怪罪**: to blame
e.g.这件事是我做的，不要怪罪别人。
2 **抚摸**: to stroke
e.g.妈妈抚摸着女儿的头发。
3 **哽咽**: choke with sobs
4 **委屈**: feel wronged due to unjustified treatment
e.g.得不到人们的理解，他感到很委屈。

shànshì Fózǔ dōu zài kànzhe, tā zhīdao nǐ
善事佛祖都在看着，他知道你
zuòle jiù xíng, tā huì bǎ nǐ zuò de shànshì dōu
做了就行，他会把你做的善事都
jìxià, tā huì ràng nǐ dédào hǎo de huíbào.
记下，他会让你得到好的回报。
Nǐ bú shì qùguo Luòyáng de Báimǎ Sì ma?
你不是去过洛阳的白马寺吗？
Báimǎ Sì de héshang bú shì duì nǐ shuōguò
白马寺的和尚[1]不是对你说过
‘shàndé yǒu bào’ ma! Nǐ bàba hé Liáng Zhì
‘善德有报’[2]嘛！你爸爸和梁智
tāmen zuò de búduì…”
他们做得不对……”

Māma hòulái bǎ pópo quànle chūqu. Mǐn
妈妈后来把婆婆劝了出去。闵
Míng bù zhīdao pópo shì shénme shíhou zǒu de,
茗不知道婆婆是什么时候走的，
tā zhǐshì zài bù tíng de liúlèi, bìng zài shāngxīn
她只是在不停地流泪，并在伤心
zhōng shuìzháo le.
中睡着了。

Dì-èr tiān zǎochen xǐng guòlái de shíhou,
第二天早晨醒过来的时候，
Mǐn Míng fāxiàn bà mā dōu yǐjīng zuòzàile tā
闵茗发现爸妈都已经坐在了她
de chuángtóu. Tā mànmān zuò qǐshēn, gǎnjué dào
的床头。她慢慢坐起身，感觉到
tóu hěn téng. Māma shuō: “Xiān xǐxi liǎn chī
头很疼。妈妈说：“先洗洗脸吃

1 和尚：monk
2 善德有报：Good deeds will be repaid.

diǎn dōngxi ba ." Mǐn Míng méiyǒu shuōhuà , dāidāi
点东西吧。"闵茗没有说话，呆呆
de zuò zài nàlǐ . Zuótiān fāshēng de nàxiē shì
地坐在那里。昨天发生的那些事
yòu kāishǐ chūxiàn zài nǎozi li .
又开始出现在脑子里。

Bàba shēngyīn hěn qīng de shuō : " Háizi ,
爸爸声音很轻地说："孩子，
wǒ hé nǐ māma shāngliangle yíxià . Wǒmen
我和你妈妈商量了一下。我们
juéde nǐ hé Liáng Zhì de shìqing , háishi yào
觉得你和梁智的事情，还是要
zài kǎolǜ yíxià , búyào cōngcōngmángmáng qù
再考虑一下，不要匆匆忙忙[1]去
chǔlǐ . Yīnwèi zhè shì rénshēng dàshì , xūyào
处理。因为这是人生大事，需要
lǐzhì de qù fēnxī . Wǒ hé nǐ māma
理智[2]地去分析。我和你妈妈
rènwéi , Liáng Zhì zhǐshì zài zhè yí jiàn shì shang
认为，梁智只是在这一件事上
zuò de búduì , érqiě yángé de shuō , yě bú
做得不对，而且严格地说，也不
suàn pǐnzhì shang de wèntí , tā bú shì yí gè
算品质上的问题，他不是一个
huàirén … "
坏人……"

Mǐn Míng shuō : " Bù shì huàirén jiù kěyǐ
闵茗说："不是坏人就可以
zuò wǒ de zhàngfu ? ! "
做我的丈夫？！"

1 匆匆忙忙: in haste
2 理智: rational

Bàba shuō: "Wǒ hé nǐ māma de yìsi
爸爸说："我和你妈妈的意思
shì yào lǐzhì de fēnxī yíxià."
是要理智地分析一下。"

Mǐn Míng shuō: "Wǒ bù zhǐ fēnxīle yí
闵茗说："我不只分析了一
xià, wǒ hái fēnxīle liǎng xià, sān xià. Liáng
下，我还分析了两下、三下。梁
Zhì de fùqīn jìrán shì nàyàng yí gè bù
智的父亲既然是那样一个不
tōngqíng-dálǐ de rén, ér Liáng Zhì chàbuduō hé
通情达理[1]的人，而梁智差不多和
tā fùqīn yíyàng, wǒ zěnme kěyǐ hé tāmen
他父亲一样，我怎么可以和他们
jìxù shēnghuó zài yìqǐ? Wǒ xīwàng wǒ de
继续生活在一起？我希望我的
hūnyīn yǒngyuǎn shì yí kuài chúnjìng de báibù,
婚姻永远是一块纯净的白布，
kěshì xiànzài zhè kuài báibù shang zhānle wūjì,
可是现在这块白布上粘了污迹[2]，
wǒ jiù zhǐ néng bǎ tā rēngdiào!" Bàba tàn kǒu
我就只能把它扔掉！"爸爸叹口
qì shuō: "Háizi, hūnyīn zhè kuài báibù yě yào
气说："孩子，婚姻这块白布也要
jīnglì shìsú shēnghuó de jìnrǎn, bù kěnéng
经历世俗[3]生活的浸染[4]，不可能
yìzhí bái xiàqu, zhānshàng yìxiē wūjì zhǐyào
一直白下去，粘上一些污迹只要
néng xǐdiào jiù kěyǐ le."
能洗掉就可以了。"

1 **通情达理**: sensible; understanding and reasonable
e.g. 这个老板是个通情达理的人，他的员工很喜欢他。

2 **污迹**: smear, stain

3 **世俗**: common customs

4 **浸染**: soak and dye something

Mǐn Míng fǎnwèn : " Zhème shuō nǐ hé māma de hūnyīn yě yǒuguo wūjì le ? " Bàba yǒuxiē gāngà , tā kěnéng méi xiǎngdào nǚ'ér huì zhème wèn . Bàba yìshí bù zhīdao zěnme huídá . Guòle yíhuìr , bàba diǎndiantóu . Tā shuō : " Wǒ hé nǐ mā dōu shì pǔtōng de rén , wǒmen bú shì tiānshǐ , Shèngfù , Shèngmǔ nàyàng de shén , búyào bǎ rènhé rén , bāokuò wǒmen , xiǎngxiàng de chúnjié wúxiá . Búyào bǎ wǒmen xiǎngxiàng de tèbié hǎo , wǒmen liǎng gè jiéhūn yǐhòu , yě céng yīnwèi yìxiē shìqing shēngguo qì , yě céng chǎoguo , nàoguo . "

闵茗反问："这么说你和妈妈的婚姻也有过污迹了？"爸爸有些尴尬[1]，他可能没想到女儿会这么问。爸爸一时不知道怎么回答。过了一会儿，爸爸点点头。他说："我和你妈都是普通的人，我们不是天使、圣父、圣母[2]那样的神，不要把任何人，包括我们，想象得纯洁无瑕[3]。不要把我们想象得特别好，我们两个结婚以后，也曾因为一些事情生过气，也曾吵过、闹过。"

Mǐn Míng shuō : " Kěshì , wǒ jiùshì xīwàng wǒ de hūnyīn bù zhānshàng wūjì , yǐjīng zhānshàng le , wǒ jiù nìngkě bǎ tā rēngdiào ! "

闵茗说："可是，我就是希望我的婚姻不沾上污迹，已经沾上了，我就宁可把它扔掉！"

1 **尴尬**: embarrassed
e.g. 他不知道怎么回答这个问题，显得很尴尬。

2 **天使、圣父、圣母**: angel, Holy Father and Virgin Mary

3 **纯洁无瑕**: pure and impeccable

Bàba qīngqīngde yáole yáotóu, shuō: "Wǒ zhǐshì bǎ wǒ hé nǐ māma de yìjiàn shuōgěi nǐ. Nǐ zhīdao, wǒmen cónglái bù qiǎngpò nǐ zuò shénme. Zài nǐ gèrén de shēnghuó wèntí shang, wǒmen cónglái dōu shì ràng nǐ zìjǐ juédìng. Jìrán nǐ rènwéi wǒmen de jiànyì méiyǒu dàolǐ, bù zhídé kǎolǜ, nǐ jiù wánquán kěyǐ àn nǐ zìjǐ de xiǎngfǎ qù bàn!"

爸爸轻轻地摇了摇头，说："我只是把我和你妈妈的意见说给你。你知道，我们从来不强迫[1]你做什么。在你个人的生活问题上，我们从来都是让你自己决定。既然你认为我们的建议没有道理，不值得考虑，你就完全可以按你自己的想法去办！"

Mǐn Míng kànle kàn biǎo, hái bú dào bā diǎn, jiù shuō: "Zhè jiù duì le, búyào guǎn wǒ de gèrén shēnghuó! Xiànzài wǒ yào xiān chī diǎn fàn, ránhòu qù líhūn!"

闵茗看了看表，还不到八点，就说："这就对了，不要管我的个人生活！现在我要先吃点饭，然后去离婚！"

Māma pāipai tā de jiān, jiù qù gěi tā duān fàn le.

妈妈拍拍她的肩，就去给她端饭了。

Mǐn Míng qíshí méiyǒu chī xiàqù duōshao

闵茗其实没有吃下去多少

1 强迫: to force

e.g. 个人的意见不要强迫别人接受。

fàn, zhǐ shì yòng chīfàn zhège xíngdòng, lái
饭，只是用吃饭这个行动，来
jiāndìng zìjǐ qù bànlǐ líhūn shǒuxù de juéxīn.
坚定自己去办理离婚手续的决心。
Chīle diǎn dōngxi zhīhòu, tā jiù dǎdī qùle
吃了点东西之后，她就打的去了
fǎyuàn.
法院。

Liáng Zhì hái méiyǒu dào. Mǐn Míng xīnli
梁智还没有到。闵茗心里
xiǎng: Liáng Zhì! Nǐ hàipà le?
想：梁智！你害怕了？

Tā zài fǎyuàn li kàndào yǒu sān gè fǎguān
她在法院里看到有三个法官[1]
zuò zài nàr, yí duì nánnǚ yǐ kāishǐ bànlǐ
坐在那儿，一对男女已开始办理
líhūn shǒuxù. Nǚ de zài kū. Mǐn Míng xiǎng:
离婚手续。女的在哭。闵茗想：
kū shénme? Líkāi tā zài zhǎo yí gè hǎo de,
哭什么？离开他再找一个好的，
tiāndǐxia hǎo nánrén duōdeshì! Lǎolao de huà
天底下好男人多的是！姥姥的话
yǒu dàolǐ.
有道理。

Zhōngguó de líhūn shǒuxù hái zhēn máfan,
中国的离婚手续还真麻烦，
bú xiàng Měiguó, jǐ fēnzhōng jiù kěyǐ bànwán.
不像美国，几分钟就可以办完。

"Xiǎo Míng, nǎinai lái le." Liáng Zhì de
"小茗，奶奶来了。"梁智的

1 法官: judge

nǎinai hūrán qìchuǎnxūxū de zhǔzhe guǎizhàng
奶奶忽然气喘吁吁[1]地拄着拐杖
zhànzàile Mǐn Míng miànqián. Mǐn Míng yí lèng,
站在了闵茗面前。闵茗一愣，
shuō: "Nǐ zěnme lái le? Liáng Zhì ne?"
说："你怎么来了？梁智呢？"

Nǎinai xiàoxiao, shuō: "Nǎinai xiǎng nǐ le,
奶奶笑笑，说："奶奶想你了，
nǎinai xiǎng xiān hé nǐ shuōshuo huà. Lái, chūlái
奶奶想先和你说说话。来，出来
zài táijiē shang zuòxià, bié nàme zhànzhe.
在台阶[2]上坐下，别那么站着。
Kànkan, tóufa luàn le, zǎoshang méiyǒu
看看，头发乱了，早上没有
hǎohāor shū ba?" Mǐn Míng zhīdao nǎinai lái
好好儿梳吧？"闵茗知道奶奶来
shì wèile líhūn de shì.
是为了离婚的事。

Mǐn Míng wèn: "Shuō shénme?"
闵茗问："说什么？"

Nǎinai shuō: "Xiǎo Míng, nǐ shuō jù
奶奶说："小茗，你说句
shíhuà, zìdǎ nǐ jìnle liáng jiā mén yǐhòu,
实话，自打你进了梁家门以后，
nǎinai duì nǐ zěnmeyàng? hǎo háishi
奶奶对你怎么样？好还是
bùhǎo?"
不好？"

Tā dádào: "Hǎo. Nǎinai díquè duì wǒ
她答道："好。奶奶的确对我

1 气喘吁吁: breathe heavily
2 台阶: steps

búcuò. Kěshì bùnéng yīnwèi nǐ duì wǒ hǎo,
不错。可是不能因为你对我好，
wǒ jiù yào wéichí zhège hūnyīn!"
我就要维持[1]这个婚姻！”

Nǎinai shuō: "Jìrán nǐ chéngrèn nǎinai duì
奶奶说：“既然你承认奶奶对
nǐ hǎo, nǐ jīntiān jiù gěi nǎinai yí gè miànzi,
你好，你今天就给奶奶一个面子，
ràng nǎinai bǎ xiǎng shuō de huà shuōwán." Mǐn
让奶奶把想说的话说完。”闵
Míng méiyǒu shuōhuà.
茗没有说话。

Nǎinai wèn: "Zìcóng zánmen chéngwéi yì jiā
奶奶问：“自从咱们成为一家
rén yǐhòu, nǎinai gěi nǐ shuōguo jiǎhuà
人以后，奶奶给你说过假话
méiyǒu?"
没有？”

Mǐn Míng huídá: "Méiyǒu." Tā bù zhīdao
闵茗回答：“没有。”她不知道
nǎinai xiǎng yào shuō shénme.
奶奶想要说什么。

Nǎinai shuō: "Wǒ xiànzài gěi nǐ jiǎng yí jiàn
奶奶说：“我现在给你讲一件
shìqing, nǐ nàixīn tīng yi tīng. Yǒu yì nián,
事情，你耐心听一听。有一年，
wǒmen lǎojiā nà kuài dìfang chūntiān dàhàn,
我们老家那块地方春天大旱[2]，
xiàtiān fā dàshuǐ, yìlián liǎng gè jìjié dōu
夏天发大水[3]，一连两个季节都

1 **维持**: to keep; to maintain
e.g. 他靠给别人打工维持生活。
2 **大旱**: severe drought
3 **发大水**: have a big flood

méiyǒu shōudào liángshi . Ǎnmen cūnli jiājiā de
没有收到粮食。俺们村里家家的
rìzi dōu nánguò . Chūn Jié de shíhou , Liáng Zhì
日子都难过。春节[1]的时候，梁智
de bàba huí lǎojiā guònián , jiàn cūnli méiyǒu
的爸爸回老家过年，见村里没有
guònián de xǐqìng yàngzi , jiù wèn wǒ shì zǎ huí
过年的喜庆[2]样子，就问我是咋回
shì . Wǒ gēn tā shuō zāozāi le . Tā qù cūnli
事。我跟他说遭灾[3]了。他去村里
zǒule yì quān , huílái duì wǒ shuō : ' Mā ,
走了一圈，回来对我说：'妈，
cūnli mǎideqǐ ròu de rénjiā jīhū méiyǒu . Wǒ
村里买得起肉的人家几乎没有。我
zhè cì huílái dàile yìqiān bābǎi kuài qián , yuán
这次回来带了1800块钱，原
zhǔnbèi gěi nǐ bǎ chúfáng xiū yíxià . Kànle quán
准备给你把厨房修一下。看了全
cūn rén guònián de kělián yàngzi , wǒ xiǎng míngnián
村人过年的可怜样子，我想明年
zài gěi nǐ xiū fángzi . Gěi nǐ liú diǎn qián guò
再给你修房子。给你留点钱过
rìzi , shèngxià de qián wǒ xiǎng qù jiē shang mǎi
日子，剩下的钱我想去街上买
jǐ tóu zhū hé jǐ zhī yáng , bǎ zhège nián
几头猪和几只羊，把这个年
huānhuānxǐxǐ de guòqu zàishuō . ' Rúguǒ shuō wǒ
欢欢喜喜地过去再说。'如果说我
bù xīnténg nàxiē qián shì jiǎhuà , wǒ dāngrán
不心疼[4]那些钱是假话，我当然

1 **春节**: The Spring Festival, the 1st day of the 1st month of the Chinese lunar calendar, is the most important festival in China. **过春节** is same as **过年**.

2 **喜庆**: jubilant

e.g. 他们选择了一个喜庆的日子结婚。

3 **遭灾**: suffer from calamity

4 **心疼**: feel painful

e.g. 昨天小偷把他的钱包偷了。丢了那么多的钱，他真是心疼死了。

zhīdao nà shì érzi yìdiǎn yìdiǎn de jiéshěng
知道那是儿子一点一点地节省

xiàlái de, kě wǒ juéde tā shuō de yǒu dàolǐ,
下来的，可我觉得他说得有道理，

jiù diǎntóu le. Tā zhǎole jǐ gè cūnli de
就点头了。他找了几个村里的

niánqīngrén gēn tā shàng jiē, yíxiàzi mǎile sān
年轻人跟他上街，一下子买了三

tóu zhū hé wǔ zhī yáng. Dāngshí cūnli de rén hái
头猪和五只羊。当时村里的人还

bù zhīdao tā mǎi zhème duō zhū、yáng gàn shénme,
不知道他买这么多猪、羊干什么，

hǎo duō rén wéi guòqu kàn rènao. Tā zhǎole jǐ
好多人围过去看热闹。他找了几

gè rén bǎ zhū、yáng shā le, bǎ zhūròu hé
个人把猪、羊杀了，把猪肉和

yángròu shōushi hǎo, ránhòu bǎ quáncūnrén dōu
羊肉收拾好，然后把全村人都

jiàolái, duì tāmen shuō, ‘Yéye、nǎinai、
叫来，对他们说，‘爷爷、奶奶、

shěnzi、dàbó、xiōngdi-jiěmèimen, wǒ shì nǐmen
婶子、大伯、兄弟姐妹们，我是你们

kànzhe zhǎngdà de. Wǒ zài wàimiàn dāngbīng
看着长大的。我在外面当兵[1]

dāngle duō nián, jīnrge huílái gěi nǐmen mǎile
当了多年，今儿个回来给你们买了

diǎnr ròu guònián, biǎoshì yìdiǎn xīnyì. Měi
点儿肉过年，表示一点心意[2]。每

jiā lái yí gè rén, lǐng huíqu èr jīn zhūròu、èr
家来一个人，领回去二斤猪肉、二

1 **当兵**: join the army
2 **心意**: kindly feelings; regards

jīn yángròu bāo jiǎozi . ' Nà yì nián jiājiā dōu
斤羊肉包饺子[1]。'那一年家家都
fēndàole ròu , Chūn Jié guò de hěn xǐqìng . Wǒ
分到了肉，春节过得很喜庆。我
gēn nǐ jiǎng zhè jiàn shì shì xiǎng gàosu nǐ , Liáng
跟你讲这件事是想告诉你，梁
Zhì tā bà bú shì yí gè xiǎoqìguǐ , tā nà tiān
智他爸不是一个小气鬼[2]，他那天
gēn nǐ fā píqi , wǒ yě juézhe qíguài . Nǐ huí
跟你发脾气，我也觉着奇怪。你回
niángjiā hòu wǒ màle Liáng Zhì tā bà hé Liáng
娘家后我骂了梁智他爸和梁
Zhì . Nǎinai wǒ xīwàng nǐ duō kǎolǜ kǎolǜ zàishuō
智。奶奶我希望你多考虑考虑再说
hé Liáng Zhì líhūn de shì . Hūnyīn shì dàshì ,
和梁智离婚的事。婚姻是大事，
méiyǒu tèbié bùdéliǎo de shì , yìbān bù
没有特别不得了[3]的事，一般不
líhūn . Rúguǒ xiànzài Liáng Zhì tā zài wàimiàn
离婚。如果现在梁智他在外面
yǒule biéde nǚrén , huòzhě tā dǔbó , huòzhě
有了别的女人，或者他赌博[4]，或者
shì xīdú , nǐ yào tíchū líhūn , nǎinai shì
是吸毒[5]，你要提出离婚，奶奶是
bú huì quàn nǐ de ! Kě rújīn wèi zhè diǎn xiǎoshì
不会劝你的！可如今为这点小事
jiù nào líhūn , nǎinai juéde tài kěxī . Suǒyǐ
就闹离婚，奶奶觉得太可惜[6]。所以
nǎinai láizhǎo nǐ , kàn nǐ néng bu néng zài
奶奶来找你，看你能不能再

1 **饺子**: dumpling
In some parts of China, it is one of the main foods during the Spring Festival.
2 **小气鬼**: miser
3 **不得了**: extremely serious
e.g. 这项工作非常重要，万一出了问题，可是不得了。
4 **赌博**: to gamble
5 **吸毒**: take drugs
6 **可惜**: regrettable

xiǎngxiang hé Liáng Zhì líhūn de shì."
想想和梁智离婚的事。"

Nǎinai de huà ràng Mǐn Míng xīn dòngle
奶奶的话让闵茗心动了

yíxià, yěxǔ, tā yìnggāi zài xiǎngxiang?
一下，也许，她应该再想想？

Māma kànjiàn Mǐn Míng huí dào jiā, shénme
妈妈看见闵茗回到家，什么

dōu méiyǒu wèn, zhǐ shì gěi tā duānláile yì bēi
都没有问，只是给她端来了一杯

shuǐ. Tā juéde yìnggāi gěi māma shuōmíng
水。她觉得应该给妈妈说明

qíngkuàng. Tā shuō: "Liáng Zhì méi qù." Māma
情况。她说："梁智没去。"妈妈

háishi méi shuō shénme, zhǐ shuō: "Nǐ xiūxi
还是没说什么，只说："你休息

ba." Mǐn Míng tǎng zài chuángshang, bùyóude
吧。"闵茗躺在床上，不由得

xiǎngqǐle Liáng Zhì. Liáng Zhì quèshí bú shì gè
想起了梁智。梁智确实不是个

huài zhàngfu. Gēn tā zǒu zài yìqǐ, tā de
坏丈夫。跟他走在一起，他的

shēngāo hé qìzhì, dōu ràng Mǐn Míng yǒu zhǒng
身高和气质[1]，都让闵茗有种

shífēn zìháo de gǎnjué. Zài jiùshì tā zhīdao
十分自豪[2]的感觉。再就是他知道

guānxīn rén, dǒngde shénme shíhou gěi tā duān bēi
关心人，懂得什么时候给她端杯

kūfēi, shénme shíhou gěi tā dì gè máojīn.
咖啡，什么时候给她递个毛巾。

1 气质: quality
2 自豪: proud

Háiyǒu jiùshì tā néng zài Mǐn Míng gōngzuò yùdào
还有就是他能在闵茗工作遇到
nántí shí bāng tā jiějué , zài tā yùdào
难题时帮她解决，在她遇到
jìsuànjī bìngdú shí bāng tā chǔlǐ , zài tā
计算机病毒[1]时帮她处理，在她
xiě wénzhāng shí bāng tā xiūgǎi . Zài jiùshì tā
写文章时帮她修改。再就是他
zài chuáng shang de nà zhǒng wánpí yě ràng rén
在床上的那种顽皮[2]也让人
xǐhuan . Zài zǐxì xiǎngxiang , zhè cì rě tā
喜欢。再仔细想想，这次惹她
shēngqì de , qíshí zhǔyào bú shì Liáng Zhì érshì
生气的，其实主要不是梁智而是
tā de fùqīn . Yào hèn , yě yīnggāi hèn tā de
他的父亲。要恨，也应该恨他的
fùqīn …
父亲……

Mǐn Míng xiǎngzhe xiǎngzhe , jiù bùzhī-bùjué
闵茗想着想着，就不知不觉
shuìzháo le . Dàgài shēngqì yě huì shǐ rén píláo ,
睡着了。大概生气也会使人疲劳，
tā zhè yí shuì jìng shì jiǔ gè xiǎoshí , xǐnglái shí
她这一睡竟是九个小时，醒来时
yǐ shì bàngwǎn le . Māma shuō : " Kàn nǐ shuì de
已是傍晚了。妈妈说：“看你睡得
xiāng , zhōngwǔ yě jiù méi hǎn nǐ . Zhè huìr
香，中午也就没喊你。这会儿
èle ba ? Kuài qù chī diǎn dōngxi , yíhuìr
饿了吧？快去吃点东西，一会儿

1 计算机病毒: computer virus
2 顽皮: mischievous, naughty

wǒ hé nǐ bàba qù tīng yīnyuèhuì. Wǒmen xīwàng nǐ yě néng qù."
我和你爸爸去听音乐会。我们希望你也能去。"

Mǐn Míng míngbai māma hé bàba de yòngxīn, tāmen xiǎng yòng zhè zhǒng bànfǎ lái gǎishàn tā de xīnqíng, ràng tā kuàilè qǐlái. Tā diǎntóu shuō xíng.
闵茗明白妈妈和爸爸的用心[1]，他们想用这种办法来改善她的心情，让她快乐起来。她点头说行。

Yīnyuè quèshí yǒu gǎishàn qíngxù de zuòyòng, hǎoxiàng shǐ Mǐn Míng huídàole niǎoyǔ-huāxiāng de shānpō shang, tā sìhu huídàole zhèngcháng zhuàngtài. Cóng yīnyuètīng huí jiā de lù shang, tā yǐjīng zài xīnli zuòle juédìng, zànshí bù cuī Liáng Zhì qù bàn líhūn shǒuxù, tā yě búzài qù yínháng shàngbān, xiān zài niángjiā zhù xiē rìzi, rènzhēn kǎolǜ kǎolǜ hé Liáng Zhì líhūn de shì.
音乐确实有改善情绪的作用，好像使闵茗回到了鸟语花香[2]的山坡上，她似乎回到了正常状态。从音乐厅回家的路上，她已经在心里做了决定，暂时不催梁智去办离婚手续，她也不再去银行上班，先在娘家住些日子，认真考虑考虑和梁智离婚的事。

Zài niángjiā zhùle jǐ tiān, Mǐn Míng búduàn fēnxi hé fāxiàn zìjǐ nèixīn shēnchù hái yǒu
在娘家住了几天，闵茗不断分析和发现自己内心深处还有

1 **用心**: intention
2 **鸟语花香**: birds sing and flowers exude fragrance

méiyǒu zài huídào Liáng jiā de yuànwàng . Fēnxī
没有再回到梁家的愿望。分析
de jiéguǒ shǐ tā yǒuxiē liǎnhóng , tā fāxiàn tā
的结果使她有些脸红，她发现她
bùjǐn qīwàng huídào Liáng Zhì de shēnbiān , érqiě
不仅期望回到梁智的身边，而且
zài àn'àn xiǎng tā . Yóuqí shì zài zǎochen , zhè
在暗暗想他。尤其是在早晨，这
zhǒng yuànwàng zuì qiáng . Hūn hòu de nàxiē
种愿望最强。婚后的那些
rìzi , měi tiān zǎochen xǐnglái shí tā dōu néng
日子，每天早晨醒来时她都能
kàndào Liáng Zhì de xiàoliǎn . Xiànzài de zǎochen tā
看到梁智的笑脸。现在的早晨她
zǒngshì yì rén dú zuò chuángtóu , wújīngdǎcǎi ,
总是一人独坐床头，无精打采[1]，
bù xiǎng qǐ chuáng . Tā yǐjīng zài qiāoqiāo
不想起床。她已经在悄悄
xiǎngzhe huí Liáng jiā de tiáojiàn le . Xiànzài Liáng
想着回梁家的条件了。现在梁
jiā de sì gè rén li yǐ yǒu sān gè rén lái
家的四个人里已有三个人来
xiàng tā dàoqiàn , rúguǒ gōnggong yě néng xiàng
向她道歉，如果公公也能向
tā dàoqiàn , tā jiù kěyǐ yuánliàng zhè jiàn shì .
她道歉，她就可以原谅这件事。

Xīngqītiān de zǎochen , tā gēn bà mā qù
星期天的早晨，她跟爸妈去
jiàotáng zuò lǐbài . Sān gè rén yìqǐ xiàng jiàotáng
教堂做礼拜。三个人一起向教堂

1 无精打采: in low spirit; listless

ménkǒu zǒu shí, tā hūrán xiǎngqǐle shàng gè
门口走时，她忽然想起了上个
lǐbàitiān zài zhèlǐ bǎ liǎng hé chī de dōngxi
礼拜天在这里把两盒吃的东西
jiāogěi nà wèi lǎorén hé tā sūnnü de qíngjǐng.
交给那位老人和她孙女的情景。
Shéi néng xiǎngdào, nàyàng yì jiàn xiǎoshì, jìng huì
谁能想到，那样一件小事，竟会
zài tā de shēnghuó li xiānqǐ rúcǐ dà de
在她的生活里掀起如此大的
bōlán. Zài nà tiān de lǐbài zhōng, shénfù
波澜[1]。在那天的礼拜中，神父[2]
shuō: "Zài wèilái, qióngrén, tòngkǔ de rén jiāng
说："在未来，穷人、痛苦的人将
dédào tāmen yìnggāi dédào de yíqiè: tāmen de
得到他们应该得到的一切；他们的
xūyào dōu huì dédào mǎnzú, yíqiè yǒu zuì de
需要都会得到满足，一切有罪[3]的
rén dōu huì dédào yuánliàng. Shènzhì duìyú nàxiē
人都会得到原谅。甚至对于那些
zhòngdà de zuìrén, Shàngdì yě yìng shèmiǎn
重大的罪人，上帝也应赦免[4]
tāmen …"
他们……"

Mǐn Míng hé bà mā zǒuchū jiàotáng de
闵茗和爸妈走出教堂的
shíhou, tā de xīnqíng hěn qīngsōng. Jiù zài
时候，她的心情很轻松。就在
zhèshí, Mǐn Míng kàndàole Liáng Zhì, tā zhèng
这时，闵茗看到了梁智，他正

1 波澜: waves
2 神父: priest
3 罪: sin, crime
4 赦免: to remit

chíyí de xiàng jiàotáng ménkǒu zǒulái . Zài Mǐn
迟疑[1]地向教堂门口走来。在闵
Míng kàndào Liáng Zhì de nà yíkè , tā mǎshàng
茗看到梁智的那一刻，她马上
jiù xiǎng zǒu guòqu gēn tā shuōhuà . Tā cāixiǎng
就想走过去跟他说话。她猜想
Liáng Zhì shì lái zhǎo tā de , tā zhīdao tā měi
梁智是来找她的，他知道她每
gè lǐbàitiān dōu lái jiàotáng , suǒyǐ tèyì gǎndào
个礼拜天都来教堂，所以特意赶到
zhèlǐ lái jiē tā . Mǐn Míng xīnxiǎng : Nǐ hái
这里来接她。闵茗心想：你还
búcuò , zhīdao zěnyàng bù shāng wǒ de zìzūnxīn .
不错，知道怎样不伤我的自尊心[2]。
Dàn nǐ bìxū ràng nǐ bàba xiàng wǒ dàoqiàn ! Bà
但你必须让你爸爸向我道歉！爸
mā xiǎnrán yě kàndàole Liáng Zhì , tāmen huítóu
妈显然也看到了梁智，他们回头
kànle Mǐn Míng yì yǎn . Tāmen xiǎng ràng tā liúxià
看了闵茗一眼。他们想让她留下
tóng Liáng Zhì shuōhuà , cháo tā huīhui shǒu jiù
同梁智说话，朝她挥挥手就
kāichē zǒu le . Mǐn Míng děngzhe Liáng Zhì xiàng tā
开车走了。闵茗等着梁智向她
zǒulái , kě ràng tā gǎndào jīngqí de shì , tā de
走来，可让她感到惊奇的是，他的
yì shuāng yǎnjing zhǐ shì cháo tā kànle yíxià ,
一双眼睛只是朝她看了一下，
xiàng tā diǎnle yíxià tóu , jiù bú zài kàn tā le .
向她点了一下头，就不再看她了。

1 **迟疑**: to hesitate
e.g. 别迟疑了，快走吧！
e.g. 他迟疑了一会儿，才接着说下去。
2 **自尊心**: self-esteem

Liáng Zhì yìzhí kànzhe jiàotáng ménkǒu, tā yǒuxiē
梁智一直看着教堂门口，她有些

jīngyà: tā zài kàn shénme? Jiù zài zhèshí, tā
惊讶[1]：他在看什么？就在这时，她

fāxiàn shénfù cóng jiàotáng li zǒule chūlái, tā zài
发现神父从教堂里走了出来，他在

xiàng jiāotúmen huīshǒu gàobié. Liáng Zhì zhèshí
向教徒们挥手告别。梁智这时

lìkè xiàng shénfù zǒu guòqu. Tā gèngjiā jīngyà:
立刻向神父走过去。她更加惊讶：

tā shì yí gè bú xìn Jīdūjiào de rén, tā zhǎo
他是一个不信基督教的人，他找

shénfù gàn shénme? Tā bùyóude gēnle guòqu.
神父干什么？她不由得跟了过去。

Shénfù kànjiàn Liáng Zhì cōngcōngmángmáng de
神父看见梁智匆匆忙忙的

yàngzi, wèndào: "Xiānsheng, wǒ néng wèi nǐ zuò
样子，问道："先生，我能为你做

diǎn shénme?"
点什么？"

Liáng Zhì shuō: "Shénfù, wǒ xiǎng wèn
梁智说："神父，我想问

yíxià, jīntiān yǒu méiyǒu rén lái jiàotáng sònghuán
一下，今天有没有人来教堂送还

shénme dōngxi?"
什么东西？"

Shénfù gǎndào hěn yìwài, yáozhe tóu, shuō:
神父感到很意外，摇着头，说：

"Sònghuán dōngxi? Méiyǒu, méiyǒu rén lái
"送还东西？没有，没有人来

1 惊讶：surprised

sònghuán rènhé dōngxi. Nǐ de yìsi shì…”
送还任何东西。你的意思是……”

Liáng Zhì shuō: “Wǒ zhǐ shì suíbiàn wènwen. Wǒ qīzi qiánbùjiǔ zài zhr sònggěi rén yìdiǎnr dōngxi, wǒ xiǎng kěnéng yǒu rén… Suàn le, zhè shì wǒ de diànhuà, rúguǒ zhēn yǒu rén lái sònghuán shénme, máfan tōngzhī wǒ yì shēng.” Zài tā xiàng shénfù dì míngpiàn de shíhou, Mǐn Míng yǐjīng míngbaile tā de yìsi: Tā zài qīpàn nàge lǎorén hé sūnnü néng lái sònghuán tā sònggěi tāmen de dōngxi. Zěnme hái yǒu zhèyàng de rén? Tā gāngcái de nà fèn hǎo xīnqíng yíxiàzi bèi fēng guāzǒu le. Tā xīnxiǎng: Wǒ jué bú huì tóng tā héhǎo, tā tài ràng wǒ ěxīn le. Dāng Liáng Zhì lái zhǎo Mǐn Míng shí, tā yǐjīng kuàibù xiàng yuǎnchù zǒuqu.

梁智说：“我只是随便问问。我妻子前不久在这儿送给人一点儿东西，我想可能有人……算了，这是我的电话，如果真有人来送还什么，麻烦通知我一声。”在他向神父递名片[1]的时候，闵茗已经明白了他的意思：他在期盼那个老人和孙女能来送还她送给她们的东西。怎么还有这样的人？她刚才的那份好心情一下子被风刮走了。她心想：我决不会同他和好，他太让我恶心了。当梁智来找闵茗时，她已经快步向远处走去。

1 名片：business card

Liáng Zhì zhuīle guòlái, shuō: "Gànmá zǒu de zhème kuài?"

梁智追了过来，说："干吗走得这么快？"

Mǐn Míng méiyǒu lǐ tā, tā yǐjīng méiyǒule hé tā shuōhuà de xīnqíng. Zhèyàng yí gè rén, tā dāngchū zěnme huì àishàngle tā?

闵茗没有理他，她已经没有了和他说话的心情。这样一个人，她当初怎么会爱上了他？

Liáng Zhì pǎodào tā miànqián, xiàozhe lánzhùle lù, shuō: "Wǒmen wèi shénme bù kěyǐ hǎohāor tántan?"

梁智跑到她面前，笑着拦住了路，说："我们为什么不可以好好儿谈谈？"

Mǐn Míng zhǐhǎo tíngxià, yīnzhe liǎn shuō: "Wǒmen shì gāi tántan. Wǒ nà tiān gēn nǐ shuō hǎo de yào nǐ dào fǎyuàn bàn líhūn shǒuxù, nǐ wèi shénme bú qù?"

闵茗只好停下，阴着脸[1]说："我们是该谈谈。我那天跟你说好的要你到法院办离婚手续，你为什么不去？"

Liáng Zhì shuō: "Gànmá yì tán jiù yào tán líhūn? Wǒmen jiù bùnéng tán diǎnr biéde?"

梁智说："干吗一谈就要谈离婚？我们就不能谈点儿别的？"

Mǐn Míng shuō: "Zài wǒ gāngcái qīnyǎn

闵茗说："在我刚才亲眼

1 阴着脸：with a sullen look

kànjiànle nǐ zuò de shì zhīhòu, wǒmen méiyǒu
看见了你做的事之后，我们没有
shénme kěyǐ tán de le!”
什么可以谈的了！”

Liáng Zhì shuō: “Wǒ gāngcái méi zuò shénme
梁智说：“我刚才没做什么
ya? Wǒ zhǐ shì suíbiàn wènwen shénfù. Wǒ shì
呀？我只是随便问问神父。我是
zhèyàng cāixiǎng de, nǐ bāngzhùguo de nà wèi
这样猜想的，你帮助过的那位
lǎotàitai yě xìn Jīdū, tā zài huòdéle
老太太也信基督，她在获得了
bāngzhù zhīhòu, hěn kěnéng huì duì jiàotáng chōngmǎn
帮助之后，很可能会对教堂充满
gǎnjī, yěxǔ huì zuò diǎnr shénme……”
感激，也许会做点儿什么……”

Mǐn Míng shuō: “Nǐ xiǎng jiào tā zuò
闵茗说：“你想叫她做
shénme? Yào tā zuòchū huíbào? Wǒmen Jīdūtú
什么？要她做出回报？我们基督徒
zuòshì, cónglái bù yāoqiú shénme huíbào……”
做事，从来不要求什么回报……”

Liáng Zhì shuō: “Hǎo le, wǒmen bù tán
梁智说：“好了，我们不谈
zhège wèntí. Wǒ xiànzài hěn guānxīn nǐ de
这个问题。我现在很关心你的
shēntǐ, nǐ de shēntǐ zěnmeyàng? Búyào zài
身体，你的身体怎么样？不要再
shēngqì le, shēntǐ yàojǐn!”
生气了，身体要紧！”

Mǐn Míng shuō: “Wǒ de shēntǐ bù yòng nǐ
闵茗说：“我的身体不用你
lái cāoxīn! Wǒ xiànzài zhǐ yāoqiú nǐ míngtiān
来操心！我现在只要求你明天
hé wǒ yìqǐ qù bàn líhūn shǒuxù! Míngtiān,
和我一起去办离婚手续！明天，
nǐ yào jìzhù! Xiànzài gěi wǒ gǔnkāi!
你要记住！现在给我滚开[1]！
Gǔn!”
滚！”

Liáng Zhì de liǎnsè yíxiàzi biàn le,
梁智的脸色[2]一下子变了，
hǎoxiàng yào fāhuǒ. Mǐn Míng xiǎng: Hǎo, nǐ
好像要发火。闵茗想：好，你
fāhuǒ ya, wǒ zhèng xiǎng gēn rén chǎojià ne,
发火呀，我正想跟人吵架呢，
wǒ zhèng děngzhe li!
我正等着哩！

Liáng Zhì yáole yáotóu, shuō: “Míngtiān
梁智摇了摇头，说：“明天
bùxíng. Míngtiān wǒ děi qù yīyuàn zhàogu fùqīn.”
不行。明天我得去医院照顾父亲。”
Tā de shēngyīn hěn dī, kànlái tā shì kòngzhì zhù
他的声音很低，看来他是控制住
le zìjǐ de huǒqì.
了自己的火气。

Mǐn Míng gǎndào hěn yìwài, tā bìng le?
闵茗感到很意外，他病了？
Zài tā de yìnxiàng li, Liáng Zhì de fùqīn shì
在她的印象里，梁智的父亲是

1 **滚开**: (a term to curse sb.) get away; go to the hell

2 **脸色**: facial expression

e.g. 听了这句话，他的脸色变得很难看。

yí gè qiángzhuàng de rén . Cóng tā jìnrù Liáng
一个强壮[1]的人。从她进入梁
jiā qǐ , hái méiyǒu jiàn tā shēngguo bìng li .
家起，还没有见他生过病哩。

Liáng Zhì shuō : " Nǐ zǒu de dāngtiān
梁智说："你走的当天
wǎnshang , tā jiù zhùyuàn le . "
晚上，他就住院了。"

Mǐn Míng wèn : " Ó ? Shì shénme bìng ? "
闵茗问："哦？是什么病？"
Jǐnguǎn tā bù xiǎng zài zuò tā de érxí , kě
尽管她不想再做他的儿媳，可
tā xiànzài shì bìngrén , tā yìnggāi guānxīn .
他现在是病人，她应该关心。

Liáng Zhì shuō : " Xīnzàng bú tài hǎo , yǐjīng
梁智说："心脏不太好，已经
qiǎngjiùguo yí cì . Búguò xiànzài yǐjīng
抢救[2]过一次。不过现在已经
píngwěn le . "
平稳[3]了。"

Mǐn Míng xīnxiǎng , dànyuàn tā de bìng bú shì
闵茗心想，但愿他的病不是
yīnwèi zìjǐ ér yǐnqǐ de . Yàoshi nàyàng
因为自己而引起的。要是那样
dehuà , tā zài Shàngdì miànqián jiù yǒu zuì le .
的话，她在上帝面前就有罪了。
Yàoshi shīzhǎng yīnwèi tā ér shēngbìng zhùyuàn , tā
要是师长因为她而生病住院，她
jiù bìxū dào jiàotáng qù chànhuǐ .
就必须到教堂去忏悔[4]。

1 强壮: strong
2 抢救: to rescue
3 平稳: stable, safe
4 忏悔: to confess

Tā méiyǒu zài hé Liáng Zhì tí líhūn de shì, zhǐ shì mànmān de zhuǎnshēn wǎng jiā zǒu le.
她没有再和梁智提离婚的事，只是慢慢地转身往家走了。

Bà mā hé Mǐn Míng shì zài dì-èr tiān shàngwǔ qù yīyuàn kànwang shīzhǎng de. Bà mā jiānjué yāoqiú tā hé tāmen yìqǐ qù. Bàba shuō: "Jíshǐ nǐ hé Liáng Zhì líle hūn, yě yīnggāi qù kàn rénjia yí tàng, bìjìng tā zuòguo nǐ de gōnggong, hékuàng xiànzài hái méi líhūn ne." Tā bùnéng zài shuō biéde, fǒuzé shàngdì tīngjianle yě bú huì gāoxìng. Mǐn Míng lǎolǎoshíshí de gēnzhe bà mā qùle yīyuàn.
爸妈和闵茗是在第二天上午去医院看望师长的。爸妈坚决要求她和他们一起去。爸爸说："即使你和梁智离了婚，也应该去看人家一趟，毕竟[1]他做过你的公公，何况[2]现在还没离婚呢。"她不能再说别的，否则上帝听见了也不会高兴。闵茗老老实实地跟着爸妈去了医院。

Pópo hé Liáng Zhì dōu zài bìngfáng li. Liáng Zhì kànjiàn Mǐn Míng, hěn jǐnzhāng. Tā lāzhe Mǐn Míng de shǒu láidào zǒuláng shang, dīshēng shuō: "Xīwàng nǐ zài bìngfáng li bié zài
婆婆和梁智都在病房里。梁智看见闵茗，很紧张。他拉着闵茗的手来到走廊上，低声说："希望你在病房里别再

1 **毕竟**: after all
e.g. 不要怪罪他，他毕竟是个孩子。

2 **何况**: (used in rhetorical questions) rather than; let alone
e.g. 那么多的困难都解决了，何况这个小问题？

shuō nà jiàn shì, bàba bùnéng jīdòng. Wǒ
说那件事，爸爸不能激动。我
tóngyì hé nǐ líhūn, qiānwàn bié zài nào!"
同意和你离婚，千万别再闹！”

Mǐn Míng tīngdào tā tóngyì líhūn de huà,
闵茗听到他同意离婚的话，
xīnli shuō bù qīngchu shì gāoxìng háishi kōngluò.
心里说不清楚是高兴还是空落[1]。
Tā huídào bìngfáng shí, kànjiàn shīzhǎng zhèng zuò
她回到病房时，看见师长正坐
zài bìngchuáng shang hé bà mā shuōhuà, tā de
在病床上和爸妈说话，他的
qìsè hěn chà. Tā shuō: "Bìng yǐjīng hǎo le,
气色[2]很差。他说：“病已经好了，
xiàwǔ jiù kěyǐ chū yuàn, xièxie nǐmen lái kàn
下午就可以出院，谢谢你们来看
wǒ." Zài shuōle yìxiē wènhòu de huà zhīhòu,
我。”在说了一些问候的话之后，
shīzhǎng bǎ mùguāng zhuǎnxiàng Mǐn Míng, nǔlì
师长把目光转向闵茗，努力
xiàole xiào shuō: "Xiǎo Míng, wǒ xiǎng dāndú hé
笑了笑说：“小茗，我想单独和
nǐ shuōshuo huà, kěyǐ ma?"
你说说话，可以吗？”

Bà mā duì shīzhǎng de zhège yāoqiú yě
爸妈对师长的这个要求也
yǒuxiē yìwài. Tāmen dōu kànle nǚ'ér yì yǎn,
有些意外。他们都看了女儿一眼，
búguò tāmen suíhòu jiù hé pópo, Liáng Zhì
不过他们随后就和婆婆、梁智

1 空落: feel empty as if something is missing
2 气色: color, complexion

yíkuàier chūqù le .
一块儿出去了。

Mǐn Míng wàngzhe qiángjiǎo , děngzhe tā
闵茗望着墙角[1]，等着他

kāikǒu . Tā gūjì tā shì yào bàoyuàn tā , tā
开口。她估计他是要抱怨她，她

zài xīnli xiǎng : Shàngdì , kàn zài tā shì bìngrén
在心里想：上帝，看在他是病人

de miànzi shang , wǒ zhǐ tīng , jíshǐ tā yào mà
的面子上，我只听，即使他要骂

wǒ , wǒ yě bù fǎnbó .
我，我也不反驳[2]。

Bàba shuō : " Xiǎo Míng , sānshí duō nián
爸爸说："小茗，三十多年

qián , yǒu yí gè nóngcūn qīngnián dāngle bīng . "
前，有一个农村青年当了兵。"

Mǐn Míng yí lèng : Tā shuō zhèxiē gànmá ?
闵茗一愣：他说这些干吗？

Bàba jiēzhe shuō : " Nà qīngnián hěn zhēnxī
爸爸接着说："那青年很珍惜[3]

zhègè jīhui , juéxīn gànchū yìfān shìyè .
这个机会，决心干出一番事业[4]。

Tā dāngguo bānzhǎng , páizhǎng , fùliánzhǎng ,
他当过班长、排长、副连长、

liánzhǎng , fùyíngzhǎng , yíngzhǎng , fùtuánzhǎng ,
连长、副营长、营长、副团长、

tuánzhǎng , zuìhòu dāngshàngle shīzhǎng . "
团长，最后当上了师长。[5]"

Mǐn Míng xiǎng : Tā zài shuō tā zìjǐ , dàn
闵茗想：他在说他自己，但

1 墙角: corner of the room
2 反驳: to refute
3 珍惜: to cherish
4 一番事业: achievements
5 These are the titles of ranks in the army.

wèi shénme duì wǒ shuō zhèxiē jīnglì ne ?
为什么对我说这些经历呢？

Tā jiēzhe shuō : " dāngshàngle shīzhǎng zhīhòu ,
他接着说："当上了师长之后，
tā yǐjīng wǔshí lái suì . Zuòwéi yí gè nóngcūn
他已经五十来岁。作为一个农村
de háizi , yǒule zhèyàng de jīnglì , tā yīnggāi
的孩子，有了这样的经历，他应该
mǎnzú le . Dàn tā què bù mǎnzú , hái xiǎng
满足了。但他却不满足，还想
dāng yí gè jiāngjūn . Tā tèbié xiǎng yǐ yí gè
当一个将军。他特别想以一个
jiāngjūn de shēnfen huídào lǎojiā . Tā juéde nà
将军的身份回到老家。他觉得那
shì yì fèn guāngróng , tā zài zuò zhèyàng de
是一份光荣，他在做这样的
mèng . Dàn tā zhīdao , yào shíxiàn tā de
梦。但他知道，要实现他的
mèngxiǎng fēicháng nán , jìngzhēng shífēn jīliè .
梦想非常难，竞争[1]十分激烈。
Zài jīngguò jǐ cì de shībài zhīhòu , tā
在经过几次的失败之后，他
chàbuduō yǐjīng fàngqì le . Tā yǐjīng zuòhǎole
差不多已经放弃了。他已经做好了
tuìxiū de zhǔnbèi , zhǔnbèi dāng yéye . Tā
退休[2]的准备，准备当爷爷。他
shènzhì qiāoqiāo mǎile yí liàng yīng'érchē , dāng
甚至悄悄买了一辆婴儿车[3]，当
sūnzi huò sūnnü chūshēng yǐhòu , tuīzhe
孙子或孙女出生以后，推着

1 竞争：competition
2 退休：to retire
3 婴儿车：baby carriage

yīngérchē lái dǎfa shíguāng . Yǒu yì tiān , tā
婴儿车来打发时光[1]。有一天，他
kànjiàn gébì de línjū tuīzhe yīng'érchē cóng
看见隔壁的邻居推着婴儿车从
ménqián jīngguò , tā jímáng zǒu chūlái kàn yīng'ér ,
门前经过，他急忙走出来看婴儿，
xiān shì kànle yíhuìr , suíhòu jiù bàoqǐle
先是看了一会儿，随后就抱起了
yīng'ér , xiǎng qīn yíxià yīng'ér de liǎn , jiéguǒ
婴儿，想亲一下婴儿的脸，结果
bǎ nà yīng'ér xià de wāwā dà kū . "
把那婴儿吓得哇哇大哭。"

Mǐn Míng kànzhe tā , tā de liǎn shang
闵茗看着他，他的脸上
lùchūle yì sī shǎoyǒu de xiàoróng .
露出了一丝少有的笑容。

Tā jiēzhe shuō : " Chūrényìliào de shì ,
他接着说："出人意料的是，
shàngjí yòu tūrán pài rén lái kǎohé tā , shuō
上级又突然派人来考核[2]他，说
jūn li yǒu yí gè jiāngjūn de wèizhi , tā hái yǒu
军里有一个将军的位置，他还有
kěnéng bèi tíshēng wéi jiāngjūn . Zhè shǐ shīzhǎng
可能被提升为将军。这使师长
xīntóu yí zhèn — Zhème shuō hái yǒu kěnéng
心头一震[3]——这么说还有可能
chéngwéi jiāngjūn ? "
成为将军？"

Mǐn Míng hūrán xiǎngqǐ tā qǐnshí bù'ān de
闵茗忽然想起他寝食不安[4]的

1 打发时光：kill time
2 考核：examine and inspect (his work); to appraise
3 心头一震：be shocked
4 寝食不安：be unable to sleep and eat

nàxiē rìzi .
那些日子。

Tā jiēzhe shuō : " Tā xīnli yǒuxiē
他接着说："他心里有些
huāngluàn . Zài yì tiān wǎnfàn hòu , tā dǎtōngle
慌乱。在一天晚饭后，他打通了
yí wèi shúrén de diànhuà , wèn yi wèn kǎohé de
一位熟人的电话，问一问考核的
qíngkuàng . Nà wèi shúrén shuō : ' Nǐ gěi kǎohé
情况。那位熟人说：'你给考核
zǔ de yìnxiàng búcuò , dàn nǐ zhīdao , xiànzài
组的印象不错，但你知道，现在
de shìqing bàn qǐlái hěn fùzá . Tāmen yě
的事情办起来很复杂。他们也
kǎohéguo qítā jǐ wèi shīzhǎng , nǐ hái bù
考核过其他几位师长，你还不
yídìng néng … ' Tā fàngxià diànhuà , dāi zuò
一定能……'他放下电话，呆坐
zài nàlǐ . Tā míngbai dàjiā dōu zài jìngzhēng
在那里。他明白大家都在竞争
jiāngjūn de wèizhi , yǒurén yào pǎo dào shàngjí qù
将军的位置，有人要跑到上级去
huódòng . Zìjǐ yě qù huódòng ma ? Tā yí yè
活动。自己也去活动吗？他一夜
méi shuìhǎo . Tā jīngguò fǎnfù kǎolǜ zhīhòu ,
没睡好。他经过反复考虑之后，
yùwàng zhànle shàngfēng . Tā juédìng qù zhǎo rén .
欲望[1]占了上风。他决定去找人。

Tā shōuqǐ zìzūnxīn , qù mǎile lǐwù —
他收起自尊心，去买了礼物——

1 欲望：desire

jīn xiàngliàn, zuànshí jièzhi děngděng. Kě tā zài
金项链、钻石戒指[1]等等。可他在
wǎnshang qù zhǎo shúrén de shíhou, zǒudào lóu
晚上去找熟人的时候，走到楼
qián, què méiyǒu yǒngqì zǒujìn shúrén jiā de mén.
前，却没有勇气走进熟人家的门。
Hòulái, háishi tā de érzi gěi tā chūle gè
后来，还是他的儿子给他出了个
zhǔyi: Bǎ lǐwù fàngjìn shípǐnhé li, ràng Mǐn
主意：把礼物放进食品盒里，让闵
Míng bǎ lǐwù sòngqu."
茗把礼物送去。”

Mǐn Míng tūrán yí zhèn, shuō: "Nǐ shì
闵茗突然一震，说：“你是
shuō, nà shǒutídài yǒu…"
说，那手提袋有……”

Tā méi shuōhuà, hǎoxiàng yǐjīng méiyǒu
他没说话，好像已经没有
lìqi shuō xiàqu le.
力气说下去了。

Mǐn Míng jīngyà de wàngzhe tā.
闵茗惊讶地望着他。

Tā mànmān qǐshēn cóng chuángtóu xiàbian
他慢慢起身从床头下边
náchūle yí gè shǒutídài, wèn: "Nǐ hái rènshi
拿出了一个手提袋，问：“你还认识
tā ma?"
它吗？”

Mǐn Míng yí kàn, zhè bú jiù shì nà tiān zài
闵茗一看，这不就是那天在

1 金项链、钻石戒指: gold necklace and diamond ring

jiàotáng ménkǒu sòng gěi nàge lǎotàitai hé sūnnü
教堂门口送给那个老太太和孙女
de nàge shǒutídài ma? Tā zěnme huì …
的那个手提袋吗？它怎么会……

Tā jiēzhe shuō: "Tā shì wǒ rénshēng de
他接着说："它是我人生的
chǐrǔ, suǒyǐ wǒ tèbié hàipà tā de diūshī.
耻辱[1]，所以我特别害怕它的丢失。
Dāng wǒ tīngshuō nǐ bǎ tā sòng rén zhīhòu, nǐ
当我听说你把它送人之后，你
bù zhīdao wǒ shì duōme kǒngjù hé jīnghuāng.
不知道我是多么恐惧和惊慌[2]。
Rúguǒ dàjiā zhīdaole wǒ de zhèxiē shì, wǒ
如果大家知道了我的这些事，我
juéde wǒ jiù méiyǒu liǎn zuòrén le, suǒyǐ wǒ
觉得我就没有脸做人了，所以我
shīqù lǐzhì de mà nǐ. Xiànzài nǐ zhīdao wǒ
失去理智地骂你。现在你知道我
wèi shénme nàyàng duì nǐ le ba?"
为什么那样对你了吧？"

Mǐn Míng dāidāi de kànzhe tā.
闵茗呆呆地看着他。

Tā jiēzhe shuō: "Jiù zài zuótiān wǎnshang,
他接着说："就在昨天晚上，
jiàotáng de shénfù dǎ diànhuà ràng Liáng Zhì qù,
教堂的神父打电话让梁智去，
shuō yǒu yí gè lǎotàitai yào sònghuán yí yàng
说有一个老太太要送还一样
dōngxi. Wǒ zhīdao Liáng Zhì zhèxiē tiān wèile
东西。我知道梁智这些天为了

1 耻辱：shame
2 恐惧和惊慌：dread and alarm

bǎozhù zhège mìmì, yìzhí zài xúnzhǎo nàge
保住这个秘密，一直在寻找那个
lǎotàitai. Tā jiàndào nà lǎotàitai shí, lǎorén
老太太。他见到那老太太时，老人
shuō, tā de sūnnü yīnwèi shěbude yíxiàzi
说，她的孙女因为舍不得[1]一下子
bǎ nàxiē hàochī de dōngxi chīwán, zhí dào
把那些好吃的东西吃完，直到
zuótiān cái fāxiànle hézi li hái yǒu biéde
昨天才发现了盒子里还有别的
dōngxi. Lǎorén shuō, tāmen bùnéng liúxià nàme
东西。老人说，她们不能留下那么
guìzhòng de lǐwù, suǒyǐ tā yòu dàole jiàotáng,
贵重的礼物，所以她又到了教堂，
xīwàng zhǎodào nǐ. Lǎorén bǎ dōngxi tuìhuán gěi
希望找到你。老人把东西退还给
Liáng Zhì shí, hái tèyì gàosu Liáng Zhì, zhè
梁智时，还特意告诉梁智，这
jiàn shì tā shéi yě méi shuō, lián shénfù yě bù
件事她谁也没说，连神父也不
wánquán míngbai. Kě wǒ, què fēicháng yuànyi bǎ
完全明白。可我，却非常愿意把
suǒyǒu zhèxiē dōu gàosu nǐ, ràng nǐ zhīdao,
所有这些都告诉你，让你知道，
wǒ shì yí gè línghún bù gānjìng de rén. Lái,
我是一个灵魂[2]不干净的人。来，
kànkan zhèxiē céngjīng zhémoguo wǒmen de
看看这些曾经折磨过我们的
dōngxi!"
东西！"

1 **舍不得**: hate to part with

e.g. 这位老师舍不得离开他喜欢的学生。

2 **灵魂**: soul

Tā biān shuō biān cóng tídài li tāochūle
他边说边从提袋里掏出了
lǐwù hé yì fēng xìn .
礼物和一封信。

Tā shuō: " Nǐ yě kěyǐ kànkan nà fēng
他说："你也可以看看那封
xìn . Wǒ xiǎng gàosu nǐ de jiù shì zhèxiē . Wǒ
信。我想告诉你的就是这些。我
xiǎngle zhème duō tiān cái juédìng gàosu nǐ zhè
想了这么多天才决定告诉你这
yíqiè . Wǒ zhīdao nǐ kěnéng kànbuqǐ wǒ , nǐ
一切。我知道你可能看不起我，你
bù kěnéng lǐjiě wǒ , yīnwèi wǒmen zhījiān
不可能理解我，因为我们之间
gézhe Shàngdì , jiù xiàng wǒ hé wǒ de mǔqīn
隔着上帝，就像我和我的母亲
zhījiān gézhe Zǔshīye yíyàng . Wǒ de mǔqīn
之间隔着祖师爷一样。我的母亲
zài zhīdao zhè yíqiè zhīhòu , bàoyuàn wǒ wèi
在知道这一切之后，抱怨我为
shénme bù xiǎngzhe jìnrù xiānjìng , ér zhǐ xiǎngzhe
什么不想着进入仙境，而只想着
zhèxiē pò shìr : Liáng Zhì de māma hé wǒ
这些破事儿[1]；梁智的妈妈和我
zhījiān gézhe Fózǔ , tā bàoyuàn wǒ wèi shénme
之间隔着佛祖，她抱怨我为什么
bù bǎ xīwàng liúdài láishēng . Kě wǒ háishi xiǎng
不把希望留待来生。可我还是想
gàosu nǐ , yīnwèi nǐ shì wǒ xǐhuan de háizi .
告诉你，因为你是我喜欢的孩子。

1 破事儿: in this context it means evil things
破: lousy, shabby

Wǒ bú shì yí gè zhídé nǐ zūnjìng de
我不是一个值得你尊敬[1]的
gōnggong, dàn wǒ zuòdàole tǎnshuài. Wǒ tèbié
公公，但我做到了坦率[2]。我特别
xiǎng gàosu nǐ, jǐnguǎn wǒ fēicháng xīwàng nǐ
想告诉你，尽管我非常希望你
néng jìxù hé wǒmen shēnghuó zài yìqǐ, jǐnguǎn
能继续和我们生活在一起，尽管
Liáng Zhì fēicháng ài nǐ, kěshì wèile bù shǐ
梁智非常爱你，可是为了不使
nǐ tòngkǔ, wǒ yǐjīng quàn Liáng Zhì tóngyì hé
你痛苦，我已经劝梁智同意和
nǐ líhūn. Xiànzài nǐ búyòng zài dānxīn tā bú
你离婚。现在你不用再担心他不
qù bàn líhūn shǒuxù le. Nǐ juédìngle shíjiān
去办离婚手续了。你决定了时间
gàosu tā jiù xíng le, tā huì ànshí qù de.
告诉他就行了，他会按时去的。
Háizi, nǐ xiànzài kěyǐ zǒu le. Zǒu ba,
孩子，你现在可以走了。走吧，
háizi, nǐ kěyǐ zǒu le!"
孩子，你可以走了！”

Kěshì Mǐn Míng méiyǒu zǒu, érshì liúzhe
可是闵茗没有走，而是流着
yǎnlèi, hǎnle yì shēng: "Bàba……"
眼泪，喊了一声：“爸爸……”

Mǐn Míng zài dāngtiān xiàwǔ zǒujìn jiàotáng,
闵茗在当天下午走进教堂，
jìngjìng de jiàotáng li zhǐ yǒu shénfù yí gè rén.
静静的教堂里只有神父一个人。

1 尊敬：to respect
2 坦率：frank

Tā méiyǒu shuōhuà, jìngzhí zǒu xiàng chànhuǐshì.
他没有说话，径直走向忏悔室。
"Shuō ba, háizi, Shàngdì suíshí zhǔnbèi qīngtīng
"说吧，孩子，上帝随时准备倾听[1]
tā de háizimen de chànhuǐ." Tā dīshēng shuō:
他的孩子们的忏悔。"她低声说：
"Wǒ fànle zuì, wǒ wàngle yīnggāi qù lǐjiě
"我犯了罪，我忘了应该去理解
chénshì shang de rén …"
尘世[2]上的人……"

Zhè yì tiān de wǎnfàn hòu, Mǐn Míng zhǔdòng
这一天的晚饭后，闵茗主动
tíchū huí Liáng jiā. Bà mā jiānchí yào sòng tā,
提出回梁家。爸妈坚持要送她，
bàba qīnzì kāichē. Zài Liáng jiā ménkǒu,
爸爸亲自开车。在梁家门口，
bàba hé māma xiāngjì qīng pāile yíxià tā de
爸爸和妈妈相继轻拍了一下她的
shǒu. Māma shuō: "Shàngdì huì kuānshù nǐ
手。妈妈说："上帝会宽恕[3]你
de." Bàba cháo tā diǎndiantóu, tā jiù
的。"爸爸朝她点点头，她就
zhuǎnshēn qù tuī mén le.
转身去推门了。

Zuò zài kètīng li de Liáng jiā yì jiā rén
坐在客厅里的梁家一家人
duì Mǐn Míng de tūrán chūxiàn dōu hěn yìwài.
对闵茗的突然出现都很意外。
Tāmen jīhū tóngshí zhàn qǐlái le, dāidāi de
他们几乎同时站起来了，呆呆地

1 倾听: give ear to; listen to
2 尘世: this world
3 宽恕: to forgive

kànzhe tā , Liáng Zhì shǒu zhōng hái wòzhe diànshì
看着她，梁智手中还握着电视
de yáokòngqì . Shì nǎinai zuì xiān kàn míngbai
的遥控器[1]。是奶奶最先看明白
le . Nǎinai cháo Liáng Zhì jiàodào : " Liáng Zhì ,
了。奶奶朝梁智叫道："梁智，
hái bù gǎnjǐn bǎ Míngmíng lǐngdào nǐmen wū li
还不赶紧把茗茗领到你们屋里
xiēxie ? "
歇歇？"

Mǐn Míng yǐjīng wàngle hé Liáng Zhì shì
闵茗已经忘了和梁智是
zěnme huí dào chuáng shang de . Tā xiànzài hái
怎么回到床上的。她现在还
néng jìde de shì , Liáng Zhì pūjìn tā de huái
能记得的是，梁智扑进她的怀
zhōng shuō de dì-yī jù huà shì : " Duìbuqǐ ,
中说的第一句话是："对不起，
wǒ ··· " Kě Mǐn Míng méi ràng tā shuō
我……"可闵茗没让他说
xiàqu ··· Liáng Zhì yòu jiànjiàn de huīfùle
下去……梁智又渐渐地恢复了
guòqù de nà zhǒng wánpí . Tā xíguànxìng de qù
过去的那种顽皮。他习惯性地去
mō zhěntou xià de bìyùntào . Zhè shí , Mǐn Míng
摸枕头下的避孕套。这时，闵茗
zhuāzhùle tā de shǒu . Liáng Zhì yǒuxiē yìwài ,
抓住了他的手。梁智有些意外，
qīngshēng jiěshì : " Zhè háishi wǒmen guòqù yòng
轻声解释："这还是我们过去用

1 遥控器：remote control; telecontrol

shèngxià de, zhìliàng méiyǒu wèntí." Mǐn Míng
剩下的，质量没有问题。”闵茗
duìzhe tā de ěrduo shuō: "Shǎguā, búbì
对着他的耳朵说：“傻瓜[1]，不必
yòng le, yīnwèi wǒ xiǎng huái gè háizi……"
用了，因为我想怀个孩子……”

1 傻瓜：fool

This story is an abridged version of Zhou Daxin's novella 浪进船舱 selected from 2002年中国争鸣小说精选, which is published by Changjiang Literature and Art Press (长江文艺出版社), Wuhan, 2003. The story is also available on the Internet.

About the author Zhou Daxin (周大新)

Zhou Daxin is one of the most noteworthy contemporary Chinese writers and a member of the China Writers Association. He is now a writer in the People's Liberation Army in Beijing. He was born in 1952 in the countryside of Dengzhou, Henan Province. He lived in the countryside until he joined the army in 1970. Having studied at the Lu Xun Literature College (鲁迅文学院) in Beijing, he began to publish his works in 1982. He is a prolific writer and has already published about five million words, including novels such as 第二十幕走出盆地 (Dìèrshí Mù Zǒuchū Péndì), 金色麦田 (Jīnsè Màitián); and novellas such as 向上的台阶 (Xiàng Shàng De Táijiē), 银饰 (Yínshì). Though he is a writer in the army, most of his works describe the life and scenery in the countryside, as he has profound feelings for his hometown. His works are deeply concerned with the future of humanity. He has won many literary prizes. His short stories 汉家女 (Hàn Jiā Nǚ) and 小诊所 (Xiǎo Zhěnsuǒ) both won the Prize for the Best Chinese Short Story (全国优秀短篇小说奖). Many of his novels have been adapted for TV plays and films. His novella 香魂塘畔的女人 (Xiānghún Táng Pàn De Nǚrén) was first adapted for the Henan Opera 香魂女 (Xiānghún Nǚ). The play was then adapted into a film by the famous Chinese director Xie Fei (谢飞). The film 香魂女 won the 43rd Golden Bear Prize at the Berlin International Film Festival. Some of his works have been translated into English, French, German, and Korean.

思考题：

1. 闵茗最初想回中国的打算是什么?
2. 闵茗是一个什么样的女孩? 她信仰什么? 她为什么喜欢梁智?
3. 梁智是一个什么样的小伙子? 他为什么喜欢闵茗?
4. 梁智的奶奶信道教，梁智的妈妈信佛教，道教和佛教的信仰有什么不同?
5. 闵茗和梁智之间的矛盾是怎么产生的?
6. 梁智的爸爸是怎样的一个人? 他为什么因为一件小事对闵茗发脾气?
7. 你对梁智的父亲的看法如何?
8. 闵茗后来为什么又回到了梁智家?
9. 你认为道教、佛教与基督教等宗教信仰对人们的生活有什么影响?
10. 闵茗和父母之间的关系与梁智和父母的关系有什么不同?
11. 读完这篇小说之后，你是怎样理解“浪进船舱”这个标题的?

Èr， Bú Huì Biànxíng De Jīngāng
二、不会变形的金刚

Yuánzhù： Bì Shūmǐn
原著：毕淑敏

二、不会变形的金刚

Guide to reading:

Children are lovely and innocent as their parents provide sincere and selfless love. While education is one of the duties of a responsible parent, deciding how to educate children is especially difficult when they are influenced by events outside their control. The boy in the story is a sensible child, who is good at school and loves his mother. He is pure, kind, and tolerant under his mother's careful moral education. He knows that his parents cannot afford expensive toys such as the transforming robot toys in children's cartoons, so he never asks his mother to buy them, though he longs for them. His mother, out of love, finally decides to buy him a small transformer.

The boy is infatuated with the toy. However, after he breaks a big transformer borrowed from his classmate, he experiences a different kind of realistic problem in life. Learning from his experience with an unforgiving classmate, the boy changes his innocent behavior.

故事正文：

Wǒ dàizhe shí suì de érzi qù shāngchǎng
我带着十岁的儿子去商场
mǎi máoxiàn . Wǒ xūyào mǎi máoxiàn zhī yì tiáo
买毛线[1]。我需要买毛线织[2]一条
wēnnuǎn de wéijīn hé yì dǐng měilì de màozi .
温暖的围巾和一顶[3]美丽的帽子。
Wǒmen láidào yì jiā xīn kāi de shāngchǎng .
我们来到一家新开的商场。
Yóuyú wǒmen jiā shēnghuó bú fùyù , měi dāng
由于我们家生活不富裕[4]，每当
dàizhe érzi guàng shāngchǎng de shíhou , wǒ
带着儿子逛商场的时候，我
zǒngshì xiǎng bìkāi wánjù guìtái . Yìbān
总是想避开玩具柜台[5]。一般
shāngchǎng de jìn mén dàtīng dōu bǎizhe
商场的进门大厅都摆着
huàzhuāngpǐn , kěshì zhè jiā shāngchǎng zài yí jìn
化妆品[6]，可是这家商场在一进
mén de dàtīng li què bǎimǎnle gè zhǒng wánjù .
门的大厅里却摆满了各种玩具。
Wǒ lǐngzhe érzi méiyǒu zhùyì dàtīng de wánjù .
我领着儿子没有注意大厅的玩具。
Dāng wǒ tūrán kànjiànle wánjù guìtái , zhèngzài
当我突然看见了玩具柜台，正在
xiǎng shìfǒu yào tuìchū shāngchǎng shí , shí suì de
想是否要退出商场时，十岁的
érzi tūrán duì wǒ shuō : " Māma , zánmen zǒu
儿子突然对我说："妈妈，咱们走

1 毛线：woolen yarn
2 织：to knit
3 顶：(classifier) for a cap or hat
4 富裕：rich, affluent
5 玩具柜台：toy counter
6 化妆品：cosmetics

ba ! Wǒ bú yào Biànxíng Jīngāng . ”
吧！我不要变形金刚[1]。”

Wǒ xiǎng nǎ jiā shāngdiàn dōu yǒu mài máoxiàn
我想哪家商店都有卖毛线
de , háishi dào biéde shāngdiàn qù mǎi ba . Wǒ
的，还是到别的商店去买吧。我
jǐnjǐn de lāzhe érzi de shǒu , zhǔnbèi zhǎo yí
紧紧地拉着儿子的手，准备找一
gè héshì de lǐyóu líkāi zhèlǐ . Kěshì
个合适的理由离开这里。可是
zěnme gēn érzi jiěshì ne ? Wǒ érzi shí suì ,
怎么跟儿子解释呢？我儿子十岁，
shì yí gè tiānzhēn kě'ài de háizi . Wǒ bù
是一个天真可爱的孩子。我不
xiǎng ràng érzi zhīdao jiāli de shēnghuó kùnnan ,
想让儿子知道家里的生活困难，
wǒ méiyǒu qián mǎi wánjù . Kěshì bù gěi érzi
我没有钱买玩具。可是不给儿子
mǎi tā xǐhuan de wánjù , tā xiǎoxiǎo de xīn huì
买他喜欢的玩具，他小小的心会
shòu zhémo de . Wǒ zhēn xiǎng yòng shǒu dǎngzhù
受折磨[2]的。我真想用手挡住
tā de yǎnjing …
他的眼睛……

Érzi yòu shuō : “ Māma , zánmen zǒu ba !
儿子又说：“妈妈，咱们走吧！
Wǒ bú yào Biànxíng Jīngāng . ” Wǒ zhēn méi xiǎngdào
我不要变形金刚。”我真没想到
érzi huì zhème shuō , wǒ bù zhīdao zěnyàng
儿子会这么说，我不知道怎样

1 **变形金刚：** transformer

2 **受折磨：** be tortured

e.g. 他病了很久，受尽了折磨。

gǎnxiè érzi cái hǎo! Tā tài dǒngshì le. Wǒ
感谢儿子才好！他太懂事[1]了。我
bù zhīdao shì shéi fāmíngle zhè zhǒng jīqìrén
不知道是谁发明了这种机器人[2]
wánjù — Biànxíng Jīngāng. "Hóngzhīzhū",
玩具——变形金刚。“红蜘蛛”、
"Qíngtiānzhù", "Kǒnglóng Gāngsuǒ" děng diànshì
“擎天柱”、“恐龙钢索”[3]等电视
jiémù zhànle érzi měi gè xīngqīliù hé xīngqītiān
节目占了儿子每个星期六和星期天
de wǎnshang, nào de wǒ lián diànshì xīnwén yě
的晚上，闹得我连电视新闻也
kànbuquán. Diànshì jiémù li gèzhǒng-gèyàng Biànxíng
看不全。电视节目里各种各样变形
Jīngāng de xíngxiàng, shēnshēn yìn zài le háizimen
金刚的形象，深深印在了孩子们
de nǎozi li, jìnrùle háizimen de mèng zhōng.
的脑子里，进入了孩子们的梦中。
Ránhòu, chéngqiān-shàngwàn de Biànxíng Jīngāng wánjù
然后，成千上万[4]的变形金刚玩具
jiù chūxiàn zài shāngchǎng de wánjù guìtái shang,
就出现在商场的玩具柜台上，
jiāzhǎngmen yě bǎ qián tóuxiàngle zhèxiē wánjù
家长们也把钱投向了这些玩具
guìtái.
柜台。

Shāngchǎng li yǒu tài duō de gùkè,
商场里有太多的顾客，
rúguǒ bú shì hěn yōngjǐ, wǒ zhēn xiǎng wānxià
如果不是很拥挤，我真想弯下

1 **懂事**: sensible
e.g. 他妈妈身体不好，他十分懂事，总是帮妈妈干活。
2 **机器人**: robot
3 **红蜘蛛，擎天柱，恐龙钢索**: the names of transformers such as Red Spider, etc.
4 **成千上万**: thousands upon thousands

shēn qù qīnqin érzi . Dàn wǒ lìkè fāxiàn
身去亲亲[1]儿子。但我立刻发现
shìqing bú xiàng wǒ xiǎngxiàng de nàme lèguān .
事情不像我想象的那么乐观。
Érzi de shēntǐ zhuǎnxiàng shāngchǎng de dàmén ,
儿子的身体转向商场的大门，
jiǎo què bú dòng dìfang , bózi niǔ xiàng guìtái ,
脚却不动地方，脖子扭向柜台，
yǎnjing yìzhí kànzhe Biànxíng Jīngāng wánjù .
眼睛一直看着变形金刚玩具。
Gèzhǒng-gèyàng de jīqìrén yǔ wǒ de érzi
各种各样的机器人与我的儿子
hùxiāng kànzhe . Kànzhe háizi jiǔjiǔ de
互相看着。看着孩子久久地
zhùshìzhe wánjù , wǒ xīnruǎn le . Wǒ xiǎng ,
注视[2]着玩具，我心软[3]了。我想，
wǒ xūyào de bú jiù shì yì dǐng màozi hé yì
我需要的不就是一顶帽子和一
tiáo wéijīn ma ?
条围巾吗？

Wǒ jiéhūn bǐjiào wǎn , érzi suīrán cái
我结婚比较晚，儿子虽然才
shí suì , wǒ yǐjīng sìshí suì le . Wǒ de
十岁，我已经四十岁了。我的
tóufa kāishǐ biàn shǎo , kāishǐ biàn bái le .
头发开始变少，开始变白了。
Tóufa bái le . shǎo le bùjǐn bù měiguān ,
头发白了、少了不仅不美观[4]，
érqiě gèng pà lěng le . Dōngtiān yǐjīng dào le ,
而且更怕冷了。冬天已经到了，

1 **亲亲**: to kiss
2 **注视**: to stare
3 **心软**: soft-hearted, tender-hearted
4 **美观**: pretty
e.g. 这间房子布置得很美观。

lěngfēng yì chuī, wǒ jiù tóutòng. Wǒ shì gè
冷风一吹，我就头痛。我是个
qiǎoshǒu de nǚrén, zài jiāli wǒ huì zuò cài,
巧手[1]的女人，在家里我会做菜、
huì zhī máoyī. Wǒ dǎsuan gěi zìjǐ zhī yì dǐng
会织毛衣。我打算给自己织一顶
měilì de màozi, zài pèi shàng yì tiáo chángcháng
美丽的帽子，再配上一条长长
de wéijīn, jì měiguān yòu shūfu. Zhàngfu yě
的围巾，既美观又舒服。丈夫也
hěn zhīchí wǒ mǎi máoxiàn. Búguò zhǐ yào érzi
很支持我买毛线。不过只要儿子
gāoxìng, wǒ yě kěyǐ bú yào màozi. Wǒ yǒu
高兴，我也可以不要帽子。我有
yì tiáo jiù de fāngjīn, bǎ fāngjīn dàishàng, jiù
一条旧的方巾[2]，把方巾戴上，就
kěyǐ gài zhù tóudǐng. Nà zhǒng yàngzi kěnéng bú
可以盖住头顶。那种样子可能不
tài měiguān, xiàng yí gè tónghuà
太美观，像一个童话[3]
zhōng de jī māma. Nà yòu yǒu shénme guānxì
中的鸡妈妈。那又有什么关系
ne? Wǒ de érzi jiāng huì yǒu yí jiàn tā
呢？我的儿子将会有一件他
xīn'ài de wánjù le.
心爱的玩具了。

Wǒ wàngle yì yǎn guìtái. Biànxíng Jīngāng
我望了一眼柜台。变形金刚
wánjù hěn guì, mǎi yì dǐng màozi hé yì tiáo
玩具很贵，买一顶帽子和一条

1 巧手：have dexterous hands
2 方巾：square scarf
3 童话：fairy tale

wéijīn de qián, zhǐ gòu mǎi yì tiáo Biànxíng Jīngāng
围巾的钱，只够买一条变型金刚
de tuǐ … Érqiě, zhàngfu huì shuō shénme ne?
的腿……而且，丈夫会说什么呢？
Tā zǒng shuō wǒ guàn érzi. Tóng yǒu qián rénjiā
他总说我惯[1]儿子。同有钱人家
bǐ, yào zhīdao wǒmen shì zuì pǔtōng de lánlǐng
比，要知道我们是最普通的蓝领
gōngrén, wǒmen de gōngzī hěn dī. Zhàngfu hái
工人[2]，我们的工资很低。丈夫还
xīyān, cóng wǒ rènshí tā nà tiān qǐ, wǒ jiù
吸烟，从我认识他那天起，我就
zhīdao tā juéduì bú huì jièyān. Dànshì zài
知道他绝对不会戒烟[3]。但是在
qítā fāngmiàn tā hěn zhàogu jiāli. Zài chīfàn
其他方面他很照顾家里。在吃饭
de shíhou, wǒmen dōu qiǎngzhe chī cài ér bù chī
的时候，我们都抢着吃菜而不吃
ròu, zhè shǐ érzi juéde cài li de ròu hěn
肉，这使儿子觉得菜里的肉很
duō. Tā yě hěn guānxīn, àihù wǒ de
多。他也很关心、爱护我的
shēntǐ.
身体。

Nàme, lánlǐng gōngrén de érzi, jiù bù
那么，蓝领工人的儿子，就不
néng yǒu Biànxíng Jīngāng ma? Wǒ jīhū yào xiàdìng
能有变形金刚吗？我几乎要下定
juéxīn le. Wǒ dài de qián gòu mǎi yí gè zuì
决心了。我带的钱够买一个最

1 **惯**: to spoil
e.g. 他们家只有他一个男孩，大家都惯着他。

2 **蓝领工人**: blue collar worker

3 **戒烟**: give up smoking

xiǎohào de Biànxíng Jīngāng. Duì wǒ de zhàngfu, wǒ
小号的变形金刚。对我的丈夫，我
huì biānchū yí gè bú yào màozi de tónghuà.
会编出一个不要帽子的童话。

Jiù zài zhèshí, érzi tūrán bǎ tóu hé
就在这时，儿子突然把头和
shēnzi zhuǎnxiàng shāngchǎng de dàmén, hěn jiānjué
身子转向商场的大门，很坚决
de shuō: "Māma, zánmen kuài zǒu ba! Wǒmen
地说："妈妈，咱们快走吧！我们
bù mǎi Biànxíng Jīngāng." Tā lāzhe wǒ de shǒu
不买变形金刚。"他拉着我的手
jiù yào zǒu. Tā de yǎnjing zuìhòu kànle yì yǎn
就要走。他的眼睛最后看了一眼
guìtái. Tā de xiǎotuǐ yídòng de hěn kuài,
柜台。他的小腿移动得很快，
hǎoxiàng dānxīn Biànxíng Jīngāngmen huì tūrán bǎ tā
好像担心变形金刚们会突然把他
zhuā huíqu shìde.
抓回去似的。

Érzi xuéxí hǎo, pǐnxíng yě hǎo, shì
儿子学习好，品行[1]也好，是
xuéxiào de sān-hǎo xuésheng. Zài zhème dǒngshì de
学校的三好学生。在这么懂事的
érzi miànqián, wǒ juéde zìjǐ hé zhàngfu dōu
儿子面前，我觉得自己和丈夫都
tài zìsī le. Wǒ shì wèile zìjǐ, zhàngfu
太自私[2]了。我是为了自己，丈夫
shì wèile wǒ.
是为了我。

1 品行: morality
2 自私: selfish

Wǒ bèi érzi gǎndòng le, wǒ búpà
我被儿子感动了，我不怕
tóutòng le. Wèile érzi de dǒngshì, wèile wǒ
头痛了。为了儿子的懂事，为了我
hé tā xīnzhōng de kuàilè, wǒ lìkè fǎnhuí
和他心中的快乐，我立刻返回
guìtái, mǎile yí gè zuì xiǎohào de hóngsè
柜台，买了一个最小号的红色
Biànxíng Jīngāng — Wēizhèntiān.
变形金刚——威震天[1]。

Nà tiān wǎnshang, érzi wàngle chīfàn,
那天晚上，儿子忘了吃饭，
yìzhí zài wán Biànxíng Jīngāng. Tā bǎ xiǎoxiǎo de
一直在玩变形金刚。他把小小的
hēisè shǒuqiāng bié zài hóngsè de Wēizhèntiān shǒu
黑色手枪别在红色的威震天手
zhōng, yòng shǒu zhuàn yi zhuàn, jīqirén jiù
中，用手转一转，机器人就
biànchéngle yí jià fēijī. Tā de jiégòu quèshí
变成了一架飞机。它的结构确实
jīngqiǎo, Bbiànxíng Jīngāng zài érzi de xiǎo shǒu
精巧[2]，变形金刚在儿子的小手
li biàn lái biàn qù, xíngzhuàng zài biàn, yánsè
里变来变去，形状在变，颜色
yě zài biàn. Érzi yìbiān wán yìbiān hēngzhe
也在变。儿子一边玩一边哼着
Biànxíng Jīngāng de gēr: "Biànxíng Jīngāng, suíshí
变形金刚的歌儿："变形金刚，随时
biàn xíngzhuàng. Qìchērén wèi zhèngyì ér zhàn, wèi
变形状。汽车人为正义而战，为

1 **威震天**: Megaton, the name of a transformer

2 **精巧**: delicate

e.g. 这件工艺品制作得十分精巧。

zìyóu ér zhàn, yìzhì jiānqiáng."
自由而战，意志坚强。”[1]

Zhàngfu kàn wǒ méi mǎi máoxiàn, gěi érzi mǎile Biànxíng Jīngāng, shuōle wǒ jǐ jù.
丈夫看我没买毛线，给儿子买了变形金刚，说了我几句[2]。
Wǒ réngrán juéde zìjǐ de juédìng fēicháng zhèngquè.
我仍然觉得自己的决定非常正确。

Biànxíng Jīngāng suīrán guì, dànshì érzi de kuàilè shíguāng gèng bǎoguì. Wǒ bù xīwàng érzi zhǎngdà yǐhòu, zài huíyì tóngnián de shíhou, huì shuō: Wǒ xiǎoshíhou hěn xǐhuan wánjù, yīnwèi jiāli méiyǒu qián, zhǐyǒu kànzhe biéren jiā de háizi wán...
变形金刚虽然贵，但是儿子的快乐时光更宝贵。我不希望儿子长大以后，在回忆童年[3]的时候，会说：我小时候很喜欢玩具，因为家里没有钱，只有看着别人家的孩子玩……

Wǒ bù xīwàng gěi tā de tóngnián liúxià shēnshēn de yíhàn. Háizi de kuàilè hěn róngyì mǎnzú, yí gè zuì xiǎohào de Biànxíng Jīngāng, jiù shǐ tā wán de rùmí le. Wǒ gàosu
我不希望给他的童年留下深深的遗憾[4]。孩子的快乐很容易满足，一个最小号的变形金刚，就使他玩得入迷[5]了。我告诉

1 **一边哼…**：croon the song of transformers: "Transformers transform all the time, fighting for justice and freedom with strong will."

2 **说了我几句**：scolded me

e.g. 爸爸说了他几句。

3 **童年**：childhood

4 **遗憾**：pity

5 **入迷**：be entranced with

e.g. 老爷爷在讲故事，孩子们听得入迷了。

érzi : "Bùnéng yīnwèi wán Biànxíng Jīngāng ér
儿子："不能因为玩变形金刚而
yǐngxiǎngle xuéxí ." Wǒ de yǔqì hěn yánsù .
影响了学习。"我的语气很严肃。
Érzi yě huídále wǒ : "Bú huì de ." Guòle
儿子也回答了我："不会的。"过了
jǐ tiān , wǒ fānle fān tā de zuòyèběn , tā
几天，我翻了翻他的作业本，他
de chéngjì hái hǎo . Érzi měi cì dōu shì zuòwán
的成绩还好。儿子每次都是做完
zuòyè cái kāishǐ wán .
作业才开始玩。

Dōngtiān dào le , zhàngfu hěn dānxīn wǒ de
冬天到了，丈夫很担心我的
tóutòng bìng . Wǒ zàisān gēn tā jiěshì jiù wéijīn
头痛病。我再三[1]跟他解释旧围巾
hěn hǎo . Tā yòu shuō : " Nǐ yě gāi mǎi yì shuāng
很好。他又说："你也该买一双
miánxié le ." Wǒ gǎnjī de xiàng tā xiàoxiao .
棉鞋了。"我感激地向他笑笑。

Yǒu yì tiān wǎnshang , wǒ tūrán fāxiàn
有一天晚上，我突然发现
érzi de Biànxíng Jīngāng yǔ wǒmen mǎi de nàge
儿子的变形金刚与我们买的那个
bù yíyàng , hóngsè biànchéngle huángsè , gètóu yě
不一样，红色变成了黄色，个头也
dà , yào bǐ wǒmen mǎi de Biànxíng Jīngāng dà
大，要比我们买的变形金刚大
sān bèi .
三倍。

1 再三：again and again

“Zhè shì shénme?” Wǒ yánlì de wèn
“这是什么？”我严厉[1]地问
érzi. Zuòwéi fùmǔ, duì háizi de měi yì
儿子。作为父母，对孩子的每一
diǎn biànhuà dōu yìnggāi zhùyì.
点变化都应该注意。

Érzi huídá: “Zhè shì ‘Dàlì Jīngāng’.”
儿子回答：“这是‘大力金刚’[2]。”
Kǒuqì qīnqiè de hǎoxiàng Dàlì Jīngāng shì wǒmen
口气亲切得好像大力金刚是我们
jiā de qīnqi. Yīnwèi wǒ jīngcháng gēn érzi
家的亲戚。因为我经常跟儿子
yìqǐ kàn diànshì li de Biànxíng Jīngāng, wǒ yě
一起看电视里的变形金刚，我也
liǎojiěle gè zhǒng Biànxíng Jīngāng. Dàlì Jīngāng
了解了各种变形金刚。大力金刚
shì jīngāngmen de tóulǐng. Dànshì wǒ xiǎng liǎojiě
是金刚们的头领[3]。但是我想了解
de bú shì jīngāng de míngzi, wǒ xiǎng liǎojiě de
的不是金刚的名字，我想了解的
shì zhège jīngāng shì shéi de. “Wǒ wèn nǐ, zhè
是这个金刚是谁的。“我问你，这
shì shéi de?” Wǒ de yǔqì gèng yánlì le.
是谁的？”我的语气更严厉了。

“Tóngxué de ya! Wǒmen bān chàbuduō měi
“同学的呀！我们班差不多每
gè rén dōu mǎile Biànxíng Jīngāng. Dàjiā mǎi de
个人都买了变形金刚。大家买的
dōu bù yíyàng, hùxiāng huànzhe wán. Zhèyàng wǒmen
都不一样，互相换着玩。这样我们

1 严厉: stern
2 大力金刚: Omega Supreme, the name of a transformer
3 头领: chief

jiù néng wán hǎo duō zhǒng Qìchērén hé Fēijīrén
就能玩好多种汽车人和飞机人
le ! ” Érzi píngjìng de kànzhe wǒ , wánquán
了！”儿子平静地看着我，完全
méiyǒu tīngchū wǒ de wèn huà zhōng duì tā de
没有听出我的问话中对他的
cāiyí . Kànlái shì wǒ dàjīng-xiǎoguài le . Wǒ
猜疑[1]。看来是我大惊小怪[2]了。我
zuì dānxīn de shì háizi shuōhuǎng , suǒyǐ duì
最担心的是孩子说谎[3]，所以对
měi jiàn xiǎoshì dōu yào wèn qīngchu .
每件小事都要问清楚。

Háizimen tǐng cōngmíng , wǒ bù zhīdao yīnggāi
孩子们挺聪明，我不知道应该
zànchéng háishi yīnggāi fǎnduì . Kànzhe érzi wán de
赞成还是应该反对。看着儿子玩得
hěn gāoxìng , wǒ zhǐ shì shuō : “ Bùguǎn shì Dàlì
很高兴，我只是说：“不管是大力
Jīngāng háishi Wēizhèntiān , dōu bùnéng yǐngxiǎngle
金刚还是威震天，都不能影响了
xuéxí . Yào àihù biéren de wánjù . ” Érzi
学习。要爱护别人的玩具。”儿子
tīnghuà de diǎndian tóu . Tā shì gè guāi háizi .
听话地点点头。他是个乖孩子[4]。

Yǒurén qiāo mén , shēngyīn hěn xiǎo , wèizhi hěn
有人敲门，声音很小，位置很
dī . Érzi pǎoqù kāi mén . Mén shān kāi de hěn
低。儿子跑去开门。门扇开得很
dà , érzi shì gè hàokè de háizi . Kěshì
大，儿子是个好客[5]的孩子。可是

1 **猜疑**: be suspicious

2 **大惊小怪**: make a fuss

e.g. 有什么大惊小怪的，不就是晚了一点吗？

3 **说谎**: tell a lie

4 **乖孩子**: well-behaved child

5 **好客**: hospitable

e.g. 他非常好客，每个周末都有朋友到他家来玩。

lái de rén què bǎ mén héshàng, hǎoxiàng tā bú
来的人却把门合上，好像他不
shì xiǎng jìnlái érshì yào líkāi, ránhòu cái cóng
是想进来而是要离开，然后才从
ménfèng lǐtou shēnchū pàngpàng de nǎodai.
门缝里头伸出胖胖的脑袋。

Zhè shì érzi de tóngxué, yí gè jīngcháng
这是儿子的同学，一个经常
lái wèn zuòyè de nánháir. Wǒ bù zhīdao tā
来问作业的男孩儿。我不知道他
de míngzi, wǒ zhǐ jiào tā Xiǎopàng.
的名字，我只叫他小胖。

Xiǎopàng zhè cì què bú shì lái wèn zuòyè
小胖这次却不是来问作业
de. Tā jì bù kěn jìnlái yòu bú tuì chūqu,
的。他既不肯进来又不退出去，
tā yòng yǎnjing wàngzhe wǒ, tūntūntǔtǔ de
他用眼睛望着我，吞吞吐吐[1]地
duì érzi shuō: "Zhēn duìbuqǐ, wǒ bǎ nǐ de
对儿子说："真对不起，我把你的
Biànxíng Jīngāng nònghuài le…"
变形金刚弄坏了……"

Érzi de liǎnsè yíxiàzi biàn de cāngbái,
儿子的脸色一下子变得苍白[2]，
hǎoxiàng tā cónglái méi shòuguo zhème dà de
好像他从来没受过这么大的
dǎjī. Tā cóng Xiǎopàng shǒu li jiēguo
打击[3]。他从小胖手里接过
nònghuàile de Biànxíng Jīngāng, kànzhe yì duī
弄坏了的变形金刚，看着一堆

1 吞吞吐吐: hesitant in speech
2 苍白: pale
3 打击: blow, strike

suìpiàn , qīngqīng de chuīzhe , hǎoxiàng nà shì yì
碎片[1]，轻轻地吹着，好像那是一
zhī shòushāng de gēzi . Guòle yíhuìr
只受伤的鸽子[2]。过了一会儿
zhīhòu , érzi kànzhe wǒ .
之后，儿子看着我。

Zhè shì yí gè gāngà de chǎngmiàn . Zuì
这是一个尴尬[3]的场面。最
kāishǐ de shíhou , wǒ juéde hěn kěxī ,
开始的时候，我觉得很可惜[4]，
mǎshàng xiǎngdàole màozi hé wéijīn . Rán'ér ,
马上想到了帽子和围巾。然而，
wǒmen háishi miànduì xiànshí ba .
我们还是面对现实吧。

Wǒ gùyì bú kàn érzi , shuō : " Biànxíng
我故意不看儿子，说："变形
Jīngāng shì nǐ de , nǐ kàn zěnme bàn ? "
金刚是你的，你看怎么办？"

Érzi háishi bù shuōhuà , yěxǔ wǒ
儿子还是不说话，也许我
zàichǎng , tā bùgǎn zuòchū tā de juédìng . Wǒ
在场，他不敢做出他的决定。我
zhuǎnshēn zǒujìn lǐwū .
转身走进里屋。

Hòulái , wǒ tīngjian Xiǎopàng de hūxī shēng
后来，我听见小胖的呼吸声
yuèláiyuè cū . Wǒ zhēn xiǎng pǎo chūqu duì tā
越来越粗。我真想跑出去对他
shuō : " Háizi , nǐ kěyǐ zǒu le . " Kěshì ,
说："孩子，你可以走了。"可是，

1 **碎片**: pieces
2 **鸽子**: pigeon
3 **尴尬**: embarrassed
e.g. 他没有办法帮助她的朋友，显得很尴尬。
4 **可惜**: regrettable

zhè juédìng yìnggāi yóu érzi zìjǐ zuòchū .
这决定应该由儿子自己做出。

“ Nǐ shì zěnme gěi nònghuài de ? ” Érzi
“你是怎么给弄坏的？”儿子

de shēngyīn chōngmǎnle fènnù .
的声音充满了愤怒[1]。

“ Jiù zhèyàng … Hòulái jiù pālā yì
“就这样……后来就啪啦一

shēng … ” Xiǎopàng dàgài zuòle yí gè shǒushì .
声……”小胖大概做了一个手势[2]。

Zěnme bàn ne ? Yěxǔ wǒ gāi chūmiàn .
怎么办呢？也许我该出面。

Biànxíng Jīngāng suīrán zhēnguì , dàn kuānróng bǐ zhè
变形金刚虽然珍贵[2]，但宽容[4]比这

gèng zhēnguì . Wǒ suīrán xiāngxìn zìjǐ píngshí duì
更珍贵。我虽然相信自己平时对

érzi de jiàoyù , dàn Wēizhèntiān zhège Biànxíng
儿子的教育，但威震天这个变形

Jīngāng duìyú érzi láishuō tài bǎoguì le .
金刚对于儿子来说太宝贵了。

Dàjiā dōu zài chénmò . Zhè duì érzi , duì
大家都在沉默。这对儿子、对

Xiǎopàng dōu shì tòngkǔ de .
小胖都是痛苦的。

Zhōngyú , érzi kāikǒu le . Tā jiānnán de
终于，儿子开口了。他艰难[5]地

shuōchū jiǎndān de sān gè zì : “ Méi guānxi … ”
说出简单的三个字：“没关系……”

Xiǎo pàngzi lìkè jiù pǎo le , hǎoxiàng pà
小胖子立刻就跑了，好像怕

1 **愤怒**: indignation
2 **手势**: gesture
e.g. 我跟外国人说话的时候，经常做手势。
3 **珍贵**: precious
4 **宽容**: tolerance
5 **艰难**: difficult, hard

érzi huì gǎibiàn zhǔyi.
儿子会改变主意。

Wǒ cháng chūle yìkǒuqì, duì érzi de juédìng fēicháng mǎnyì. Wǒ qīngqīng de qīnle yíxià érzi.
我长出了一口气，对儿子的决定非常满意。我轻轻地亲了一下儿子。

Tā shuō: "Wēizhèntiān sǐ le." Érzi de yǎnli hánzhe yǎnlèi.
他说："威震天死了。"儿子的眼里含着眼泪。

Wǒ shuō: "Wǒ shìzhe bǎ tā zhān qǐlái."
我说："我试着把它粘起来。"

Wǒ ānwèi érzi, zìjǐ yě méiyǒu duō dà de bǎwò.
我安慰儿子，自己也没有多大的把握[1]。

Wēizhèntiān yǐjīng biànchéngle suìpiàn. Wǒ yòngle hěn duō shíjiān, cái zhōngyú bǎ Wēizhèntiān chóngxīn zhānhǎo le. Dànshì tā zhǐnéng kàn, bùnéng dòng le. Tā zàiyě bú huì biànxíng le.
威震天已经变成了碎片。我用了很多时间，才终于把威震天重新粘好了。但是它只能看，不能动了。它再也不会变形了。

Biànxíng Jīngāng de shēngmìng zàiyú biànxíng, bú huì biànxíng de jīngāng zhǐnéng shì bǎi zài
变形金刚的生命在于变形，不会变形的金刚只能是摆在

1 把握: assurance
e.g. 他们有把握赢得这场比赛。

nàr kàn le . Érzi xǐxīn-yànjiù , tā bǎ
那儿看了。儿子喜新厌旧[1]，他把
quánbù de rèqíng zhuǎnyí dào Dàlì Jīngāng shang .
全部的热情转移到大力金刚上。

Érzi fēikuài de gǎibiànzhe Dàlì Jīngāng de
儿子飞快地改变着大力金刚的
xíngzhuàng , bǎ fēijī de dǔzi biànchéng rén
形状，把飞机的肚子变成人
de nǎodai . Wǒ yě rěnbuzhù de kànzhe érzi
的脑袋。我也忍不住地看着儿子
wán . Kànlái hǎo de wánjù dàren hé háizi
玩。看来好的玩具大人和孩子
dōu xǐhuan . Zhèng zài zhèshí , pālā yì
都喜欢。正在这时，啪啦一
shēng , gāodà de Dàlì Jīngāng yíxiàzi jiù
声，高大的大力金刚一下子就
sǎn le , yě chéngwéi yì duī suìpiàn . Zhè shì
散[2]了，也成为一堆碎片。这是
zěnme huí shì ?
怎么回事？

Érzi wàngzhe wǒ , wǒ wàngzhe tā . Shìqing
儿子望着我，我望着他。事情
hěn qīngchu , Dàlì Jīngāng bèi nònghuài le , zhǐ
很清楚，大力金刚被弄坏了，只
shì wǒmen dōu bú yuàn xiāngxìn .
是我们都不愿相信。

Érzi xiǎng bǎ suìpiàn chóngxīn zhuāng
儿子想把碎片重新装
qǐlái , jiéguǒ shì Dàlì Jīngāng bèi pòhuài de
起来，结果是大力金刚被破坏得

1 喜新厌旧：love the new and loathe the old
2 散：fall apart

gèngjiā yánzhòng. Wǒ zhèng zài xiǎng rúhé chǔlǐ
更加严重。我正在想如何处理
zhè jiàn shì, érzi yǐjīng bǎ suìpiàn shōushi zài
这件事，儿子已经把碎片收拾在
yì zhāng zhǐ li, zhǔnbèi chūmén.
一张纸里，准备出门。

" Nǐ dào nǎ qù? " Wǒ wèn.
“你到哪去？”我问。

" Qù huángěi rénjia, hái xiàng rénjia
“去还给人家，还向人家
dàoqiàn." Érzi xiǎnchū hěn chéngshú de yàngzi.
道歉。”儿子显出很成熟[1]的样子。

" Dàlì Jīngāng shì xiǎo pàngzi de ma? "
“大力金刚是小胖子的吗？”
Wǒ wèn.
我问。

" Bú shì." Érzi shuōle yí gè nǚ tóngxué
“不是。”儿子说了一个女同学
de míngzi.
的名字。

Shì tā jiā! Wǒ de xīn wǎngxià yì chén.
是她家！我的心往下一沉[2]。
Wǒ duì nà nǚháir méi shénme yìnxiàng, zhǐ juéde
我对那女孩儿没什么印象，只觉得
tā de māma shì gè gāo'ào de nǚrén. Gěi yí
她的妈妈是个高傲[3]的女人。给一
gè nǚháizi mǎi zhème dà, zhème guì de
个女孩子买这么大、这么贵的
jīqìrén wánjù, kěyǐ xiǎngxiàng tāmen jiā hěn
机器人玩具，可以想象她们家很

1 **成熟**: mature
e.g. 这个人办事一点也不成熟。
2 **心往下一沉**: have a heavy heart
3 **高傲**: arrogant

fùyù , shǔyú yǒu qián rén yí lèi de jiātíng .
富裕，属于有钱人一类的家庭。

“ Nǐ jiù zhèyàng qù … xíng ma ? ” Wǒ
“你就这样去……行吗？”我
dānxīn de shuō , bùzhī shì wèn érzi , háishi
担心地说，不知是问儿子，还是
wèn wǒ zìjǐ .
问我自己。

“ Hái yào dài shénme dōngxi ma ? ” Érzi wèn .
“还要带什么东西吗？”儿子问。

kànzhe érzi tiānzhēn de yàngzi , wǒ xiǎng
看着儿子天真的样子，我想
shuō shénme , què zhōngyú shénme yě méiyǒu shuō .
说什么，却终于什么也没有说。

“ Māma , nà wǒ zǒu le . ” Érzi
“妈妈，那我走了。”儿子
xiǎopǎozhe chūle jiāmén .
小跑着出了家门。

“ Kuài qù kuài huí . ” Wǒ bù'ān de gàosu
“快去快回。”我不安[1]地告诉
tā .
他。

Érzi méiyǒu huídá , tā yǐjīng pǎo yuǎn
儿子没有回答，他已经跑远
le , búguò wǒ xiāngxìn tā huì hěn kuài huílái de .
了，不过我相信他会很快回来的。

Kěshì , děng a , děng a … děngle hěn
可是，等啊，等啊……等了很
jiǔ , érzi hái méiyǒu huílái .
久，儿子还没有回来。

1 不安：uneasy

Wǒ hěn dānxīn, zháojí, jiǎnzhí zuòbuzhù
我很担心、着急，简直坐不住

le, xīnli hěn luàn, cāixiǎngzhe érzi yùdào de
了，心里很乱，猜想着儿子遇到的

zhǒngzhǒng de qíngkuàng.
种种的情况。

Shìshàng de rén shénme yàng de dōu yǒu,
世上[1]的人什么样的都有，

nǐ néng yuánliàng biéren, biéren què bìng bù
你能原谅别人，别人却并不

yídìng néng yuánliàng nǐ. Wǒ yìnggāi gàosu érzi
一定能原谅你。我应该告诉儿子

zhè yì diǎn. Rúguǒ zhēn de chūxiànle bú bèi rén
这一点。如果真的出现了不被人

yuánliàng de qíngkuàng, érzi yě huì yǒudiǎnr
原谅的情况，儿子也会有点儿

jīngshén zhǔnbèi. Yěxǔ bú huì fāshēng shénme
精神准备。也许不会发生什么

yìwài. Hàokè de tóngxué kěnéng ràng érzi duō
意外[2]。好客的同学可能让儿子多

zuò yíhuìr, nǚháir de māma kěnéng hái
坐一会儿，女孩儿的妈妈可能还

gěile érzi yí gè júzi… Rénjia yídìng
给了儿子一个橘子……人家一定

huì yuánliàng tā de, jiù xiàng wǒmen yuánliàngle
会原谅他的，就像我们原谅了

Xiǎopàng yíyàng…
小胖一样……

Shíjiān yìdiǎn yìdiǎn de guòqu le, érzi
时间一点一点地过去了，儿子

1 世上: in the world
2 意外: accident

hái méiyǒu huílái, wǒ de xīn yuèláiyuè gǎndào bù'ān.
还没有回来，我的心越来越感到不安。

Zhōngyú, érzi huílái le. Tā zǒu lù zǒu de nàyàng qīng. Wǒ kànle tā yì yǎn. Jiù zhè yì yǎn, yíqiè dōu míngbai le. Kàn qǐlái, tā kūguo le, liúle xǔduō yǎnlèi, pà wǒ kàn chūlái, yòu zhàn zài wàimiàn děngzhe lěngfēng bǎ lèishuǐ chuīgān. Wǒ cóng érzi de shēn shang kàndàole gèng duō de dōngxi. Wǒ méiyǒu yǒngqì wèn érzi shìqing de xiángxì jīngguò.
终于，儿子回来了。他走路走得那样轻。我看了他一眼。就这一眼，一切都明白[1]了。看起来，他哭过了，流了许多眼泪，怕我看出来，又站在外面等着冷风把泪水吹干。我从儿子的身上看到了更多的东西。我没有勇气问儿子事情的详细经过。

"Māma, rénjia yào wǒmen … péi … "
"妈妈，人家要我们……赔……"

Yǎnlèi cóng érzi liǎn shang gǔnluò xiàlái. Wǒ yòng shǒu qù jiē. Yīnwèi gāng cóng wàimiàn huílái, nà lèishuǐ hěn liáng.
眼泪从儿子脸上滚落下来。我用手去接。因为刚从外面回来，那泪水很凉。

Wǒ xiǎng yòng mǔqīn de wēnnuǎn ānwèi érzi.
我想用母亲的温暖安慰儿子。

1 明白: clear, obvious
e.g. 她搞不明白他为什么生气。

Wǒ xīwàng néng bǎochí érzi nà kē chúnzhēn de
我希望能保持儿子那颗纯真[1]的
xīn. Kěxī wǒ bú shì zhěnggè shìjiè.
心。可惜我不是整个世界。

Xiànzài, wǒmen miànlín de shì lìng yí gè
现在，我们面临[2]的是另一个
wèntí le — "Jìrán nònghuàile biéren de
问题了——"既然弄坏了别人的
dōngxi, rénjia yāoqiú péi, dāngrán shì yìnggāi
东西，人家要求赔，当然是应该
de." Wǒ cāgān érzi de yǎnlèi.
的。"我擦干儿子的眼泪。

"Nà wǒ qù zhǎo Xiǎopàng, jiào tā xiān péi
"那我去找小胖，叫他先赔
wǒ de Wēizhèntiān. Tā shuōle yí gè
我的威震天。他说了一个
'duìbuqǐ' jiù zhí zhème duō qián a? Yǐhòu
'对不起'就值这么多钱啊？以后
qù shāngdiàn mǎi dōngxi, bú dài qiánbāo, xiān
去商店买东西，不带钱包，先
shuō 'duìbuqǐ' jiù xíng le!" Érzi shuōwán
说'对不起'就行了！"儿子说完
jiù yào qù zhǎo Xiǎopàng.
就要去找小胖。

"Nǐ bù néng qù!" Wǒ lāzhù tā.
"你不能去！"我拉住他。

"Wèi shénme? Māma!" Érzi kànzhe
"为什么？妈妈！"儿子看着
wǒ. Wǒ huídá bú shànglái. Dàn wǒ què bìxū
我。我回答不上来。但我却必须

1 **纯真**: innocent
2 **面临**: be faced with
e.g. 他们面临着很多困难。

huídá .
回答。

"'Duìbuqǐ' shì yì zhǒng lǐmào, tā shì bùnéng yòng qián lái jìsuàn de." Érzi diǎndiantóu. Zhè huà dàgài xuéxiào de lǎoshīmen yě jiǎngguo.
"'对不起'是一种礼貌，它是不能用钱来计算的。"儿子点点头。这话大概学校的老师们也讲过。

"Xiǎopàng nònghuàile Wēizhèntiān, nǐ yuánliàngle tā, tā hěn qīngsōng, zhè shì yí jiàn hǎoshì." Wǒ zhǔnbèi mànmān de gēn tā shuōmíng yìxiē dàolǐ.
"小胖弄坏了威震天，你原谅了他，他很轻松，这是一件好事。"我准备慢慢地跟他说明一些道理。

"Kěshì rénjia bù yuánliàng wǒ … Māma!" Érzi zhēngbiànzhe.
"可是人家不原谅我……妈妈！"儿子争辩[1]着。

"Shìde, érzi. Měi yí jiàn shì, dōu kěyǐ yǒu hǎo jǐ zhǒng chǔlǐ de fāngfǎ. Nuò, jiù xiàng zhèxiē Biànxíng Jīngāng, kěyǐ biàn jīqirén, yě kěyǐ biàn fēijī hé qìchē …
"是的，儿子。每一件事，都可以有好几种处理的方法。喏，就像这些变形金刚，可以变机器人，也可以变飞机和汽车……

1 争辩：to argue

dǒngle ma? ”
懂了吗?”

“Dǒng … le.” Érzi chíyí de diǎnle diǎntóu, dàn wǒ zhīdao tā xīnli méiyǒu wánquán jiēshòu wǒ de kànfa, yòu bú yuàn rě wǒ shēngqì.
“懂……了。”儿子迟疑[1]地点了点头，但我知道他心里没有完全接受我的看法，又不愿惹我生气。

Yào péi yí gè zuì dàhào de Dàlì Jīngāng, duìyú wǒmen jiā láishuō shì yì bǐ bù xiǎo de shùmù. Jǐnguǎn wǒmen hái bú yòng mài fángzi péi yí gè dàhào de Biànxíng Jīngāng, kěshì wǒ háishi yǒu yì zhǒng pòchǎn de gǎnjué.
要赔一个最大号的大力金刚，对于我们家来说是一笔不小的数目。尽管我们还不用卖房子赔一个大号的变形金刚，可是我还是有一种破产[2]的感觉。

Wǒmen bù'ān de děngzhe jiāli zuì zhòngyào de nánrén huílái. Wǒ de zhàngfu huílái le, érzi hàipà de kànzhe wǒ, xīwàng wǒ bié shuō, yòu xīwàng wǒ kuài shuō. Wǒ bù xiǎng shuō, yòu bùdébù shuō. Zǒngzhī, shì duǒbukāi de.
我们不安地等着家里最重要的男人回来。我的丈夫回来了，儿子害怕地看着我，希望我别说，又希望我快说。我不想说，又不得不说。总之，是躲不开的。

1 迟疑：with hesitation
2 破产：bankruptcy

Zhàngfu tīngwán hòu, chénmòle hěn cháng shíjiān. Ránhòu zhàngfu fènnù de zébèi érzi: "Shuō! Nǐ shì zěnme bǎ nàge wányìr nònghuài de?"

丈夫听完后，沉默了很长时间。然后丈夫愤怒地责备[1]儿子："说！你是怎么把那个玩意儿[2]弄坏的？"

"Jiù zhème yí xià… pālā yí xià… jiù…" Érzi tūntūntǔtǔ de shuōzhe, ránhòu kànzhe wǒ, xīwàng wǒ néng wèi tā jiěshì yíxià. Biànxíng Jīngāng yǐjīng huài le, shénme jiěshì dōu méiyǒu yòng le. Érzi yǐhòu zàiyě bú huì wán zhè zhǒng bǎoguì de wánjù le.

"就这么一下……啪啦一下……就……"儿子吞吞吐吐地说着，然后看着我，希望我能为他解释一下。变形金刚已经坏了，什么解释都没有用了。儿子以后再也不会玩这种宝贵的玩具了。

Zhàngfu yòu wèn érzi: "Nǐ shuō nǐ shì bu shì gùyì de?"

丈夫又问儿子："你说你是不是故意的？"

"Bú shì gùyì de… Bù, bàba, wǒ shì gùyì de…" Zài jǐnzhāng zhīzhōng, érzi bù zhīdao zěnyàng huídá fùqīn de wènhuà.

"不是故意的……不，爸爸，我是故意的……"在紧张之中，儿子不知道怎样回答父亲的问话。

1 责备：to blame

2 玩意儿：thing, plaything

Érzi zǒngshì wǎng wǒ shēn hòu duǒ.
儿子总是往我身后躲。

"Nǐ zhège bàijiāzǐ! Nǐ bà yí gè
"你这个败家子[1]！你爸一个
yuè de gōngzī, hái búgòu mǎi yí gè zhè
月的工资，还不够买一个这
wányìr, wǒ yào ràng nǐ jìzhù…"
玩意儿，我要让你记住……"
Shuōwán, zhàngfu jiù jǔqǐle gēbo, hū de
说完，丈夫就举起了胳膊，呼地
dǎle guòlái. Xìngkuī wǒ zhàn zài érzi
打了过来。幸亏[2]我站在儿子
pángbiān, wǒ yòng shǒu lánle yíxià, méi dǎzháo
旁边，我用手拦了一下，没打着
érzi. Zhàngfu shì gàn tǐlìhuó de, chūshǒu
儿子。丈夫是干体力活[3]的，出手
hěn zhòng. Suīrán zhàngfu méi dǎzháo érzi, dàn
很重。虽然丈夫没打着儿子，但
érzi fēicháng hàipà, xià de wā de yì shēng
儿子非常害怕，吓得哇地一声
kū qǐlái.
哭起来。

"Nǐ hái kū!" Zhàngfu shēngqì de shuōzhe,
"你还哭！"丈夫生气地说着，
"Wèile nàge xiǎo wányìr, nǐ mā jiù méi
"为了那个小玩意儿，你妈就没
qián mǎi máoxiàn zhī màozi, zhè huí zài jiāshàng
钱买毛线织帽子，这回再加上
gè dàjiāhuo, zán jiā lián méi hé dàbáicài dōu
个大家伙，咱家连煤和大白菜都

1 **败家子**: spendthrift
2 **幸亏**: luckily
e.g. 幸亏我带了雨伞，要不衣服就湿透了。
3 **体力活**: manual labor

méi qián mǎi le! ” Tā yòu zhuǎnguo liǎn duì wǒ:
没钱买了！”他又转过脸对我：
“Dōu shì nǐ guàn de!”
“都是你惯的！”

Wǒ tīngzhe zhàngfu de zébèi, zhǐyào tā bú dòngshǒu dǎ érzi jiù xíng, érzi cóng xiǎo dào dà cóngméi áiguo dǎ.
我听着丈夫的责备，只要他不动手打儿子就行，儿子从小到大从没挨[1]过打。

Hòulái yǒu yì tiān, tiānqì hěn lěng. Jǐnguǎn shì qíngtiān, dànshì guā de fēng shì lěngfēng. Wǒ zǒujìn shēngzhe lúhuǒ de jiā zhōng, kàndào érzi liǎn rè de hónghóng de. Wǒ yǐwéi tā fāshāo le.
后来有一天，天气很冷。尽管是晴天，但是刮的风是冷风。我走进生着炉火[2]的家中，看到儿子脸热得红红的。我以为他发烧了。

“Māma, nǐ bìshàng yǎnjing.” Érzi yì shuōhuà, wǒ jiù zhīdao tā méi shēngbìng. Háizi de shēngyīn shì nàme hǎotīng.
“妈妈，你闭上眼睛。”儿子一说话，我就知道他没生病。孩子的声音是那么好听。

Wǒ bìshàng yǎnjing, děngzhe érzi jiāngyào sònggěi wǒ de xiǎoxiǎo kuàilè, yěxǔ shì zhāng
我闭上眼睛，等着儿子将要送给我的小小快乐，也许是张

1 挨：to suffer
e.g.昨天他挨打了。
2 炉火：stove fire

yìbǎi fēn de kǎoshì juànzi, yěxǔ shì tā
一百分的考试卷子[1]，也许是他
zìjǐ zuò de xiǎo shǒugōng.
自己做的小手工[2]。

"Hǎo le. Māma, nǐ kěyǐ zhēngkāi
"好了。妈妈，你可以睁开
yǎnjing le!"
眼睛了！"

Wǒ háishi bìzhe yǎnjing, bú yuàn zhēngkāi.
我还是闭着眼睛，不愿睁开。
Zhè shì yì zhǒng mǔqīn tèyǒu de xìngfú.
这是一种母亲特有的幸福。

"Māma, nǐ kuài diǎnr ma!" Érzi
"妈妈，你快点儿嘛！"儿子
zháojí de jiàozhe.
着急地叫着。

Wǒ gǎnjǐn zhēngkāi yǎnjing. Yǎnqián shì yì
我赶紧睁开眼睛。眼前是一
piàn dàn lǜsè, hǎoxiàng shì chū chūn de cǎodì.
片淡绿色，好像是初春的草地。
Guòle yíhuìr wǒ cái kànqīng, yuánlái shì
过了一会儿我才看清，原来是
érzi pěngzhe yì tuán lǜ máoxiàn. Zhè shì wǒ
儿子捧着一团绿毛线。这是我
zuì xǐhuan de yánsè.
最喜欢的颜色。

"Māma, nǐ xǐhuan zhè yánsè ma?"
"妈妈，你喜欢这颜色吗？"
Érzi yǎnbābā de kànzhe wǒ.
儿子眼巴巴地看着我。

1 考试卷子：examination paper
2 手工：handwork

" Xǐhuan , tài xǐhuan le . Nǐ zěnme
"喜欢，太喜欢了。你怎么
zhīdao māma xǐhuan ? "
知道妈妈喜欢？"

" Māma wàng le ? Cóng xiǎo dào xiànzài ,
"妈妈忘了？从小到现在，
nín gěi wǒ zhī de máoyī , máokù , dōu shì zhè
您给我织的毛衣、毛裤，都是这
zhǒng lǜsè . Wǒ néng cóng yìqiān zhǒng yánsè
种绿色。我能从一千种颜色
zhōng zhǎochū zhè zhǒng lǜsè . " Érzi juéde wǒ
中找出这种绿色。"儿子觉得我
tí de wèntí tài jiǎndān le .
提的问题太简单了。

" Shì bàba dài nǐ qù mǎi de ? " Wǒ xiǎng
"是爸爸带你去买的？"我想
kěnéng shì zhàngfu mǎi de . Wǒ zhēnxīn de gǎnjī
可能是丈夫买的。我真心地感激
zhàngfu , tā shì nà zhǒng wàibiǎo cūlǔ , nèixīn
丈夫，他是那种外表粗鲁[1]、内心
wēnróu de nánrén .
温柔[2]的男人。

" Bù , shì wǒ zìjǐ qù mǎi de ! " Érzi
"不，是我自己去买的！"儿子
zìháo de shuō .
自豪[3]地说。

" Nǐ nǎlǐ lái de qián ? " Wǒ chījīng de wèn .
"你哪里来的钱？"我吃惊地问。

Érzi bù shuōhuà le , yǎnjing què zhízhí
儿子不说话了，眼睛却直直

1 外表粗鲁: rude appearance
2 内心温柔: gentle heart
3 自豪: proudly

de kànzhe wǒ .
地看着我。

Zhè háizi bú huì qù tōu ba? Wǒ yíxià
这孩子不会去偷吧？我一下

chǎnshēngle zhèyàng de cāiyí, dàn lìjí juéde
产生了这样的猜疑，但立即觉得

érzi yídìng bú huì zuò nà zhǒng shìqing. Kě
儿子一定不会做那种事情。可

érzi cóng nǎr lái de qián ne? Bùxíng, wǒ
儿子从哪儿来的钱呢？不行，我

děi wèn qīngchu.
得问清楚。

Wǒ bǎ máoxiàn rēng zài chuáng shang, wèn
我把毛线扔在床上，问

érzi: "Kuài shuō, nǎr lái de?" Wǒ xīwàng
儿子："快说，哪儿来的？"我希望

érzi gěi wǒ yí gè hélǐ de jiěshì.
儿子给我一个合理的解释。

"Wǒ zhǎo Xiǎopàng yào de." Érzi qīngchu
"我找小胖要的。"儿子清楚

de huídá wǒ.
地回答我。

"Zhǎo shéi?" Wǒ yǐjīng tīng de hěn qīngchu
"找谁？"我已经听得很清楚

le, kě wǒ hái yào wèn. Wǒ bù xiāngxìn, yìzhí
了，可我还要问。我不相信，一直

hěn dǒngshì de érzi, zěnme bù tīnghuà le!
很懂事的儿子，怎么不听话[1]了！

"Zhǎo Xiǎopàng." Érzi hěn yǒnggǎn de
"找小胖。"儿子很勇敢地

1 **听话**: obedient

e.g. 他是一个听话的孩子。

kànzhe wǒ de yǎnjing .
看着我的眼睛。

Wǒ de tóu lìkè wēngwēng zuòxiǎng , wǒ
我的头立刻嗡嗡[1]作响，我
suǒyǒu de xīwàng dōu pòmiè le .
所有的希望都破灭[2]了。

" Nǐ shì zěnme qù yàolái de ? " Wǒ
"你是怎么去要来的？"我
shēngqì de wèn .
生气地问。

" Jiù xiàng biéren gēn zánmen yào qián nàyàng
"就像别人跟咱们要钱那样
yào huílái de . " Érzi sìhū juéde wǒ wèn de
要回来的。"儿子似乎觉得我问得
tài duō .
太多。

Wǒ de shǒu mànmān de jǔ qǐlái . Érzi
我的手慢慢地举起来。儿子
yǐwéi wǒ yào mō tā de tóu , biàn qīnqīn de kào
以为我要摸他的头，便亲亲地靠
guòlái . Wǒ jiāng shǒu dǎ zài tā de tóu shang .
过来。我将手打在他的头上。
Dāng wǒ xiǎngqǐ zázhì shang shuōguo bú yào dǎ
当我想起杂志上说过不要打
háizi de tóu shí , yǐjīng láibují le . Érzi
孩子的头时，已经来不及了。儿子
méiyǒu duǒkāi , tā dāidāi de wàngzhe wǒ ,
没有躲开，他呆呆地望着我，
hǎoxiàng bù zhīdao zìjǐ wèi shénme cuò le .
好像不知道自己为什么错了。

1 嗡嗡：(onomatopoeia) buzz
e.g. 蜜蜂嗡嗡地飞。
2 破灭：to shatter

Zhè shì wǒ dì-yī cì dǎ érzi , dàn wǒ
这是我第一次打儿子，但我
gǎn kěndìng , zhè bú shì zuìhòu yí cì .
敢肯定，这不是最后一次。

Érzi de yǎnlèi hé wǒ de yǎnlèi dīluò
儿子的眼泪和我的眼泪滴落
zài lǜ máoxiàn shang .
在绿毛线上。

Yǐhòu , měi dāng mén bèi fēng chuī kāi , wǒ
以后，每当门被风吹开，我
dōu huì xiǎng dào yí gè pàngpàng de , kě'ài de
都会想到一个胖胖的、可爱的
xiǎoháir chūxiàn .
小孩儿出现。

Xiǎopàng zài yě méiyǒu láiguo . Tā huánle
小胖再也没有来过。他还了
qián , yě bú yào nàge huàile de Biànxíng Jīngāng
钱，也不要那个坏了的变形金刚
le .
了。

Nàge zuì dàhào de Dàlì Jīngāng bèi wǒ
那个最大号的大力金刚被我
zhānhǎo le . Xiànzài , wǒmen jiā yǒu liǎng gè
粘好了。现在，我们家有两个
Biànxíng Jīngāng , kěxī dōu bú huì biànxíng le .
变形金刚，可惜都不会变形了。
Érzi yě cóng bú qù pèng tāmen .
儿子也从不去碰它们。

This story is an abridged version of Bi Shumin's short story 不会变形的金刚 which is published by Baihua Literature and Art Publishing House (百花文艺出版社), Tianjin, 2001. The short story 不会变形的金刚 won the Fourth Baihua Prize. The story is also available on the Internet.

About the Author Bi Shumin (毕淑敏)

Bi Shumin is one of the most influential female writers in Chinese contemporary literature. She is now vice chairman of the Beijing Writers Association. She was born in 1952, in Yining, Xinjiang Province and grew up in Beijing. Her ancestral hometown is Wendeng, Shandong Province. She joined the People's Liberation Army in 1969 when she was 16, and was sent to Tibet as an army medic, staying there for 11 years. Her writing career began in 1987 with the publication of 昆仑殇 (Kūnlún Shāng), a fictional novella based on her experiences. She practiced medicine for 22 years. As a physician-turned-writer, she earned her Master of Arts degree at Beijing Normal University. In her works, she grasps clearly the essence of life from all aspects, such as physiology, psychology, ethics and morals. She has published four volumes of 毕淑敏文集, novels 红处方 (Hóng Chǔfāng), 拯救乳房 (Zhěngjiù Rǔfáng) etc., and collections of short stories 昆仑殇，女人之约 (Nǚrén Zhī Yuē), etc. She has published about four million words and has won more than 30 prizes both at home and abroad since the late 1980s.

思考题：

1. 故事中的妈妈带儿子逛商场为什么总是躲开玩具柜台?
2. 妈妈最初为什么不想给儿子买变形金刚? 后来又为什么买了?
3. 儿子的同学小胖把变形金刚弄坏了，儿子是怎么处理这件事的?
4. 当儿子把别人的变形金刚弄坏了，别人又是怎么处理这件事的?
5. 不一样的处理方式有什么不同的结果? 对孩子产生了什么样的影响?
6. 儿子最后是怎么给妈妈买的绿毛线? 妈妈为什么打了他?
7. 这是一个儿童成长的故事，你觉得在复杂的社会中，孩子们还能保持纯真吗?

Sān ， Ézhà
三、讹诈

Yuánzhù： Liáng Xiǎoshēng
原著：梁晓声

三、讹诈

Guide to reading:

Different people have different values in life. With the rapid development of the economy, many are bound to pay more attention to practical rather than moral concerns, and are tempted to advance themselves through unethical means. However, there is another group of people who maintain their honesty. The old accountant in the story is an honest and a moral man. He prefers a simple life to a comfortable one built on illegal money. He attempts to return a bribe from the general manager for numerous times. But the general manager misinterprets the accountant's intentions and regards his behavior as blackmail. The different values are revealed in contrast in their inner hearts.

故事正文：

Zhè shì yì jiā guóyǒu de yàopǐn gōngsī .
这是一家国有的药品公司[1]。
Gōngsī zhèngzài gǎigé , jiāng yào chénglì yí gè
公司正在改革，将要成立一个
gǔfèn gōngsī . Zhè jǐ tiān , gōngsī jīnglǐ
股份公司[2]。这几天，公司经理
tèbié máng , yě hěn xīngfèn , yíhuìr zhǎo
特别忙，也很兴奋，一会儿找
bùmén kāihuì , yíhuìr zhǎo rén tánhuà . Yǒude
部门开会，一会儿找人谈话。有的
rén gāoxìng , yǒude rén chóu .
人高兴，有的人愁。

Gōngsī de lǎo kuàiji yào tuìxiū le .
公司的老会计[3]要退休[4]了。
Tā juéde gōngsī de gǎigé gēn zìjǐ méi shénme
他觉得公司的改革跟自己没什么
guānxì . Gōngsī de tǐzhì gǎigé hé “shàngshì”,
关系。公司的体制改革和“上市”，
bìng bùnéng dàigěi tā shénme hǎochu . Tā zài
并不能带给他什么好处。他在
gōngsī yě bú shì yí gè zhòngyào rénwù . Suǒyǐ ,
公司也不是一个重要人物。所以，
tā yě jiù méi gǎndào yǒu shénme xīngfèn , fǎnzhèng
他也就没感到有什么兴奋，反正
bàn nián yǐhòu jiù yào tuìxiū le . Dànshì tā
半年以后就要退休了。但是他
háishi xīwàng jīnglǐ zhǎo tā , duì tā zuò yìxiē
还是希望经理找他，对他做一些

1 国有药品公司：state-owned medicine company
2 股份公司：joint-stock company
3 会计：accountant
4 退休：to retire

zhǐshì . Yīnwèi gōngsī yǒu yí gè xiǎojīnkù ,
指示。因为公司有一个小金库[1]，
xiǎojīnkù chàbuduō yǒu yìbǎi wàn yuán . Zhè jiàn
小金库差不多有一百万元。这件
shì zhǐ yǒu jīnglǐ hé lǎo kuàiji zhīdao , méiyǒu
事只有经理和老会计知道，没有
dì-sān gè rén zhīdao .
第三个人知道。

Xiǎojīnkù de qián shì qítā gōngsī sòng
小金库的钱是其他公司送
de . Jīnglǐ cháng duì tā shuō : " Zhèxiē qián wǒ
的。经理常对他说："这些钱我
shì bú huì yào de . Shéi yě bùzhǔn yòng . Děng
是不会要的。谁也不准用。等
qián duō le , jiù gěi quán gōngsī yuángōng fēn
钱多了，就给全公司员工[2]分
le , měi gè yuángōng dōu yǒu yí fèn ! " Jīnglǐ
了，每个员工都有一份！"经理
de huà shǐ lǎo kuàiji hěn gǎndòng . Duō hǎo de
的话使老会计很感动。多好的
lǐngdǎo a , xiànzài zhème liánjié de lǐngdǎo kě
领导啊，现在这么廉洁[3]的领导可
bù duō le . Suǒyǐ , jīnglǐ ràng tā bàoxiāo
不多了。所以，经理让他报销[4]
fèiyong shí , tā zǒngshì hěn kuài de bànlǐ , yě
费用时，他总是很快地办理，也
bù duō wèn shénme . Tā juéde zài hǎo de
不多问什么。他觉得再好的
lǐngdǎo , yě yào yǒu yìxiē " tèshū xiāofèi "
领导，也要有一些"特殊消费[5]"

1 **小金库**: public money in an account established outside of an organization's official account

2 **员工**: staff, employee

3 **廉洁**: incorrupt and honest

4 **报销**: to reimburse

5 **特殊消费**: special consumption

a . Rújīn bànshì dōu děi lā guānxì ya .
啊。如今办事都得拉关系呀。

Yóuyú zhǐ yǒu lǎo kuàiji yí gè rén
由于只有老会计一个人

guǎnlǐzhe " xiǎojīnkù ", lǎo kuàiji jīngcháng
管理着"小金库"，老会计经常

juéde zìjǐ gēn jīnglǐ de guānxì hěn jìn ,
觉得自己跟经理的关系很近，

juéde zìjǐ shì jīnglǐ de xīnfù . Měi cì
觉得自己是经理的心腹[1]。每次

jīnglǐ qǐng kè , dōu bǎ tā dàishàng . Tā hěn
经理请客，都把他带上。他很

tǎoyàn hējiǔ , zài jiǔ zhuō shang huà yě bù duō .
讨厌喝酒，在酒桌上话也不多。

Tā jì bùnéng tì jīnglǐ hē jiǔ , yě bú huì tì
他既不能替经理喝酒，也不会替

jīnglǐ zhàogu kèren . Tā xiǎng , jīnglǐ dàishàng
经理照顾客人。他想，经理带上

tā péi kèrén chīfàn , shì táiju tā le .
他陪客人吃饭，是抬举[2]他了。

Zhème yì xiǎng , tā xīnli hěn mǎnzú . Yóuqí
这么一想，他心里很满足。尤其

shì , dāng jīnglǐ shénme huà yě bù shuō , bǎ yì
是，当经理什么话也不说，把一

zhī shǒu qīnqiè de pāi zài tā jiān shang shí , tā
只手亲切地拍在他肩上时，他

de gǎnjué hěn hǎo .
的感觉很好。

Jīnglǐ zhōngyú lái zhǎo tā le . Jīnglǐ shì
经理终于来找他了。经理是

1 心腹：trusted subordinate

2 抬举：favor sb.

zài diàntī kǒu pèngjiàn tā de .
在电梯口碰见他的。

Lǎo kuàiji shuō: " Jīnglǐ , zhè jǐ tiān xīnkǔle ba ? "
老会计说："经理，这几天辛苦了吧？"

Jīnglǐ shuō: " Shì a shì a , máng de yūntóu-zhuànxiàng . "
经理说："是啊是啊，忙得晕头转向[1]。"

Zhǐ yǒu tā hé jīnglǐ liǎng gè rén chéng diàntī . Jìnrù diàntī , tā xiǎng qǐng jīnglǐ duì " xiǎojīnkù " zuòchū zhǐshì , dàn kànjiàn jīnglǐ píláo de yàngzi , yě jiù méi shuō chūlái .
只有他和经理两个人乘电梯。进入电梯，他想请经理对"小金库"做出指示，但看见经理疲劳的样子，也就没说出来。

Jīnglǐ què zhǔdòng shuō: " Zán liǎ hái yǒu diǎn shìr tán ne . Jīn wǎn dào wǒ jiā tán ba ! Bié wàng dàishàng zhàngběn . " Jīnglǐ de yì zhī shǒu xiàng yǐqián yíyàng zài tā jiān shang pāile pāi . Yúshì lǎo kuàijì de xīnli mǎnzú le .
经理却主动说："咱俩还有点事儿谈呢。今晚到我家谈吧！别忘带上账本[2]。"经理的一只手像以前一样在他肩上拍了拍。于是老会计的心里满足了。

Jīnglǐ zuì tǎoyàn biéren dào tā jiā li qù tán
经理最讨厌别人到他家里去谈

1 **晕头转向**: confused and disoriented

e.g. 他最近正在准备出国，很多事情都要办，忙得他晕头转向。

2 **账本**: accountant book

gōngzuò, gōngsī li de yuángōng dōu míngbai zhè
工作，公司里的员工都明白[1]这
yì diǎn. Jīnglǐ zhèyàng de duìdài lǎo kuàiji,
一点。经理这样地对待老会计，
shǐ lǎo kuàiji yǒu diǎnr shòuchǒngruòjīng.
使老会计有点儿受宠若惊[2]。

Wǎnshang, zài jīnglǐ jiā, jīnglǐ dǎkāi-
晚上，在经理家，经理打开
le yì píng hěn guì de Fǎguó pútaojiǔ, yǔ lǎo
了一瓶很贵的法国葡萄酒，与老
kuàiji gézhe zhuōzi miànduìmiàn zuòzhe, shǒu li
会计隔着桌子面对面坐着，手里
názhe jiǔbēi, mànmān de hēzhe, dīshēng de
拿着酒杯，慢慢地喝着，低声地
tánzhe. Tāmen tán de dōu shì guānyú gǎnqíng de
谈着。他们谈的都是关于感情的
huàtí. Jīnglǐ de fūren hé háizi bú zài jiā,
话题。经理的夫人和孩子不在家，
jīnglǐ shuō tāmen kàn wényì yǎnchū qù le …
经理说他们看文艺演出去了……

Tāmen liáozhe liáozhe, zìrán jiù tán dào
他们聊着聊着，自然就谈到
zhèngtí. Jīnglǐ jiāng shìxiān bèihǎo de liǎngwàn
正题[3]。经理将事先备好的两万
yuán qián nálái, fàngzài lǎo kuàiji miànqián, ràng
元钱拿来，放在老会计面前，让
lǎo kuàiji shōuhǎo, tāmen zài jiēzhe tán. Lǎo
老会计收好，他们再接着谈。老
kuàiji yǐwéi yòu shì fàngjìn "xiǎojīnkù" de
会计以为又是放进“小金库”的

1 **明白**: to know; to understand
e.g. 她不明白他为什么说假话。

2 **受宠若惊**: feel extremely flattered
e.g. 老板这样夸奖他，他简直受宠若惊。

3 **正题**: subject of a talk

qián, méi duō xiǎng biàn fàngrùle shǒutíbāo li.
钱，没多想便放入了手提包[1]里。

Jīnglǐ chóngxīn zuò zài tā duìmiàn shí shuō:
经理重新坐在他对面时说：

"Gěi nǐ de qián. Gěi nǐ gèrén de qián."
"给你的钱。给你个人的钱。"

Lǎo kuàiji dāizhù le.
老会计呆[2]住了。

"Bàn nián hòu nǐ jiù tuìxiū le, zhème duō nián nǐ gōngzuò de hěn xīnkǔ, suǒyǐ nà shì gěi nǐ gèrén de qián. Nǐ xīn'ān-lǐdé de jiēshòu jiù shì le."
"半年后你就退休了，这么多年你工作得很辛苦，所以那是给你个人的钱。你心安理得[3]地接受就是了。"

…
……

"Shì wǒ gěi nǐ de, nǐ pà shénme ne? wǒ yòu bú shì zài xiàng nǐ xínghuì."
"是我给你的，你怕什么呢？我又不是在向你行贿[4]。"

…
……

"Nǐ bié duō xiǎng le. Wǒ shì cóng 'xiǎojīnkù' lǐ ná de qián…"
"你别多想了。我是从'小金库'里拿的钱……"

Lǎo kuàiji xiǎngqǐle jīnglǐ céng shuōguo
老会计想起了经理曾说过

1 **手提包**: handbag
2 **呆**: dumbstruck
3 **心安理得**: feel at ease and justified
e.g. 他已经工作了，可总是心安理得地向妈妈要钱。
4 **行贿**: offer a bribe

"Měi gè yuángōng dōu yǒu fènr", lǎo kuàiji búzài huáiyí shénme. Tā xiào le, xīn'ān-lǐdé de bǎ qián shōuxià le.
"每个员工都有份儿"，老会计不再怀疑[1]什么。他笑了，心安理得地把钱收下了。

Lǎo kuàiji yīnwèi yǒu xiē zuì le, yě yīn jiēshòule liǎngwàn yuán qián ér gāoxìng, huíjiā yí jiào jiù shuìdàole dì-èr tiān zǎoshang. Zǎoshang xǐnglái, tā kàndàole zhuāngzhe liǎngwàn yuán de shǒutíbāo, huíyì qǐ zuówǎn qù jīnglǐ jiā hē jiǔ de shìqing, jiànjiàn de bú nàme xīn'ān-lǐdé le…
老会计因为有些醉了，也因接受了两万元钱而高兴，回家一觉就睡到了第二天早上。早上醒来，他看到了装着两万元的手提包，回忆起昨晚去经理家喝酒的事情，渐渐地不那么心安理得了……

Tā míngbai — zhǐ yǒu tā hé jīnglǐ liǎng gè rén zhīdao de "xiǎojīnkù" de qián, yǐjīng bèi zhuǎnyí le. Shèngxià de zhǐ shì hěn shǎo de yíbùfen, hǎoxiàng yuánxiān jiù zhǐ yǒu nàme diǎnr qián.
他明白——只有他和经理两个人知道的"小金库"的钱，已经被转移[2]了。剩下的只是很少的一部分，好像原先就只有那么点儿钱。

1 怀疑：to doubt
2 转移：transfer

Tā míngbai — jīnglǐ shì xiǎng yòng tǐzhì
他明白——经理是想用体制
gǎigé de jīhui bǎ qián zhuǎnyí, liúgěi zìjǐ yòng.
改革的机会把钱转移，留给自己用。

Tā míngbai — tā shíjìshang cānyùle
他明白——他实际上参与了
jīngjì fànzuì.
经济犯罪[1]。

Tā míngbai — rúguǒ tā bù jiēshòu nà
他明白——如果他不接受那
liǎngwàn yuán qián, yǐhòu tā hái kěyǐ zài fǎlǜ
两万元钱，以后他还可以在法律
miànqián tì zìjǐ biànhù, dàn tā yǐjīng jiāng
面前替自己辩护[2]，但他已经将
liǎngwàn yuán qián dàihuí zìjǐ jiā le a. Nàme
两万元钱带回自己家了啊。那么
rúguǒ jīnhòu chūle wèntí, tā zěnme tì
如果今后出了问题，他怎么替
zìjǐ biànhù ne?
自己辩护呢？

Tā míngbai — tā zuò de jiǎzhàng bù
他明白——他做的假账[3]不
róngyì chá chūlái, kěshì zuò de zài hǎo de
容易查出来，可是做得再好的
jiǎzhàng, zhǐyào rènzhēn de chá, zuìhòu yě shì
假账，只要认真地查，最后也是
huì bèi rén fāxiàn de. Tā céngjīng qù cháguo
会被人发现的。他曾经去查过
biéren de jiǎzhàng, ér xiànzài zìjǐ què zuòle
别人的假账，而现在自己却做了

1 犯罪: commit a crime
e.g. 这个经理把公司的钱转移到自己账上，最后犯了罪。

2 辩护: to defend

3 假账: false accounts

jiǎzhàng, xiànzài zìjǐ yào bèi biéren chá le.
假账，现在自己要被别人查了。

Tā xiǎngdàole érzi. Érzi zài zhòngdiǎn
他想到了儿子。儿子在重点
dàxué dú shuòshì yánjiūshēng, jiāng gōngfèi chūguó
大学读硕士[1]研究生，将公费出国
dú bóshì …
读博士[2]……

Tā xiǎngdàole nǚ'ér. Nǚ'ér yǐjīng dàxué
他想到了女儿。女儿已经大学
bìyè, shì yì suǒ zhòngdiǎn zhōngxué de Yīngyǔ
毕业，是一所重点中学的英语
jiàoshī, ér nǚxu shì zhōngxué zuì niánqīng de
教师，而女婿[3]是中学最年轻的
fùxiàozhǎng. Tāmen shì yí duì xìngfú de xiǎo
副校长。他们是一对幸福的小
fūqī.
夫妻。

Tā xiǎngdàole tā zìjǐ. Dāngle yíbèizi
他想到了他自己。当了一辈子[4]
kuàiji, hé qián dǎle yíbèizi jiāodào, tā
会计，和钱打了一辈子交道[5]，他
cónglái méiyǒu zài qián shang fànguo cuòwù.
从来没有在钱上犯过错误。

Tā xiǎngdàole tā lǎobàn. Lǎobàn sǐ
他想到了他老伴[6]。老伴死
yú áizhèng. Lǎobàn sǐ qián duì tā shuō:
于癌症[7]。老伴死前对他说：
"Wǒ zuì bú fàngxīn de shì nǐ de shēntǐ!
"我最不放心的是你的身体！

1 硕士: master's degree
2 博士: doctorate degree
3 女婿: son-in-law
4 一辈子: all one's life
5（打）交道: (have) dealings with
6 老伴: (of an old couple) husband or wife
7 癌症: cancer

Zuì fàngxīn de shì nǐ huì lǐngzhe érnǚmen zǒu zhèngdào …”
最放心的是你会领着儿女们走正道[1]……”

Tā xiǎngdàole zài dàxué li dú shuòshì de érzi xūyào qián …
他想到了在大学里读硕士的儿子需要钱……

Tā xiǎngdàole nǚ'ér yào shēng xiǎoháir yě xūyào qián …
他想到了女儿要生小孩儿也需要钱……

Liǎngwàn yuán duō ma? Duìyú yǒuxiē rén, liǎngwàn yuán shì yígè xiǎo shùzì. Kěshì gěi tā de érzi hé nǚ'ér měi rén yíwàn yuán qián — tā xiǎng, érzi hé nǚ'ér jiāng huì duōme gǎnjī tā a … dàn, zuìhòu huì shì shénme jiéguǒ ne?
两万元多吗？对于有些人，两万元是一个小数字。可是给他的儿子和女儿每人一万元钱——他想，儿子和女儿将会多么感激他啊……但，最后会是什么结果呢？

Lǎo kuàiji bùgǎn xiǎng xiàqù le …
老会计不敢想下去了……

Rénmen cháng shuō, “cháng zài hébiān zhàn, nǎ néng bù shī xié” — kě tā zài qián zhè tiáo
人们常说，“常在河边站，哪能不湿鞋”[2]——可他在钱这条

1 正道: the right way

2 常在河边站（走），哪能不湿鞋: It is hard for one not to get wet shoes by standing or walking near the river. It implies that certain activities carry inherent risks. In this context, it suggests that it is inevitable for the old accountant to steal some money from the company.

" dàhé " biān zhànle yíbèizi , yòu shénme
“大河”边站了一辈子，又什么
shíhou shīguo xié ne ?
时候湿过鞋呢？

Tā yuè bùgǎn xiǎng , jiù yuè wǎng xià xiǎng ,
他越不敢想，就越往下想，
ér yuè wǎng xià xiǎng , tā yuè hàipà …
而越往下想，他越害怕……

Tā hàipà de lián shǒutíbāo dōu méi dǎkāi ,
他害怕得连手提包都没打开，
bùgǎn kàn nà liǎngwàn yuán qián .
不敢看那两万元钱。

Dì'èr tiān , zài shìxiān liǎojiě dào jīnglǐ
第二天，在事先了解到经理
bàngōngshì méiyǒu biéren de shíjiān li , tā
办公室没有别人的时间里，他
tízhe shǒutíbāo qù jiàn jīnglǐ .
提着手提包去见经理。

Bùjiǔ zhīhòu , yí jiàn shì jiù fāshēng le .
不久之后，一件事就发生了。

Lǎo kuàiji sǐ le , shì bèi rén shāsǐ de .
老会计死了，是被人杀死的。
Lǎo kuàiji bèi shā de yuányīn yǔ tā jiēshòu de
老会计被杀的原因与他接受的
liǎngwàn kuài qián yǒu zhíjiē de guānxì .
两万块钱有直接的关系。

Nà tiān , lǎo kuàiji zǒujìn jīnglǐ de
那天，老会计走进经理的
bàngōngshì , zǒudào nà zhāng kuāndà de bàngōngzhuō
办公室，走到那张宽大的办公桌

qián, cóng shǒutíbāo nèi qǔchū liǎngwàn yuán qián,
前，从手提包内取出两万元钱，
qīngqīng fàng zài zhuō shang. Tā yòng fēicháng dī de
轻轻放在桌上。他用非常低的
shēngyīn shuō: "Jīnglǐ, wǒ juéde, wǒ bùnéng
声音说："经理，我觉得，我不能
jiēshòu zhè liǎngwàn yuán qián …"
接受这两万元钱……"

Jīnglǐ mǎshàng cóng yǐzi shang tiào qǐlái,
经理马上从椅子上跳起来，
gǎnmáng chāshàng bàngōngshì de mén. Tā huídào lǎo
赶忙插上办公室的门。他回到老
kuàijì shēnpáng, qiáoqiao zhuō shang nà liǎngwàn yuán qián,
会计身旁，瞧瞧桌上那两万元钱，
ránhòu kànzhe lǎo kuàijì, yòng gèng dī de shēngyīn shuō:
然后看着老会计，用更低的声音说：
"Nǐ xián qián shǎo le, shì bu shì?!"
"你嫌[1]钱少了，是不是?！"

Jīnglǐ juéde lǎo kuàijì bùkěn shōu nà
经理觉得老会计不肯收那
liǎngwàn kuài qián, shì yīnwèi xián qián shǎo. Zhè
两万块钱，是因为嫌钱少。这
shì tā cóng tā de jīngyàn déchū de jiélùn.
是他从他的经验得出的结论。

Lǎo kuàijì gǎnmáng shuō: "Jīnglǐ, wǒ …
老会计赶忙说："经理，我……
wǒ bú shì … wǒ zhēn de bú shì … wǒ
我不是……我真的不是……我
zhǐbuguò …" Lǎo kuàijì jí de bènkǒu-zhuōshé,
只不过……"老会计急得笨口拙舌[2]，

1 **嫌**: complain of
e.g. 他嫌这家旅馆太贵了，就换了一家旅馆。

2 **笨口拙舌**: awkward in speech

tā yíxiàzi bù zhīdao yīnggāi rúhé zhèngquè de biǎodá zìjǐ de yìsi le.
他一下子不知道应该如何正确地表达自己的意思了。

"Nǐ, nǐ xián shǎo yě bù kěyǐ zhèyàng a!"
"你，你嫌少也不可以这样啊！"

"Jīnglǐ, wǒ zhēn de búshì xián shǎo …"
"经理，我真的不是嫌少……"

lǎo kuàiji búdàn bènkǒu-zhuōshé, érqiě hái miànhóng-ěrchì le. Tā yuè shì xiǎng shuōmíng bù shì xián liǎngwàn yuán qián tài shǎo, què yuè shì ràng jīnglǐ gǎnjué tā xián qián shǎo …
老会计不但笨口拙舌，而且还面红耳赤[1]了。他越是想说明不是嫌两万元钱太少，却越是让经理感觉他嫌钱少……

Jīnglǐ cóng yāo shang zhāixià yí chuàn yàoshi, dǎkāi yí gè chōuti, cóngzhōng qǔchūle yíwàn kuài qián, ránhòu bǎ qián hé zhuōzi shang de liǎngwàn kuài qián yìqǐ zhuāngjìnle lǎo kuàiji de shǒutíbāo li.
经理从腰上摘下一串钥匙[2]，打开一个抽屉，从中取出了一万块钱，然后把钱和桌子上的两万块钱一起装进了老会计的手提包里。

Jīnglǐ duì lǎo kuàiji qiāoqiāo de shuō:
经理对老会计悄悄地说：

"Yíhuìr jǐ wèi bùmén lǐngdǎo dōu yào dào wǒ
"一会儿几位部门领导都要到我

1 **面红耳赤**: be flushed
e.g. 他们争吵得面红耳赤。
2 **钥匙**: key

zhèlǐ lái kāihuì, yǒu shénme xiǎngfǎr nǐ wǎnshang
这里来开会，有什么想法儿你晚上
dào wǒ jiā qù tán hǎo ma? Nǐ hé wǒ zhījiān,
到我家去谈好吗？你和我之间，
nándào hái yǒu shénme bù kěyǐ tán de ma?"
难道还有什么不可以谈的吗？”

Jīnglǐ méiyǒu ràng lǎo kuàiji zài shuō
经理没有让老会计再说
shénme, bǎ lǎo kuàiji qīnrè de "sòng" chū
什么，把老会计亲热[1]地“送”出
le bàngōngshì…
了办公室……

Dāngtiān yèli, lǎo kuàiji shīmián le.
当天夜里，老会计失眠[2]了。
Tā qiáozhe shǒutíbāo fādāi. Tā lǐmiàn yòu duō
他瞧着手提包发呆。它里面又多
zhuāngle yíwàn yuán qián, lǎo kuàiji xīnli gèngjiā
装了一万元钱，老会计心里更加
bù'ān le, gèng bùgǎn dǎkāi bāo le.
不安[3]了，更不敢打开包了。

"Cāngtiān zài shàng, wǒ búshì xián
“苍天在上[4]，我不是嫌
shǎo…" Tā bùyóude shuōle yí jù.
少……”他不由得[5]说了一句。

Jǐ tiān yǐhòu de yí gè zhōngwǔ, lǎo
几天以后的一个中午，老
kuàiji líkāi gōngsī, zài mǎlù páng de gōngyòng
会计离开公司，在马路旁的公用
diànhuàtíng wǎng jīnglǐ bàngōngshì dǎle yí cì
电话亭[6]往经理办公室打了一次

1 亲热：intimate
2 失眠：suffer from insomnia
3 不安：uneasy
4 苍天在上：Heaven only knows…
5 不由得：can not help
6 公用电话亭：telephone booth

diànhuà .
电话。

“ Jīnglǐ ma ? Nín xiànzài shuōhuà fāngbiàn ma ? ”
“经理吗？您现在说话方便吗？”

Jīnglǐ zhèng dúzì zài bàngōngshì xiūxi . Tā lìkè tīngchūle lǎo kuàiji de shēngyīn . Jǐnguǎn zhǐyǒu tā yí gè rén zài bàngōngshì li , tā háishi yòng lìng yì zhī shǒu wǔshàngle diànhuà .
经理正独自在办公室休息。他立刻听出了老会计的声音。尽管只有他一个人在办公室里，他还是用另一只手捂[1]上了电话。

“ Fāngbiàn . Kě nǐ zài nǎr gěi wǒ dǎ diànhuà ? ! ”
“方便。可你在哪儿给我打电话？！”

“ Zài wàibian , zài mǎlù pángbiān de gōngyòng diànhuàtíng … jīnglǐ , nín wùhuì le . Wǒ búshì xián shǎo . Qǐng nín nàixīn tīng wǒ jiěshì , wǒ … wǒ … ”
“在外边，在马路旁边的公用电话亭……经理，您误会了。我不是嫌少。请您耐心听我解释，我……我……”

“ Hǎo la , bié jiěshì le ! Xiàbān yǐhòu , wǒ zài bàngōngshì děng nǐ , yǒu huà dāngmiàn shuō ! ”
“好啦，别解释了！下班以后，我在办公室等你，有话当面[2]说！”

Jīnglǐ “ pā ” de yì shēng fàngxiàle
经理“啪”地一声放下了

1 捂：to cover
2 当面：be face to face

diànhuà. Lǎo kuàiji zài gōngyòng diànhuàtíng qián
电话。老会计在公用电话亭前
wòzhe huàtǒng fādāi.
握着话筒发呆。

Jīnglǐ xiǎng: Hái pǎo dào gōngyòng diànhuàtíng
经理想：还跑到公用电话亭
gěi wǒ dǎ diànhuà lái le!
给我打电话来了！

Jīnglǐ ràozhe bàngōngzhuō zǒule yì quān,
经理绕着办公桌走了一圈，
yòu zǒu yì quān, xīnli tūrán chǎnshēng yì zhǒng
又走一圈，心里突然产生一种
bèi ézhà de gǎnjué … Bàngwǎn, lǎo kuàiji
被讹诈[1]的感觉……傍晚，老会计
chūxiàn zài jīnglǐ de bàngōngshì … Hǎoxiàng
出现在经理的办公室……好像
jīnglǐ yǐjīng děng le hěn jiǔ le.
经理已经等了很久了。

Jīnglǐ kèqi de shuō: "Zuò ba. Xiànzài
经理客气地说："坐吧。现在
zhǐ yǒu nǐ wǒ èr rén. Nǐ jiūjìng xiǎng yào
只有你我二人。你究竟想要
duōshao qián cái mǎnzú, kāimén-jiànshān ba!"
多少钱才满足，开门见山[2]吧！"

Nà shì yì zhǒng kèqi de tàidu, dàn lǎo
那是一种客气的态度，但老
kuàiji tūrán gǎndào, tā yǐ búzài shì jīnglǐ
会计突然感到，他已不再是经理
de xīnfù le, jīnglǐ yǐjīng búzài xiāngxìn tā
的心腹了，经理已经不再相信他

1 **讹诈**: to blackmail
2 **开门见山**: come straight to the point
e.g. 他说话总是开门见山，大家很喜欢他说话的方式。

le . Lǎo kuàiji xīnzhōng yíxiàzi gǎndàole
了。老会计心中一下子感到了
jǔsàng hé bēi'āi .
沮丧和悲哀[1]。

Lǎo kuàiji gǎndào hěn wéinán , shuō :
老会计感到很为难[2]，说：
" Jīnglǐ , wǒ zěnme cái néng xiàng nín jiěshì
“经理，我怎么才能向您解释
qīngchu ne ? "
清楚呢？”

Jīnglǐ mànmān de shuō : " Jìrán lián zìjǐ
经理慢慢地说：“既然连自己
dōu jiěshì bù qīngchu , nà jiù bié jiěshì le .
都解释不清楚，那就别解释了。
Xiànshí zhōng yǒu xiē shì běnlái jiù bù xūyào
现实中有些事本来就不需要
jiěshì de . Nǐ bù jiěshì , wǒ hái qīngchu ; nǐ
解释的。你不解释，我还清楚；你
yì jiěshì , wǒ dào hútu le … "
一解释，我倒糊涂[3]了……”

Jīnglǐ shuōzhe , bǎ shǒu shēnjìn xīfú ,
经理说着，把手伸进西服[4]，
náchūle yí gè cúnzhé , shēndào lǎo kuàiji
拿出了一个存折[5]，伸到老会计
yǎn qián …
眼前……

Jīnglǐ yòu shuō : " Zhōngwǔ jiēdào nǐ cóng
经理又说：“中午接到你从
wàibian dǎlái de diànhuà , wǒ xiàwǔ bàn de
外边打来的电话，我下午办的

1 **沮丧和悲哀**: depressed and sorrowful
2 **为难**: feel awkward
e.g. 他很为难，不知道该不该帮她。
3 **糊涂**: confused, bewildered
4 **西服**: suit
5 **存折**: bankbook

dì-yī jiàn shì shì qīnzì qù yínháng, jiāng wǒjiā
第一件事是亲自去银行，将我家
de yí gè cúnzhé gǎichéngle nǐ de míngzi. Wǒ
的一个存折改成了你的名字。我
yìshí yě gǎobudào xǔduō xiànjīn. Rúguǒ nǐ
一时也搞不到许多现金[1]。如果你
zhēn de bù xián shǎo, nà nǐ jiù shōuxià. Rúguǒ
真的不嫌少，那你就收下。如果
nǐ shōuxià le, nà nǐ jiù bié zài lái xiàng wǒ
你收下了，那你就别再来向我
jiěshì. Jiùsuàn wǒ qiú nǐ, a?"
解释。就算我求你，啊？”

Jīnglǐ shuōwán, jiāng cúnzhé fàng zài le zhuō
经理说完，将存折放在了桌
shang. Lǎo kuàiji kànle kàn cúnzhé, què méi shēn
上。老会计看了看存折，却没伸
shǒu qù pèng tā.
手去碰它。

"Mǎnzú bù mǎnzú, nǐ zǒngděi ná qǐlái
“满足不满足，你总得拿起来
kànkan a!" Jīnglǐ de tàidu kèqi ér yòu
看看啊！”经理的态度客气而又
bīnbīnyǒulǐ, kěshì lǎo kuàiji tài wéinán le.
彬彬有礼[2]，可是老会计太为难了。
Rúguǒ tā shuō zìjǐ pà shòu qiānlián, nàme
如果他说自己怕受牵连[3]，那么
yě jiùshì shuō jīnglǐ ràng tā zuò de shì shì
也就是说经理让他做的事是
fànzuì. Dànshì, rúguǒ jīnglǐ wèn tā: "Nǐ
犯罪。但是，如果经理问他：“你

1 **现金**: cash
2 **彬彬有礼**: refined and courteous
e.g. 他接待客人既热情又彬彬有礼。
3 **牵连**: to implicate

gēnjù shénme rènwéi wǒ xiǎng tānwū nà bǐ
根据什么认为我想贪污[1]那笔
qián? " Tā yòu huídá bú shànglái. Kěshì rúguǒ
钱？"他又回答不上来。可是如果
jīnglǐ bù xiǎng tānwū nà bǐ qián, tā yòu wèi
经理不想贪污那笔钱，他又为
shénme gěi zìjǐ nàme duō de qián?
什么给自己那么多的钱？

" Wǒ zài shuō yí biàn, qǐng nǐ ná qǐlái
"我再说一遍，请你拿起来
kàn yi kàn. Rúguǒ nǐ zhēn de bù xián shǎo le,
看一看。如果你真的不嫌少了，
nà nǐ jiù shōuxià. "
那你就收下。"

Lǎo kuàiji náqǐ cúnzhé, fānkāi kànle yì
老会计拿起存折，翻开看了一
yǎn, cúnzhe yíwàn yuán. Zhèshí diànhuà xiǎng
眼，存着一万元。这时电话响
le … Jīnglǐ jiē diànhuà de shíhou, lǎo kuàiji
了……经理接电话的时候，老会计
náqǐ cúnzhé zǒu le.
拿起存折走了。

Tā yǐjīng liǎng cì xiǎng tuìhuí jīnglǐ gěi
他已经两次想退回经理给
tā de liǎngwàn yuán, jiéguǒ què shǐ liǎngwàn yuán
他的两万元，结果却使两万元
biànchéngle sìwàn yuán. Rúguǒ tā dāngshí bù
变成了四万元。如果他当时不
líkāi, jīnglǐ jiāng rènwéi tā hái bù mǎnzú.
离开，经理将认为他还不满足。

1 贪污：to embezzle

Rúguǒ tā jìxù jiěshì, qíngkuàng huì gèng
如果他继续解释，情况会更
zāogāo. Tā bú yuàn jiāng liǎng rén zhījiān de
糟糕。他不愿将两人之间的
guānxì gǎo de tài jiāng. Tā zhǐshì xīwàng
关系搞得太僵[1]。他只是希望
jīnglǐ nénggòu lǐjiě tā, shǐ zìjǐ bǎituō
经理能够理解他，使自己摆脱[2]
nèixīn de bù'ān. Yúshì tā jiù qiāoqiāo de
内心的不安。于是他就悄悄地
líkāi le …
离开了……

Huídào jiāli, tā dàishàng yǎnjìng zài kàn
回到家里，他戴上眼镜再看
nà cúnzhé, yuánlái bú shì cúnzhe yíwàn yuán,
那存折，原来不是存着一万元，
érshì cúnzhe shíwàn yuán! Tā mǎshàng wǎng
而是存着十万元！他马上往
jīnglǐ bàngōngshì dǎ diànhuà, jīnglǐ yǐjīng bú
经理办公室打电话，经理已经不
zài le. Tā wǎng jīnglǐ jiā dǎ diànhuà, jīnglǐ
在了。他往经理家打电话，经理
hái méi huíjiā …
还没回家……

Dì'èr tiān lǎo kuàiji méi shàngbān. Jīnglǐ
第二天老会计没上班。经理
yòu jiēdàole lǎo kuàiji yí cì diànhuà. Lǎo
又接到了老会计一次电话。老
kuàiji zài diànhuà li shuō: "Tiāndì liángxīn,
会计在电话里说："天地良心[3]，

1 **僵**: get things into an impasse
e.g. 不要把事情弄僵了，以致以后无法解决。

2 **摆脱**: get rid of
e.g. 他想外出旅游，摆脱工作中的烦恼。

3 **天地良心**: in all honesty

yǐjing yǒu shísān wàn yuán shǔyú wǒ le, wǒ
已经有十三万元属于我了，我
zěnme hái huì xián shǎo ne? Nǚ'ér nǚxu zhìjīn
怎么还会嫌少呢？女儿女婿至今
zhù zài yì jiān lǎo fángzi li, shísān wàn yuán dōu
住在一间老房子里，十三万元都
gòu tāmen mǎi yí tào fángzi le! Dàn shìqing bú
够他们买一套房子了！但事情不
shì qián de wèntí a!"
是钱的问题啊！”

Lǎo kuàiji yuè xiǎng jiěshì qīngchu, què yuè
老会计越想解释清楚，却越
jiā bènkǒu-zhuōshé.
加笨口拙舌。

Jīnglǐ dǎduànle tā de huà, lěnglěng de
经理打断[1]了他的话，冷冷地
shuō: "Nǐ zhōngyú biàn de tǎnshuài le, zhè tǐng
说：“你终于变得坦率[2]了，这挺
hǎo. Wǒ shífēn gǎnxiè nǐ tándàole nǐ nǚ'ér
好。我十分感谢你谈到了你女儿
nǚxu de fángzi wèntí. Wǒ xiàng nǐ bǎozhèng,
女婿的房子问题。我向你保证，
fángzi tāmen huì yǒu de!"
房子他们会有的！”

Jīnglǐ yì shuōwán jiù shuāixiàle diànhuà,
经理一说完就摔下了电话，
tóngshí hěnhěn de màle yí jù: "Lǎo
同时狠狠地骂了一句：“老
liúmáng!" Zhèshí jīnglǐ quèshí gǎndào zìjǐ
流氓[3]！”这时经理确实感到自己

1 打断：to interrupt

2 坦率：frank

e.g. 双方坦率地进行了会谈。

3 流氓：blackguard

bèi ézhà le .
被讹诈了。

Tā fènnù de bádiàole diànhuàxiàn … Sān
他愤怒地拔掉了电话线……三
tiān hòu, lǎo kuàiji shōudàole yí fèn tèkuài
天后，老会计收到了一份特快
zhuāndì, lǐmiàn zhǐ yǒu yì bǎ yàoshi hé yì
专递[1]，里面只有一把钥匙和一
zhāng zhǐtiáo . Zhǐtiáo shang shì yí chù dìzhǐ .
张纸条。纸条上是一处地址。
Lǎo kuàiji ànzhào dìzhǐ qù kànle nà tào
老会计按照地址去看了那套
fángzi . Hěn kuān de yí tào liǎngjūshì lóufáng .
房子。很宽的一套两居室楼房。
Rúguǒ duì nǚ'ér hé nǚxu shuō shì tāmen de
如果对女儿和女婿说是他们的
le , xiǎoliǎngkǒu yídìng huì xǐchūwàngwài de .
了，小两口一定会喜出望外[2]的。
Tā tīng gōngsī li de rén shuō, jīnglǐ gěi gōngsī
他听公司里的人说，经理给公司
duō mǎile yí tào fángzi , tā xiǎng kěnéng shì zhè
多买了一套房子，他想可能是这
yí tào ba …
一套吧……

Yòu guòle jǐ tiān, gōngsī rèrènàonào de
又过了几天，公司热热闹闹地
kāile yí gè qìngzhù dàhuì . Zài huì shang,
开了一个庆祝大会[3]。在会上，
jīnglǐ bèi xuānbù wéi xīn chénglì de gǔfèn gōngsī
经理被宣布为新成立的股份公司

1 特快专递：express mail
2 喜出望外：be overjoyed
e.g. 他接到去北京参加比赛的通知，真是喜出望外。
3 庆祝大会：celebratory meeting

de zǒngcái .
的总裁[1]。

Dāng rénmen fēnfēn xiàng jīnglǐ zhùjiǔ shí, mìshū jiāng jīnglǐ qǐng dào yì páng, dīshēng shuō, bàngōngshì li yǒu diànhuà zài děng tā jiē. Jīnglǐ shēngqì de shuō: "Nǐ bú huì shuō wǒ bú zài ma?!" Mìshū shuō: "Duìfāng shuō yǒu hěn zhòngyào de shì yǔ nín tán." Nàge "duìfāng" bù shì biéren, zhèngshì lǎo kuàijì.
当人们纷纷向经理祝酒[2]时，秘书[3]将经理请到一旁，低声说，办公室里有电话在等他接。经理生气地说："你不会说我不在吗？！"秘书说："对方说有很重要的事与您谈。"那个"对方"不是别人，正是老会计。

"Jīnglǐ, nín yě huì shōudào yí fèn tèkuài zhuāndì. Lǐmiàn yǒu shǔyú nín de fángzi de yàoshi, hái yǒu nín nàge cúnzhé. Nín yǐqián gěi wǒ de sānwàn yuán qián, wǒ dōu cúnrù cúnzhé le. Wǒ zuìhòu zài jiěshì yí cì, wǒ búshì xián qián shǎo."
"经理，您也会收到一份特快专递。里面有属于您的房子的钥匙，还有您那个存折。您以前给我的三万元钱，我都存入存折了。我最后再解释一次，我不是嫌钱少。"

"Wèi, wèi!"
"喂，喂！"

1 **总裁**: president (of a company)
2 **祝酒**: to toast
3 **秘书**: secretary

Lǎo kuàiji bǎ diànhuà guàduàn le .
老会计把电话挂断了。

Jīnglǐ hěnhěn de màle liǎng gè zì —
经理狠狠地骂了两个字——
" Mā de ! " Jīnglǐ zuò zài tā de lǎobǎnyǐ
"妈的!"经理坐在他的老板椅
shang , xiǎngdàole " rénxīn bù zú shé tūn xiàng "
上，想到了"人心不足蛇吞象[1]"
nà jù chéngyǔ , nèixīn li gǎndào yì zhǒng bèi
那句成语，内心里感到一种被
ézhà de kǒngjù …
讹诈的恐惧[2]……

Lǎo kuàiji sǐ le . Zài lǎo kuàiji bèi rén
老会计死了。在老会计被人
shāsǐ bùjiǔ , jīnglǐ chéngle bèigàorén . Zài
杀死不久，经理成了被告人[3]。在
shìshí miànqián , tā chéngrènle shārén de zuìxíng .
事实面前，他承认了杀人的罪行。
Tā de lǜshī tì tā biànhù , qǐngqiú jiǎnxíng .
他的律师[4]替他辩护，请求减刑[5]。
Lǜshī jiǎngle lǎo kuàiji de ézhà guòchéng ,
律师讲了老会计的讹诈过程，
qiángdiào yí cì jiē yí cì de bèi ézhà gěi
强调一次接一次地被讹诈给
bèigàorén " jīnglǐ " dàilái de kǒngjù . Zhèshí
被告人"经理"带来的恐惧。这时
bèigàorén " jīnglǐ " shuāngshǒu wǔzhe liǎn kū le .
被告人"经理"双手捂着脸哭了。
Tā yuánlái xiǎng bǎ nà bǐ zhǐ yǒu tā hé lǎo
他原来想把那笔只有他和老

1 人心不足蛇吞象: A man whose heart is not content is like a snake which tries to swallow an elephant. This saying implies that one is too greedy for something.

2 恐惧: fear

3 被告人: defendant

4 律师: lawyer

5 减刑: commute a sentence

kuàiji zhīdao de "xiǎojīnkù" de qián biànchéng
会计知道的“小金库”的钱变成
zìjǐ de qián, tā què zěnme yě méi xiǎngdào
自己的钱，他却怎么也没想到
zìjǐ huì bèi yí gè zìjǐ zuì xiāngxìn de rén
自己会被一个自己最相信的人
ézhà le. Tā quèshí gǎndào zìjǐ bèi yí
讹诈了。他确实感到自己被一
cìcì ézhà le. Shísān wàn yuán jiāshàng yí tào
次次讹诈了。十三万元加上一套
shāngpǐnfáng, tā gěi lǎo kuàijì de qián bú suàn
商品房，他给老会计的钱不算
shǎo le!
少了！

Tīngzhòng xí shang yě yǒu rén zài kū, shì
听众席上也有人在哭，是
lǎo kuàijì de érzi, nǚ'ér hé nǚxu …
老会计的儿子、女儿和女婿……

Tāmen bùnéng lǐjiě tāmen de fùqīn
他们不能理解他们的父亲
zěnme huì biàn de nàme tān qián, yí cìcì
怎么会变得那么贪钱[1]，一次次
de bù mǎnzú, yí cìcì de ézhà tā rén.
地不满足，一次次地讹诈他人。

Fǎtíng tèbié ānjìng. Xǔduō pángtīngzhě
法庭特别安静。许多旁听者[2]
kāishǐ tóngqíng bèigàorén le.
开始同情被告人了。

Yí cìcì tuì qián de lǎo kuàijì, bìng bú
一次次退钱的老会计，并不

1 贪钱: be greedy for money
2 旁听者: spectator

shì yīnwèi xián qián shǎo, érshì xiǎng yào tuìdiào
是因为嫌钱少，而是想要退掉
fēifǎ dédào de qián — kěshì jīntiān shéi hái
非法[1]得到的钱——可是今天谁还
xiāngxìn zhèyàng de shì ne? Yào zhèngmíng zhèyàng
相信这样的事呢？要证明这样
de shì shì yí gè shìshí, zhēnshì tài nán le.
的事是一个事实，真是太难了。

Fǎtíng méiyǒu gěi bèigàorén "jīnglǐ"
法庭没有给被告人“经理”
jiǎnxíng. Dàn bùshǎo de pángtīngzhě dōu xiānghù shuō:
减刑。但不少的旁听者都相互说：
"Nà lǎojiāhuo yě sǐ de huógāi!" Zhèxiē
“那老家伙也死得活该[2]！”这些
huà xiàng dāozi yíyàng shēnshēn de cìrù lǎo
话像刀子一样深深地刺入老
kuàijì de érzi, nǚ'ér hé nǚxu de xīnli.
会计的儿子、女儿和女婿的心里。
Tāmen wèi fùqīn gǎndào xiūchǐ. Yúshì,
他们为父亲感到羞耻[3]。于是，
tāmen de nèixīn, yě yǒuxiē bǐshì lǎo kuàiji
他们的内心，也有些鄙视[4]老会计
le …
了……

1 非法：illegal
2 活该：serve right
3 羞耻：shameful
4 鄙视：to despise

This story is an abridged version of Liang Xiaosheng's 讹诈 in 小说月报 2001 年精品集, which is published by Baihua Literature and Art Publishing House（百花文艺出版社）, Tianjin, 2002. The story is also available on the Internet.

About the Author Liang Xiaosheng（梁晓声）

Liang Xiaosheng is one of China's celebrated contemporary writers and a professor at the Beijing Language and Culture University. He was born in 1949 in Ha'erbin. His ancestral home is Rongcheng, Shandong Province. In 1968, he joined the movement of "Shang Shan Xia Xiang（上山下乡 the movement of youngsters going to the countryside）". In 1977, he graduated from the Chinese Department of Fudan University, and in 1979 he began to publish his works. His major works include a series of novel collections including 天若有情（Tiān Ruò Yǒu Qíng）, 白桦树皮灯罩（Báihuà Shùpí Dēngzhào）, 黑纽扣（Hēi Niǔkòu）; full-length novels such as 这是一片神奇的土地（Zhè Shì Yí Piàn Shénqí De Tǔdì）, 雪城（Xuě Chéng）and 年轮（Niánè lún）.

Liang's works generally fall into two categories: the novels about "intellectual youngsters" and the realistic and natural novels. His novels about the intellectual youngsters represent a generation of intellectual youngsters' pursuit of their ideals during the Cultural Revolution. 今夜有暴风雪 (Jīn Yè Yǒu Bàofēngxuě) is regarded as a masterpiece among novels about intellectual youngsters. The novel expresses the overall artistic style of Liang's novels about intellectual youngsters. 雪城 and 年轮 are also regarded as among his best novels. Liang's works of the other category are relatively realistic and typically recount stories about urban, rural, academic and household life, and reflect his intention to explore his own view of life and embody a lively realistic style. His short stories 这是一片神奇的土地 and 父亲 (Fùqīn) won the Prize for the Best Chinese Short Story, (全国优秀短篇小说奖) in 1984. His novella 今夜有暴风雪 won the Prize for the Best Chinese Novella (全国优秀中篇小说奖) , and he has won the Baihua Prize (百花奖) many times. He has also published film and television scripts.

思考题

1. 最初经理对老会计的态度怎么样？
2. 老会计为什么不肯接受经理给他的钱？
3. 老会计不肯接受经理给的钱，又解释不清楚，经理对这件事是怎么看的？
4. 老会计内心痛苦的是什么？
5. 经理内心痛苦的是什么？他为什么杀死了老会计？
6. 老会计死了，人们说他是因讹诈经理而死的，他的女儿、女婿、儿子都为他感到羞耻。你是怎么理解老会计的？
7. 这个故事给人们带来了什么启示？

Sì , Biàndì Báihuā
四、遍地白花

Yuánzhù : Liú Qìngbāng
原著：刘 庆 邦

四、遍地白花

Guide to reading:

In a small quiet village far from the metropolis, villagers live a simple and quiet life, where they know nothing about painting. One day a female painter comes to the small old village to paint the beauty of nature, the simple life, and the pure feelings of the villagers. At first the villagers are curious about the painter and her painting. Then the villagers begin to love the painter. The female painter discovers and grasps the beauty of the old things, the kindness of the villagers, and puts all of them into her painting. Her paintings arouse the villagers' awareness to appreciate the beauty around them and their instinctive love of life.

故事正文：

Qiūshōu zhīhòu , cūnzi li láile yí gè
秋收[1]之后，村子[2]里来了一个
nǚ huàjiā . Bù zhīdao huàjiā shì cóng nǎlǐ lái
女画家。不知道画家是从哪里来
de . Tā yì lái jiù zhǎole yì jiā fángzi zhùle
的。她一来就找了一家房子，住了
xiàlái . Xiànzài tiánde li méile zhuāngjia , méile
下来。现在田地里没了庄稼，没了
húlujià , shùshang de guǒzi yě zhāiguāng le .
葫芦架，树上的果子也摘光了。[3]
Nǚ huàjiā bēizhe xiāngzi lái le , cūnlirén bù
女画家背着箱子来了，村里人不
zhīdao tā yǒu shénme kě huà de . Zhè ràng
知道她有什么可画的。这让
cūnlirén gǎndào yǒuxiē qiànyì . Tāmen rènwéi
村里人感到有些歉意[4]。他们认为
nǚ huàjiā láiwǎn le , cuòguòle hǎo shíhou .
女画家来晚了，错过[5]了好时候。
Rúguǒ nǚ huàjiā chūntiān lái , huòzhě xiàtiān lái ,
如果女画家春天来，或者夏天来，
zuìhǎo shì qiūshōu zhīqián lái , nà cūnzi li jiù
最好是秋收之前来，那村子里就
yǒu tài duō de dōngxi kě huà le . Zhè huìr tián
有太多的东西可画了。这会儿田
li guāngguāng de , yào hóng méi hóng , yào lǜ
里光光的，要红没红，要绿
méi lǜ , yào jīnhuáng méi jīnhuáng , yǒu shénme kě
没绿，要金黄没金黄，有什么可

1 秋收：harvest
2 村子：village
3 现在田地里没了庄稼…：After harvest, there are no crops, no calabash trellises, no fruits on trees.
4 歉意：apology
e.g.他把同屋吵醒了，他向他们表示歉意。
5 错过：to miss
e.g.他生病了，错过了这次考试。

huà de ne? Rénmen gūjì, nǚ huàjiā zhùbuliǎo
画的呢？人们估计，女画家住不了

liǎng tiān jiù děi zǒu.
两天就得走。

Hǎo jǐ tiān guòqu le, nǚ huàjiā méiyǒu
好几天过去了，女画家没有

zǒu. Tā měi tiān zhèr zhuànzhuan, nàr
走。她每天这儿转转，那儿

qiáoqiao, kànhǎo yí gè dìfang, jiù dǎkāi tǐng
瞧瞧，看好一个地方，就打开挺

dà de huàjiāzi huà qǐlái. Nǚ huàjiā huàle
大的画夹子[1]画起来。女画家画了

shénme hěn kuài jiù chuánkāi le. Nǚ huàjiā huàle
什么很快就传开了。女画家画了

Zhāng jiā gǔjiù de ménlóuzi, huàle Wáng jiā
张家古旧的门楼子[2]，画了王家

yì kē lǎo liǔshù, yòu huàle jiēkǒu yí zuò
一棵老柳树[3]，又画了街口一座

gǔjiù de niǎnpán děngděng. Měidāng nǚ huàjiā
古旧的碾盘[4]等等。每当女画家

dàole yì jiā, kāishǐ huà huàr de shíhou,
到了一家，开始画画儿[5]的时候，

zhè jiā de rén yì kāishǐ dōu yǒudiǎnr jǐnzhāng,
这家的人一开始都有点儿紧张，

bù zhīdao zhège nǚ huàjiā jiūjìng yào bǎ tāmen
不知道这个女画家究竟要把他们

jiā de dōngxi huàchéng shénme yàng. Nǚ huàjiā
家的东西画成什么样。女画家

zuòhuà shí, zhè yì jiā rén jiù zài pángbiān kàn,
作画时，这一家人就在旁边看，

1 画夹子：painting folder
2 门楼子：arch over a gateway
3 柳树：willow
4 碾盘：lower millstone
5 画画儿：draw a picture, same as 作画画：draw or paint a picture; picture

nǚ huàjiā huà yì bǐ, tāmen kàn yì bǐ. Děng
女画家画一笔，他们看一笔。等
nǚ huàjiā bǎ huà wán le, tāmen jiù bǎ nǚ
女画家把画完了，他们就把女
huàjiā huàr de huà hé tāmen de dōngxi jìnxíng
画家画儿的画和他们的东西进行
bǐjiào, cái zhīdao nǚ huàjiā huà de dōngxi hé
比较，才知道女画家画的东西和
tāmen jiā de dōngxi bù yíyàng, nǚ huàjiā de
他们家的东西不一样，女画家的
huàr huàwán le, tāmen de dōngxi yě
画儿画完了，他们的东西也
yìdiǎnr dōu bù shǎo. Zhèyàng tāmen jiù fàngxīn
一点儿都不少。这样他们就放心
le, bìng jiànjiàn lùchūle wēixiào.
了，并渐渐露出了微笑。

Cūnlirén duì nǚ huàjiā de huàr yě
村里人对女画家的画儿也
zuòchūle yìxiē píngjià. Tāmen píngjià huàr de
做出了一些评价[1]。他们评价画儿的
shíhou, jiù ná huàr shang de dōngxi gēn tāmen
时候，就拿画儿上的东西跟他们
de dōngxi jìnxíng bǐjiào. Zhāng jiā de ménlóuzi
的东西进行比较。张家的门楼子
shì hěn jiǔ yǐqián xiūjiàn de, gāodà ér jiāngù.
是很久以前修建的，高大而坚固。
Ménlóuzi shàngmian de wǎ shì hēi de, yǒude
门楼子上面的瓦[2]是黑的，有的
dìfang hái zhǎngzhe cǎo. Lóudǐng liǎng duān de
地方还长着草。楼顶两端的

1 评价: appraisal
2 瓦: tile

dūnshòu yǐjīng cánquēbùquán , zhǐyǒu dàmén liǎng
蹲兽[1]已经残缺不全[2]，只有大门两
biān de zhuāndiāo hái néng kàn de qīngchu . Nǚ
边的砖雕[3]还能看得清楚。女
huàjiā bǎ zhèxiē dōu huàdào huàr li le , dàn
画家把这些都画到画儿里了，但
yǒurén shuō nǚ huàjiā huàr de hěn xiàng , yǒurén
有人说女画家画儿得很像，有人
shuō huà de bú xiàng : yǒurén shuō bǎ ménlóuzi huà
说画得不像；有人说把门楼子画
gāo le , yě yǒurén shuō huà dī le .
高了，也有人说画低了。

Nǚ huàjiā búzàihu rénmen de píngjià ,
女画家不在乎[4]人们的评价，
gāi zěnme huà hái zěnme huà . Cūnli de yí wèi
该怎么画还怎么画。村里的一位
lǎohàn jiāli yǒu yí liàng gǔlǎo de tàipíngchē .
老汉[5]家里有一辆古老的太平车[6]。
Tàipíngchē shì mùzhì de , xiànzài rénmen dōu bú
太平车是木制的，现在人们都不
yòng le . Dànshì lǎohàn háishi bǎoliúle yí liàng
用了。但是老汉还是保留了一辆
tàipíngchē . Nǚ huàjiā bǎ tàipíngchē huà xiàlái
太平车。女画家把太平车画下来
le . Lǎohàn zhǐ shì wǎng huàmiàn shang kànle yì
了。老汉只是往画面上看了一
yǎn , jiù dào yìpáng dūnzhe qù le . Lǎohàn rènwéi
眼，就到一旁蹲着去了。老汉认为
nǚ huàjiā shì dà dìfang lái de rén , tā juéde
女画家是大地方来的人，他觉得

1 **蹲兽**: squatting beast
2 **残缺不全**: incomplete
3 **砖雕**: brick sculpture
4 **不在乎**: not care; not mind
e.g. 他很喜欢唱歌，他不在乎别人怎么评价他。
5 **老汉**: old man
6 **太平车**: a kind of handcart with one or two wheels

háishi dà dìfang de rén shíhuò a! Rúguǒ
还是大地方的人识货[1]啊！如果
huàjiā shì gè nán de, lǎohàn yídìng huì bǎ
画家是个男的，老汉一定会把
huàjiā qǐng dào jiāli, hēshàng liǎng bēi. Huàjiā
画家请到家里，喝上两杯。画家
shì gè nǚ de, lǎohàn zhǐ néng yòng máojīn
是个女的，老汉只能用毛巾
bāoshàng jǐ gè xīnxiān jīdàn, gěi nǚ huàjiā
包上几个新鲜鸡蛋，给女画家
sòngqu. Nǚ huàjiā kuā lǎohàn de jīdàn hǎo, yào
送去。女画家夸老汉的鸡蛋好，要
fùgěi lǎohàn qián. Lǎohàn dāngrán bú huì shōu
付给老汉钱。老汉当然不会收
qián. Lǎohàn shuō tā de jīdàn bù zhíqián, nǚ
钱。老汉说他的鸡蛋不值钱，女
huàjiā de huàr qiānjīn nán mǎi.
画家的画儿千金难买[2]。

Lǎohàn de píngjià shǐ quán cūn rén dōu juéde
老汉的评价使全村人都觉得
nǚ huàjiā liǎobuqǐ. Tāmen huídào zìjǐ jiā
女画家了不起。他们回到自己家
de yuànzi li, zhuànzhe quān dōng kàn xī kàn,
的院子里，转着圈东看西看，
bǎ shíliushù, qiáng shang guàzhe de hónglàjiāo,
把石榴树[3]、墙上挂着的红辣椒[4]，
shènzhì lián tiānkōng de báiyún dōu kàndào le.
甚至连天空的白云都看到了。
Zhèxiē píngcháng de dōngxi, shuōbudìng ràng nǚ
这些平常的东西，说不定让女

1 识货: be able to tell good from bad
e.g. 这是最好的茶叶，可是他不识货。

2 千金难买: be beyond price

3 石榴树: pomegranate tree

4 红辣椒: chili

huàjiā yí kàn, jiù chéngle hǎokàn de dōngxi;
画家一看，就成了好看的东西；
ràng nǚ huàjiā yòng bǐ yí huà, jiù chéngle yì
让女画家用笔一画，就成了一
fú huàr. Cūnli de rén dōu xīwàng nǚ huàjiā
幅画儿。村里的人都希望女画家
néng dào tāmen jiā li huà yì huí.
能到他们家里画一回。

Xiǎokòuzi shì cūnli de yí gè xiǎo
小扣子是村里的一个小
nánháir, tā yě pànwàngzhe nǚ huàjiā dào tāmen
男孩儿，他也盼望着女画家到他们
jiā zuòhuà. Zìcóng nǚ huàjiā láidào zhège cūn,
家作画。自从女画家来到这个村，
Xiǎokòuzi tiāntiān gēnzhe nǚ huàjiā. Nǚ huàjiā
小扣子天天跟着女画家。女画家
zǒudào nǎlǐ, tā yě zǒudào nǎlǐ. Nǚ huàjiā
走到哪里，他也走到哪里。女画家
kàn shénme, tā yě kàn shénme. Nǚ huàjiā tíng
看什么，他也看什么。女画家停
xiàlái zuòhuà, tā jiù qiāoqiāo de kàn, cóng
下来作画，他就悄悄地看，从
dì-yī bǐ kànqǐ, yìzhí kàndào nǚ huàjiā bǎ
第一笔看起，一直看到女画家把
yì fú huàr zuòwán. Kěyǐ shuō nǚ huàjiā zuò
一幅画儿作完。可以说女画家作
de měi yì fú huàr, Xiǎokòuzi dōu kànguo.
的每一幅画儿，小扣子都看过。
Shéi yàoshi wèn nǚ huàjiā nǎ tiān zài nǎlǐ huàle
谁要是问女画家哪天在哪里画了

shénme huàr, zhǐ yào wèn Xiǎokòuzi jiù xíng le.
什么画儿，只要问小扣子就行了。
Búguò méi rén wèn Xiǎokòuzi. Jiùshì yǒurén wèn
不过没人问小扣子。就是有人问
Xiǎokòuzi, tā yě bù yídìng huídá. Xiǎokòuzi
小扣子，他也不一定回答。小扣子
shì gè bú ài shuōhuà de háizi.
是个不爱说话的孩子。

Zhè tiān zǎoshang, Xiǎokòuzi yì pá qǐlái,
这天早上，小扣子一爬起来，
jiù mǎn cūnzi xúnzhǎo nǚ huàjiā. Nǚ huàjiā bú
就满村子寻找女画家。女画家不
shuì lǎnjiào, měi tiān yìzǎo jiù kāishǐ zuòhuà,
睡懒觉[1]，每天一早就开始作画，
suǒyǐ Xiǎokòuzi yě bú shuì lǎnjiào le. Xiǎokòuzi
所以小扣子也不睡懒觉了。小扣子
jiā yǒu yì zhī huáng gǒu, huáng gǒu běnlái zhèng
家有一只黄狗，黄狗本来正
hé jǐ zhī é zài yíkuàir dàizhe, jiàn
和几只鹅在一块儿待着，见
Xiǎokòuzi chūmén, tā mǎshàng jiù gēn Xiǎokòuzi
小扣子出门，它马上就跟小扣子
pǎo le. Huáng gǒu shì Xiǎokòuzi zuì hǎo de
跑了。黄狗是小扣子最好的
péngyou, Xiǎokòuzi dào nǎr tā yě gēn dào
朋友，小扣子到哪儿它也跟到
nǎr. Tàiyáng hái méi chūlái, gōngjī zài jiào,
哪儿。太阳还没出来，公鸡[2]在叫，
xiǎoniǎo zài jiào, yìxiē rénjiā zhèngzài zuò zǎofàn.
小鸟在叫，一些人家正在做早饭。

1 睡懒觉: sleep late in the morning
e.g. 周末人们喜欢在家睡懒觉。
2 公鸡: rooster

Cūn jiē shang dàochù dōu shì nóngnóng de yānhuǒ
村街上到处都是浓浓的烟火[1]

wèir . Zhè zhǒng yānhuǒ wèi shì hěn xiāng de ,
味儿。这种烟火味是很香的，

dàn nǐ shuōbuqīng shì nǎ yì zhǒng xiāng . Yǒude
但你说不清是哪一种香。有的

jiā shāo màijiē , yǒude jiā shāo zhīmagǎn ,
家烧麦秸[2]，有的家烧芝麻秆[3]，

děngděng . Měi yàng cháihuo sànfā yì zhǒng xiāng ,
等等。每样柴火[4]散发一种香，

gè zhǒng xiāng piāo dào cūn jiē shang , jiù xíngchéngle
各种香飘到村街上，就形成了

zhè zhǒng cūnzi li de yānhuǒ wèir . Cūn li rén
这种村子里的烟火味儿。村里人

yuánlái bìng bù juéde yānhuǒ wèir zěnme xiāng ,
原来并不觉得烟火味儿怎么香，

ér nǚ huàjiā yí jìn cūn jiù wén chūlái le . Tā
而女画家一进村就闻出来了。她

shuō , āiyā , zhēn xiāng ! Nǚ huàjiā zhème yì
说，哎呀，真香！女画家这么一

shuō , dàjiā yòng bízi xīle xī , shì xiāng .
说，大家用鼻子吸了吸，是香。

Cūn li yígòng sān tiáo jiē , Xiǎokòuzi hé huáng gǒu
村里一共三条街，小扣子和黄狗

zài yānhuǒ wèir li zǒubiànle sān tiáo jiē , hái
在烟火味儿里走遍了三条街，还

méi kànjiàn nǚ huàjiā zài nǎlǐ . Xiǎokòuzi gǎndào
没看见女画家在哪里。小扣子感到

hěn mángrán , nǚ huàjiā huì dào nǎlǐ qù ? Tā
很茫然[5]，女画家会到哪里去？他

1 烟火: smoke and fire (to prepare food)
2 麦秸: wheat straw
3 芝麻秆: sesame straw
4 柴火: firewood such as dried grass, wheat straw etc.
5 茫然: at a loss
e.g. 他不知道为什么会发生这样的事，对此他感到很茫然。

kàn huáng gǒu, huáng gǒu yě shì yì liǎn de
看黄狗，黄狗也是一脸的
mángrán. Zài kàn huáng gǒu, huáng gǒu jiù bǎ tóu
茫然。再看黄狗，黄狗就把头
dī xiàqu le, hǎoxiàng zhǎobudào nǚ huàjiā shì
低下去了，好像找不到女画家是
tā de cuò. Xiǎokòuzi xiǎng, nǚ huàjiā huì bu
它的错。小扣子想，女画家会不
huì dào cūnzi wàimiàn qù huà huàr? Yúshì
会到村子外面去画画儿？于是
Xiǎokòuzi hé huáng gǒu jiù dào cūnzi wàimiàn qù
小扣子和黄狗就到村子外面去
zhǎo nǚ huàjiā le.
找女画家了。

Tāmen zǒu dào cūn wài, ránhòu dēngshàng
他们走到村外，然后登上
gāogāo de hédī. Xiǎokòuzi wàngzhe zhōuwéi,
高高的河堤[1]。小扣子望着周围，
xúnzhǎo nǚ huàjiā. Huáng gǒu hǎoxiàng yě zài
寻找女画家。黄狗好像也在
wàngzhe yuǎnchù, xúnzhǎo nǚ huàjiā, tā de
望着远处，寻找女画家，它的
bízi xīngfèn de xiùlái-xiùqù. Tàiyáng yǐjīng
鼻子兴奋地嗅来嗅去[2]。太阳已经
chūlái le, zǎochen de yángguāng ràng Xiǎokòuzi
出来了，早晨的阳光让小扣子
xiǎngqǐ nǚ huàjiā bǐxià de jīnhuángsè. Xiǎokòuzi
想起女画家笔下的金黄色。小扣子
méi kàndào nǚ huàjiā. Tā tūrán xiǎngdào,
没看到女画家。他突然想到，

1 河堤：riverbank
2 嗅来嗅去：sniff about

nándào nǚ huàjiā zǒule ma? Xiǎngdào zhèlǐ,
难道女画家走了吗？想到这里，
tā yǒuxiē zháojí, fēibēnzhe pǎoxià hédī, xiàng
他有些着急，飞奔着跑下河堤，向
nǚ huàjiā zhù de fángdōng jiā pǎoqù. Huáng gǒu
女画家住的房东家跑去。黄狗
yíxiàzi pǎodào xiǎo zhǔren qiánmiàn, pǎo de hěn
一下子跑到小主人前面，跑得很
yuǎn. Huáng gǒu pǎo de zhèyàng kuài, sìhu shì
远。黄狗跑得这样快，似乎是
xiǎng ràng xiǎo zhǔren gèng xǐhuan tā. Kěshì
想让小主人更喜欢它。可是
qiánmiàn shénme yě méiyǒu, dà huáng gǒu jiù tíng
前面什么也没有，大黄狗就停
xiàlái děngzhe xiǎo zhǔren. Xiǎokòuzi pǎo de shēn
下来等着小主人。小扣子跑得身
shang, tóu shang dōu chū hàn le.
上、头上都出汗了。

Nǚ huàjiā zài nà jiā fángdōng jiā zuìchū shì
女画家在那家房东家最初是
zūzhù, nǚ huàjiā gēnjù zhù de tiānshù jiāo
租住，女画家根据住的天数交
fángzū. Fángdōng de nǚ'ér jiéhūn le, chūqu
房租。房东的女儿结婚了，出去
zhù le, jiāli zhènghǎo kōngzhe yì jiān fángzi,
住了，家里正好空着一间房子，
nǚ huàjiā jiù zhù zài nà jiān fángzi li. Kěshì
女画家就住在那间房子里。可是
nǚ huàjiā zhùle jǐ tiān zhīhòu, fángdōng jiù bǎ
女画家住了几天之后，房东就把

nǚ huàjiā dāng nǚ'ér le, bù shōu nǚ huàjiā
女画家当女儿了，不收女画家
fángqian. Fángdōng shuō, nǚ'ér zhù niángjia, nǎ
房钱。房东说，女儿住娘家[1]，哪
néng shōu fángqian ne!
能收房钱呢！

Xiǎokòuzi pǎojìn fángdōng jiā de yuànzi
小扣子跑进房东家的院子
li, yì yǎn jiù bǎ nǚ huàjiā kàndào le.
里，一眼就把女画家看到了。
Nǚ huàjiā hái méi líkāi tāmen de cūnzi,
女画家还没离开他们的村子，
zhè xià Xiǎokòuzi jiù fàngxīn le. Nǚ huàjiā
这下小扣子就放心了。女画家
zhèngzài zuòhuà, tā jīntiān huà de shì fángdōng
正在作画，她今天画的是房东
jiā de zǔfù. Nǚ huàjiā shēn hòu zhànle
家的祖父[2]。女画家身后站了
bùshǎo rén, yǒu lǎorén de érzi, érxífu,
不少人，有老人的儿子、儿媳妇、
sūnzi, sūnzi xífu děng, tāmen dōu zài kàn
孙子、孙子媳妇等，他们都在看
nǚ huàjiā zuòhuà. Tāmen dōu bù shuōhuà,
女画家作画。他们都不说话，
jìngjìng de zhànlìzhe, lián chū qì dōu hěn qīng.
静静地站立着，连出气都很轻。
Tāmen pà yíbùxiǎoxin nòngchū shénme shēngyīn
他们怕一不小心弄出什么声音
lái. Nǚ huàjiā dāngrán yě bù shuōhuà, tā
来。女画家当然也不说话，她

1 娘家: married woman's parents' home
2 祖父: grandfather

yǎnli sìhu zhǐ yǒu lǎorén hé tā de huàr .
眼里似乎只有老人和她的画儿。
Tā kànkan lǎorén , zài huàmiàn shang huà jǐ
她看看老人，在画面上画几
bǐ , zài kànkan , zài huà jǐ bǐ . Rénmen néng
笔，再看看，再画几笔。人们能
tīngjiàn huàbǐ zài huàzhǐ shang huà huàr de
听见画笔在画纸上画画儿的
shēngyīn .
声音。

Lǎorén zài qiánggēnr dūnzhe shài tàiyáng .
老人在墙根儿[1]蹲着晒太阳。
Lǎorén qī-bāshí suì le , shēntǐ búcuò , xíguàn
老人七八十岁了，身体不错，习惯
dūnzhe shài tàiyáng , zài yí gè dìfang kěyǐ dūn
蹲着晒太阳，在一个地方可以蹲
bàntiān . Zhè zhènghǎo gěi nǚ huàjiā tígōngle zuò-
半天。这正好给女画家提供了作
huà de jīhui . Lǎorén shēnhòu de bèijǐng hěn
画的机会。老人身后的背景很
jiǎndān , xiàmiàn shì jǐ céng zhuān , shàngmiàn
简单，下面是几层砖，上面
guàzhe yí chuàn gān dòujiǎo . Lǎorén shàngshēn
挂着一串干豆角[2]。老人上身
chuānzhe yí jiàn hēi bù jiá'ǎo , tóushang dàizhe
穿着一件黑布夹袄[3]，头上戴着
yì dǐng hēi màozi . Yángguāng xié zhào xiàlái ,
一顶[4]黑帽子。阳光斜照下来，
zài lǎorén màozi xiàmiàn liúxià yìdiǎnr yīnyǐng .
在老人帽子下面留下一点儿阴影。

1 墙根儿：lower part of a wall that is close to the ground
2 干豆角：dried kidney beans
3 黑布夹袄：lined Chinese-style jacket
4 顶：(classifier) for a cap or hat
e.g. 一顶帽子

Lǎorén liǎnshang de zhǔyào tèdiǎn shì zhòuwén duō, duō de shǔ dōu shǔbuqīng, lián lǎorén de ěrduo shang dōu shì zhòuwén. Lǎorén bózi li de zhòuwén yě hěn duō. Zhòuwén bǎ lǎorén de bózi fēngē chéng xǔduō xiàng tiándì yíyàng de xiǎo fāngkuài. Suǒyǒu de zhòuwén dōu gùdìng zhù le, dōu hěn shēn. Lǎorén de shénqíng shífēn píngjìng, ānxiáng. Tā sìhu méiyǒu gǎnjué dào nǚ huàjiā wèi tā zuòhuà, bìngqiě hái yǒu nàme duō rén kànzhe tā.

老人脸上的主要特点是皱纹[1]多，多得数都数不清，连老人的耳朵上都是皱纹。老人脖子里的皱纹也很多。皱纹把老人的脖子分割成许多像田地一样的小方块。所有的皱纹都固定住了，都很深。老人的神情[2]十分平静、安详[3]。他似乎没有感觉到女画家为他作画，并且还有那么多人看着他。

Lǎorén de érxí tíchū wèi gōnggong huànshàng yí jiàn xīn yīfu, nǚ huàjiā shuō búyòng. Érxí yòu tíchū ràng gōnggong zuò zài yǐzi shang, nǚ huàjiā réngrán shuō búyòng. Rénmen dōu zhùyì dào le, nǚ huàjiā huà de bú

老人的儿媳提出为公公[4]换上一件新衣服，女画家说不用。儿媳又提出让公公坐在椅子上，女画家仍然说不用。人们都注意到了，女画家画的不

1 **皱纹**: wrinkle

2 **神情**: look, expression

e.g. 他脸上露出了愉快的神情。

3 **安详**: serene

4 **公公**: married woman's father-in-law

shì lǎorén de quánshēnxiàng, yě bú shì
是老人的全身像，也不是
bànshēnxiàng, nǚ huàjiā zhǐ huàle lǎoren de
半身像，女画家只画了老人的
tóuxiàng. Zhèyàng de huàr, rènhé fúzhuāng,
头像。这样的画儿，任何服装、
yǐzi dōu yòngbushàng.
椅子都用不上。

Xiǎokòuzi yí kànjiàn nǚ huàjiā huà de
小扣子一看见女画家画的
lǎorén de tóuxiàng, xīnshang zhènle yíxià,
老人的头像，心上震[1]了一下，
yǎnjing jiù bú yuànyi líkāi huàmiàn le. Zhè
眼睛就不愿意离开画面了。这
zhāng huàxiàng bǐ zhēnrén dà de duō, Xiǎokòuzi
张画像比真人大得多，小扣子
zhǎng zhème dà, hái cóngméi jiànguo zhème dà
长这么大，还从没见过这么大
fú de huàxiàng. Lǎorén de miànróng huà de hěn
幅的画像。老人的面容[2]画得很
hēi, zhòuwén gèng hēi. Dàn zǐxì kàn shàngqu,
黑，皱纹更黑。但仔细看上去，
lǎorén de miànróng li tòuzhe wēnnuǎn de
老人的面容里透着温暖的
gǔtóngsè. Nǚ huàjiā huà de lǎorén de yǎnjing
古铜色[3]。女画家画的老人的眼睛
gèng ràng Xiǎokòuzi gǎndào qīnqiè. Lǎorén de
更让小扣子感到亲切。老人的
yǎnjing hěn pínghé, gēn yuèguāng xià de húshuǐ
眼睛很平和，跟月光下的湖水

1 震：to shock
2 面容：face
3 古铜色：bronze-colored

yíyàng .
一样。

Kànzhe zhè fú lǎorén de tóuxiàng, Xiǎokòuzi
看着这幅老人的头像，小扣子
bùyóude xiǎngqǐle zìjǐ de zǔfù . Zǔfù
不由得[1]想起了自己的祖父。祖父
duì Xiǎokòuzi hěn hǎo, zhǐyào shì Xiǎokòuzi yì
对小扣子很好，只要是小扣子一
huíjiā , zǔfù jiù yìzhí kànzhe tā , bùguǎn tā
回家，祖父就一直看着他，不管他
gàn shénme , zǔfù dōu yuànyi kàn . Yǒushí zǔfù
干什么，祖父都愿意看。有时祖父
hǎn tā guòqu , tā guòqu hòu , zǔfù yìdiǎnr
喊他过去，他过去后，祖父一点儿
shì yě méiyǒu , yí jù huà yě bù shuō , zhǐ
事也没有，一句话也不说，只
lāzhù tā de shǒu jiù wán le . Xiǎokòuzi bú
拉住他的手就完了。小扣子不
yuànyi jiējìn zǔfù , tā xián zǔfù liǎn shang
愿意接近祖父，他嫌[2]祖父脸上
de zhòuwén tài duō le . Tā yòng shǒu shǐjìn wǎng
的皱纹太多了。他用手使劲往
liǎngbiān bāzhe zǔfù de zhòuwén , xiǎng bǎ
两边扒[3]着祖父的皱纹，想把
zǔfù liǎn shang de zhòuwén nòngpíng . Zǔfù
祖父脸上的皱纹弄平。祖父
cónglái bù fǎnduì Xiǎokòuzi lā tā liǎn shang de
从来不反对小扣子拉他脸上的
zhòuwén . Yǒu shíhou Xiǎokòuzi yǐwéi tā bǎ
皱纹。有时候小扣子以为他把

1 **不由得**: can not help
e.g. 看着这张照片，他不由得想起了以前的大学生活。
2 **嫌**: to dislike; complain of
e.g. 他嫌宿舍里太闹，就去图书馆了。
3 **扒**: push aside

zǔfù nòngténg le, zǔfù búdàn bù shuō téng,
祖父弄疼了，祖父不但不说疼，
hái gǔlì tā shǐjìn lā. Xiànzài zǔfù búzài
还鼓励他使劲拉。现在祖父不在
le. Qùnián qiūtiān, Xiǎokòuzi zǎoshang hái méi
了。去年秋天，小扣子早上还没
shuìxǐng jiù tīngjiàn mǔqīn kū, tā jiù zhīdao
睡醒就听见母亲哭，他就知道
zǔfù yǐjīng sǐ le. Zǔfù méiyǒu zhàoguo
祖父已经死了。祖父没有照过
xiàng, yě méi huàguo xiàng, tā yǐwéi yǒngyuǎn
相，也没画过像，他以为永远
yě kànbudào zìjǐ de zǔfù le. Nǚ huàjiā
也看不到自己的祖父了。女画家
huà de tóuxiàng shǐ tā yòu kàndàole zìjǐ de
画的头像使他又看到了自己的
zǔfù. Zǔfù zhèng cí'ài de kànzhe tā, tā
祖父。祖父正慈爱[1]地看着他，他
yě zài kànzhe zǔfù. Kànzhe kànzhe, Xiǎokòuzi
也在看着祖父。看着看着，小扣子
de yǎnjing yǒuxiē shī le, tā chà diǎnr duìzhe
的眼睛有些湿了，他差点儿对着
huàxiàng hǎn yì shēng "yéye".
画像喊一声“爷爷”。

Rénmen kànle nǚ huàjiā gěi lǎorén de
人们看了女画家给老人的
huàxiàng. Lǎorén liǎn shang de zhòuwén biànchéngle
画像。老人脸上的皱纹变成了
mǎnliǎn de huà yì. Rénmen duì lǎorén chōngmǎnle
满脸的画意[2]。人们对老人充满了

1 慈爱: lovingly
2 画意: picturesque charm

xiànmù de mùguāng. Rénmen yǐwéi fángdōng jiā de
羡慕[1]的目光。人们以为房东家的
rén huì bǎ lǎorén de huàxiàng gāogāo de guà qǐlái,
人会把老人的画像高高地挂起来，
hòulái cái zhīdao nǚ huàjiā yǐ bǎ huàxiàng shōu
后来才知道女画家已把画像收
qǐlái le, zhǔnbèi dàizǒu, dài dào chéngli zài guà
起来了，准备带走，带到城里再挂
qǐlái. Nǚ huàjiā lìngwài gěi fángdōng jiā de
起来。女画家另外给房东家的
érxí huàle yì duǒ hóng liánhuā. Fángdōng de
儿媳画了一朵红莲花[2]。房东的
érxí bǎ hóng liánhuā xiù zài ménlián shang, cūnzi
儿媳把红莲花绣[3]在门帘[4]上，村子
li de gūniangmen dōu gēnzhe xiùqǐle hóng liánhuā.
里的姑娘们都跟着绣起了红莲花。
Hóng liánhuā hěn kuài chuánkāi le, cūnzi li hěn kuài
红莲花很快传开了，村子里很快
jiù "kāi" biànle hóng liánhuā.
就"开"遍了红莲花。

Nǚ huàjiā kāishǐ dào yědì li zuòhuà qù
女画家开始到野地里作画去
le. Tā bèizhe huàjiāzi, tízhe huàxiāng gāng
了。她背着画夹子、提着画箱刚
chū cūn, Xiǎokòuzi jiù kànjiàn le. Nǚ huàjiā
出村，小扣子就看见了。女画家
zài qiánmiàn zǒu, Xiǎokòuzi hé huáng gǒu yuǎnyuǎn
在前面走，小扣子和黄狗远远
de zài hòumiàn gēnzhe. Nǚ huàjiā zǒu duō yuǎn,
地在后面跟着。女画家走多远，

1 羡慕：to admire
2 红莲花：red lotus flower
3 绣：to embroider
4 门帘：door curtain

tāmen yě zǒu duō yuǎn. Nǚ huàjiā dēngshàng
他们也走多远。女画家登上
hédī, tāmen yě dēngshàng hédī. Búguò
河堤，他们也登上河堤。不过
tāmen lí nǚ huàjiā búshì hěn jìn, érshì
他们离女画家不是很近，而是
bǎochízhe yídìng jùlí. Nǚ huàjiā zhōngyú
保持着一定距离。女画家终于
xuǎnhǎole yí chù fēngjǐng, bǎikāi huàjiāzi kāishǐ
选好了一处风景，摆开画夹子开始
zuòhuà le. Xiǎokòuzi méiyǒu mǎshàng zǒu guòqu.
作画了。小扣子没有马上走过去。
Qù yědì li kàn nǚ huàjiā zuòhuà de rén hěn
去野地里看女画家作画的人很
shǎo, Xiǎokòuzi yí gè rén bùgǎn zǒu guòqu,
少，小扣子一个人不敢走过去，
tā pà nǚ huàjiā gēn tā shuōhuà. Bùguǎn nǚ
他怕女画家跟他说话。不管女
huàjiā gēn tā shuō shénme huà, tā dōu huì hěn
画家跟他说什么话，他都会很
huāngluàn. Hòulái yòu láile sān-sì gè nán
慌乱[1]。后来又来了三四个男
háizi hé nǚ háizi, tāmen cái mànmān de xiàng
孩子和女孩子，他们才慢慢地向
nǚ huàjiā zǒuqu.
女画家走去。

Nǚ huàjiā zhè tiān huà de shì yí piàn máocǎo.
女画家这天画的是一片茅草[2]。
Máocǎo de yèzi huáng le, zhǐ yǒu suìzi shì
茅草的叶子黄了，只有穗子[3]是

1 慌乱：flustered
2 茅草：couch grass
3 穗子：fruiting spike of grass plants

yínbái de. Měi yì gēn máocǎo de suìzi dāndú
银白的。每一根茅草的穗子单独
kàn qǐlái méi shénme tèbié, dànshì bǎ xǔduō
看起来没什么特别，但是把许多
suìzi lián qǐlái kàn, jiù shì yí piàn bái, jiù
穗子连起来看，就是一片白，就
yǒule xiē qìshì. Tiányě li yǒu fēng, fēng dà
有了些气势[1]。田野里有风，风大
de shíhou, máocǎo suìzi bèi fēng chuīwān le,
的时候，茅草穗子被风吹弯了，
tiē xiàng dìmiàn. Fēng yí guòqu, suìzi yòu
贴向地面。风一过去，穗子又
xùnsù zhí qǐlái, chéngle yí piàn qǐfú bú dìng
迅速直起来，成了一片起伏不定
de máocǎo suìzi. Máocǎo suìzi bǎ qiūtiān de
的茅草穗子。茅草穗子把秋天的
yángguāng xī jìnqu, yòu fǎnshè chūlái, yuǎn
阳光吸进去，又反射[2]出来，远
kàn, jìn kàn dōu báihuāhuā de, ràng rén gǎnjué
看、近看都白花花的，让人感觉
hǎoxiàng zǒujìnle yuèguāng yíyàng de mèngjìng.
好像走进了月光一样的梦境。
Máocǎo zhǎng zài yí piàn huāngdì shang, miànjī
茅草长在一片荒地[3]上，面积
bìng bú dà. Kě ràng nǚ huàjiā yí huà, miànjī
并不大。可让女画家一画，面积
jiù dà le, báimángmáng de yí piàn, hǎoxiàng
就大了，白茫茫的一片，好像
wàngbudào biān. Zài Xiǎokòuzi yǎnli, nǚ huàjiā
望不到边。在小扣子眼里，女画家

1 气势: vigor
2 反射: to reflect
3 荒地: wasteland

de huà ràng rén yí kàn jiù bùzhī-bùjué de zǒu
的画让人一看就不知不觉[1]地走
jìnqu le.
进去了。

Xiǎokòuzi kànjiàn, tā jiā de huáng gǒu
小扣子看见，他家的黄狗
tūrán pǎo dào máocǎo li qù le, zài nàlǐ
突然跑到茅草里去了，在那里
dōngkàn xī kàn. Bù dǒngshì de jiāhuo, zhèyàng huì
东看西看。不懂事的家伙，这样会
yǐngxiǎng rénjia huà huàr de. Xiǎokòuzi gāng yào
影响人家画画儿的。小扣子刚要
bǎ huáng gǒu gǎnkāi, nǚ huàjiā shuō, búyào
把黄狗赶开，女画家说，不要
guǎn tā. Jiéguǒ nǚ huàjiā bǎ huáng gǒu yě
管它。结果女画家把黄狗也
huàjìn huàr li qù le. Xiǎokòuzi xīnli
画进画儿里去了。小扣子心里
fēicháng gāoxìng, nǚ huàjiā zǒngsuàn huàle tā jiā
非常高兴，女画家总算画了他家
de yí yàng dōngxi, tā zǒngsuàn wèi nǚ huàjiā
的一样东西，他总算为女画家
zuòchūle yìdiǎn gòngxiàn. Huà shang de huáng gǒu
做出了一点贡献。画上的黄狗
zhèngzài lìzhe ěrduo tīng fēng, xiǎnde hěn chéngshú.
正在立着耳朵听风，显得很成熟[2]。
Huáng gǒu de yàngzi zhēn kě'ài, Xiǎokòuzi zhēn
黄狗的样子真可爱，小扣子真
xiǎng mǎshàng bàozhù huáng gǒu qīn yi qīn tā.
想马上抱住黄狗亲一亲它。

1 **不知不觉**: unconsciously
e.g.这本书太好看了，他不知不觉地就看完了。

2 **成熟**: mature

Nǚ huàjiā huàwánle huàr, wèn: "Zhè shì shéi jiā de gǒu?"
女画家画完了画儿，问："这是谁家的狗？"

Xiǎokòuzi hái méi shuōhuà, jǐ gè háizi jiù wǎng qián tuī tā, shuō shì Xiǎokòuzi jiā de gǒu.
小扣子还没说话，几个孩子就往前推他，说是小扣子家的狗。

Nǚ huàjiā duì Xiǎokòuzi shuō: "Nǐmen jiā de gǒu búcuò ya!"
女画家对小扣子说："你们家的狗不错呀！"

Xiǎokòuzi bù zhīdao shuō shénme hǎo. Xiǎokòuzi de liǎn yǒuxiē hóng.
小扣子不知道说什么好。小扣子的脸有些红。

Nǚ huàjiā wèn: "Nǐmen zhèr zhòng qiáomài ma?"
女画家问："你们这儿种荞麦[1]吗？"

Biéde háizi nǐ kàn wǒ, wǒ kàn nǐ, huídá bú shànglái. Zhè shíhou Xiǎokòuzi bù shuōhuà bùxíng le. Xiǎokòuzi shuō: "Zhòng."
别的孩子你看我，我看你，回答不上来。这时候小扣子不说话不行了。小扣子说："种。"

Jìrán zhǐ yǒu Xiǎokòuzi néng huídá zhège wèntí,
既然只有小扣子能回答这个问题，

1 荞麦: buckwheat

nǚ huàjiā jiù zhǐ kànzhe Xiǎokòuzi . Nǚ huàjiā
女画家就只看着小扣子。女画家
de yǎnjing kě zhēn liàng a , Xiǎokòuzi kànle nǚ
的眼睛可真亮啊，小扣子看了女
huàjiā yì yǎn jiù bùgǎn kàn le . Nǚ huàjiā hěn
画家一眼就不敢看了。女画家很
niánqīng , chúle yǎnjing hěn liàng , tā de tóufa
年轻，除了眼睛很亮，她的头发
yě hěn liàng , yá yě hěn liàng , zuǐchún yě hěn
也很亮，牙也很亮，嘴唇也很
liàng , zhào de Xiǎokòuzi bùgǎn tái tóu . Kěshì
亮，照得小扣子不敢抬头。可是
nǚ huàjiā duì Xiǎokòuzi shuō :
女画家对小扣子说：

“ Lái , táiqǐ tóu lái kànzhe wǒ , wǒ kàn
“来，抬起头来看着我，我看
nǐ hěn hàixiū a ! ”
你很害羞[1]啊！”

Xiǎokòuzi zài dǔzi li gǔle gǔ yǒngqì ,
小扣子在肚子里鼓了鼓勇气，
bǎ tóu tái qǐlái le . Zhǐ yǒu nǚ háizi cái
把头抬起来了。只有女孩子才
hàixiū , tā shì gè nán háizi , bùnéng hàixiū .
害羞，他是个男孩子，不能害羞。
Kěshì bùxíng , tā gāng bǎ tóu tái qǐlái , yòu
可是不行，他刚把头抬起来，又
dī xiàqu le . Zhè shí zhènghǎo tā jiā de huáng
低下去了。这时正好他家的黄
gǒu guòlái le , huáng gǒu guòlái kào zài tā tuǐ
狗过来了，黄狗过来靠在他腿

1 害羞: be shy

shang . Tā dūnxià shēnzi , bàozhùle huáng gǒu de
上。他蹲下身子，抱住了黄狗的
bózi , yòng shǒu fǔmōzhe . Tā fāxiàn ,
脖子，用手抚摸[1]着。他发现，
huáng gǒu de yǎnjing hǎoxiàng yě bùgǎn kàn nǚ
黄狗的眼睛好像也不敢看女
huàjiā .
画家。

Nǚ huàjiā de wèntí hái hěn duō , tā wèn
女画家的问题还很多，她问
Xiǎokòuzi , qiáomài shì bu shì lǜyè 、 báihuā ?
小扣子，荞麦是不是绿叶、白花？
qiáomàihuā kāi qǐlái shì bu shì xiàng xiàxuě
荞麦花开起来是不是像下雪
yíyàng ? Nǚ huàjiā wèn shénme , Xiǎokòuzi dōu
一样？女画家问什么，小扣子都
shuō shì . Yǒu yí gè wèntí Xiǎokòuzi huídá bù
说是。有一个问题小扣子回答不
chūlái — qiáomài zài shénme shíhou zhòng . Nǚ
出来——荞麦在什么时候种。女
huàjiā tíle zhège wèntí , tā jiù děi huídá ,
画家提了这个问题，他就得回答，
bùnéng ràng nǚ huàjiā shīwàng . Tā xiān shuō chūntiān
不能让女画家失望。他先说春天
zhòng , yòu shuō búduì , xiàtiān zhòng . Tā zhèyàng
种，又说不对，夏天种。他这样
yíhuìr chūntiān zhòng yíhuìr xiàtiān zhòng de ,
一会儿春天种一会儿夏天种的，
biéde háizi dōu xiào le . Nǚ huàjiā kànle kàn
别的孩子都笑了。女画家看了看

1 抚摸: to stroke

Xiǎokòuzi, shuō méi guānxì, bùguǎn shénme shíhou
小扣子，说没关系，不管什么时候

zhòng, zhǐyào zhòng jiù xíng.
种，只要种就行。

Nǚ huàjiā de huàxiāng yě hěn biézhì. Tā
女画家的画箱也很别致[1]。她

bǎ huà xiāng zhé yi zhé, huàxiāng jiù biànchéngle
把画箱折一折，画箱就变成了

yì zhī dèngzi. Tā jiù zuò zài dèngzi shang huà
一只凳子。她就坐在凳子上画

huàr. Huàwánle huàr, tā bǎ dèngzi zài zhé
画儿。画完了画儿，她把凳子再折

yi zhé, dèngzi yòu biànchéngle xiāngzi. Xiǎokòuzi
一折，凳子又变成了箱子。小扣子

juéde nǚ huàjiā de xiāngzi zhēn yǒuyìsi, tā
觉得女画家的箱子真有意思，他

hěn xiǎng tì nǚ huàjiā bèi yi bèi huàxiāngzi. Nǚ
很想替女画家背一背画箱子。女

huàjiā hǎoxiàng kànchūle Xiǎokòuzi de yìsi,
画家好像看出了小扣子的意思，

tā shuō: "Shéi tì wǒ bēizhe huàxiāngzi, wǒ gěi
她说："谁替我背着画箱子，我给

shéi yí kuài táng."
谁一块糖。"

Tīng nǚ huàjiā zhème yì shuō, háizimen
听女画家这么一说，孩子们

yíxiàzi dōu qiǎng guòqù le, zhuāzhù huàxiāngzi
一下子都抢过去了，抓住画箱子

de bēidài, qiǎnglái-qiǎngqù. Kànlái xiǎng bēi
的背带，抢来抢去。看来想背

1 别致：exquisite

huàxiāngzi de bú shì zhǐ yǒu Xiǎokòuzi yí gè rén .
画箱子的不是只有小扣子一个人。

Nǚ huàjiā shuō : " Búyào zhēng , búyào zhēng , wǒ lái kànkan ràng shéi bēi . " Zài juédìng ràng shéi bēi zhīqián , tā bǎ táng tāo chūlái le , fēn gěi měi rén yí kuài . Dāng nǚ huàjiā fēngěi Xiǎokòuzi shí , Xiǎokòuzi shuō tā bú yào táng . Xiǎokòuzi de yìsi shì , tā bú shì wèile táng cái bēi huàxiāng de , tā gēn biéren bù yíyàng . Nǚ huàjiā bǎ měi gè háizi dōu kànle yí biàn , zuìhòu duì Xiǎokòuzi shuō : " Wǒ kàn nǐ tǐng yǒuyìsi de . Hǎo ba , xiāngzi yóu nǐ lái bēi . Búguò , táng háishi yào chī de . " Tā lāguo Xiǎokòuzi de shǒu , yì pāi , bǎ táng pāijìn Xiǎokòuzi de shǒu li qù le . Xiǎokòuzi

女画家说："不要争，不要争，我来看看让谁背。"在决定让谁背之前，她把糖掏出来了，分给每人一块。当女画家分给小扣子时，小扣子说他不要糖。小扣子的意思是，他不是为了糖才背画箱的，他跟别人不一样。女画家把每个孩子都看了一遍，最后对小扣子说："我看你挺有意思的。好吧，箱子由你来背。不过，糖还是要吃的。"她拉过小扣子的手，一拍，把糖拍进小扣子的手里去了。小扣子

yí wò, gǎndào shǒu li de táng búshì yí kuài,
一握，感到手里的糖不是一块，
shì liǎng kuài, tā de xīn tiào qǐlái. Wèile bù
是两块，他的心跳起来。为了不
ràng biéde háizi kàn qǐlái nǚ huàjiā duō
让别的孩子看起来女画家多
gěile tā yí kuài táng, tā bǎ liǎng kuài táng
给了他一块糖，他把两块糖
jǐnjǐn de wò zài shǒu li, yìdiǎnr yě bùgǎn
紧紧地握在手里，一点儿也不敢
sōngkāi. Tā hǎoxiàng juéde liǎng kuài táng zài
松开。他好像觉得两块糖在
shǒuxīn li tiàodòng. Xiǎokòuzi bǎ huàxiāng bēi
手心里跳动。小扣子把画箱背
qǐlái, dà bù zǒu dào qiánmiàn qù le.
起来，大步走到前面去了。
Xiǎokòuzi tīngjiàn nǚ huàjiā zài hòumiàn wèn tā
小扣子听见女画家在后面问他
de nàxiē xiǎohuǒbàn: "Táng tián ma?"
的那些小伙伴[1]："糖甜吗？"
Xiǎohuǒbànmen dá: "Tián!"
小伙伴们答："甜！"

Wǎnshang, Xiǎokòuzi ràng mǔqīn qù gěi nǚ
晚上，小扣子让母亲去给女
huàjiā sòng jīdàn. Mǔqīn wèn: "Nǐ zhè háizi,
画家送鸡蛋。母亲问："你这孩子，
nǐ shì bu shì yào rénjia dāng nǐ de lǎoshī, gēn
你是不是要人家当你的老师，跟
rénjia xué huà huàr ya?"
人家学画画儿呀？"

1 伙伴：buddy

Xiǎokòuzi shuō: " Nǚ huàjiā bǎ wǒmen jiā
小扣子说："女画家把我们家
de huáng gǒu huà zài huàr shang le . "
的黄狗画在画儿上了。"

Yúshì mǔqīn bāo shàng yìxiē jīdàn , dài
于是母亲包上一些鸡蛋，带
shàng Xiǎokòuzi hé huáng gǒu , gěi nǚ huàjiā
上小扣子和黄狗，给女画家
sòngqu le .
送去了。

Nǚ huàjiā zuò zài fángdōng jiā yuànzi li ,
女画家坐在房东家院子里，
zhèng gēn fángdōng yì jiā rén liáotiān , hǎoxiàng zài
正跟房东一家人聊天，好像在
shuō qiáomàihuā . Nǚ huàjiā bù zhīdao Xiǎokòuzi
说荞麦花。女画家不知道小扣子
de mǔqīn wèi shénme gěi tā sòng jīdàn . Mǔqīn
的母亲为什么给她送鸡蛋。母亲
bǎ Xiǎokòuzi tuīdào qiánmiàn , shuō: " Nǐ bǎ
把小扣子推到前面，说："你把
wǒmen jiā de gǒu huà dào huàr shang qù le ,
我们家的狗画到画儿上去了，
wǒ érzi ràng wǒ lái gǎnxiè nǐ . " Nǚ huàjiā
我儿子让我来感谢你。"女画家
xiào le , shuō huàle rénjia de gǒu , búdàn bù
笑了，说画了人家的狗，不但不
gěi rénjia qián , háiyào báichī rénjia de jīdàn ,
给人家钱，还要白吃人家的鸡蛋，
zhèyàng de piányi shàng nǎr qù zhǎo a ! Nǚ
这样的便宜上哪儿去找啊！女

huàjiā bǎ jīdàn shōuxià. Tā hái shuōle yí gè
画家把鸡蛋收下。她还说了一个
xiàohua. Tā shuō, zhèxiē jīdàn tā xiān bù chī,
笑话。她说，这些鸡蛋她先不吃，
yí gè yí gè huà zài huàr shang, zhèyàng
一个一个画在画儿上，这样
Xiǎokòuzi jiā de rén hái huì gěi tā sòng jīdàn,
小扣子家的人还会给她送鸡蛋，
sòng dào hòulái, tā jiù bú huà huàr le,
送到后来，她就不画画儿了，
chéngle mài jīdàn de le.
成了卖鸡蛋的了。

Nǚ huàjiā de xiàohua bǎ yuànzi li de rén
女画家的笑话把院子里的人
dōu shuō xiào le.
都说笑了。

Wǎnshang de yuèliang hěn liàng. Mǔqīn hé
晚上的月亮很亮。母亲和
Xiǎokòuzi méiyǒu mǎshàng huíjiā, tīng nǚ huàjiā
小扣子没有马上回家，听女画家
yòu shuōdàole qiáomàihuā. Nǚ huàjiā shuō, tā
又说到了荞麦花。女画家说，她
xiǎoshíhou, gēnzhe fùmǔ zài nóngcūn zhùguo yí
小时候，跟着父母在农村住过一
duàn shíjiān, hǎoxiàng kànjiànguo qiáomàihuā.
段时间，好像看见过荞麦花。
Qiáomàidì zài cūnzi xībian, yí dà kuài dì zhòng
荞麦地在村子西边，一大块地种
de dōu shì qiáomài. Zài tā yìnxiàng li,
的都是荞麦。在她印象[1]里，

1 印象：impression

Qiáomàihuā sìhū yí yè zhījiān quándōu kāi le.
荞麦花似乎一夜之间全都开了。
Tā zǎoshang qǐlái, juéde xībian de tiān zěnme
她早上起来，觉得西边的天怎么
nàme míngliàng ne, pǎodào cūn biān wǎng dì li
那么明亮呢，跑到村边往地里
yí kàn, à, yuánlái shì qiáomàihuā kāi le,
一看，啊，原来是荞麦花开了，
biàndì de báihuā bǎ bànbiāntiān dōu yìng de
遍地的白花把半边天都映得
mínghuànghuàng de. Tā tiāntiān qù kàn
明晃晃[1]的。她天天去看
qiáomàihuā, chīfàn shí fùmǔ dōu zhǎobuzháo tā.
荞麦花，吃饭时父母都找不着她。
Qiáomàihuā de huā bú dà, gēn xuěhuā chàbuduō,
荞麦花的花不大，跟雪花差不多，
dàn qiáomàihuā yòu duō yòu mì, jiù chéngle yí
但荞麦花又多又密，就成了一
piàn, kàn yì yǎn jiù bǎ rén zhènzhù le. Zài
片，看一眼就把人震住了。在
méiyǒu kàndào qiáomàihuā zhīqián, tā xǐhuan kàn
没有看到荞麦花之前，她喜欢看
nàxiē yì duǒ liǎng duǒ de huā, lǎo shì wèi nàxiē
那些一朵两朵的花，老是为那些
gūdú de huā suǒ gǎndòng. Kàndàole dàmiànjī
孤独[2]的花所感动。看到了大面积
báimángmáng de qiáomàihuā, tā gǎndào fēicháng
白茫茫的荞麦花，她感到非常
jīdòng hé zhènhàn. Tā dāngshí hěn xiǎng chànggē,
激动和震撼[3]。她当时很想唱歌，

1 明晃晃: shining
2 孤独: lonely
3 震撼: be shocked

kěxī tā nà shí bú huì chàng shénme gē , zhǐnéng
可惜她那时不会唱什么歌，只能
zuānjìn qiáomàihuā dì li , yì dài jiùshì bàntiān .
钻进荞麦花地里，一待就是半天。
Tā wǎnjiān yě qù kànguo qiáomàihuā . Yèwǎn hěn
她晚间也去看过荞麦花。夜晚很
hēi , méiyǒu yuèliang . Búguò , tā yìdiǎn yě bú
黑，没有月亮。不过，她一点也不
hàipà , yīnwèi mǎndì de báihuā hěn yuǎn jiù néng
害怕，因为满地的白花很远就能
kànjiàn . Tā kànzhe qiánmiàn de guāngmíng ,
看见。她看着前面的光明，
bùyóude jiù zǒujìnle huā dì li .
不由得就走进了花地里。

Shuōdào zhèlǐ , nǚ huàjiā qīngqīng de xiào
说到这里，女画家轻轻地笑
le . Tā shuō , yǒuxiē shìqing yǐjīng jìbuqīng
了。她说，有些事情已经记不清
le , zìjǐ dōu bù zhīdao shuō de duì bu duì .
了，自己都不知道说得对不对。
Yěxǔ tā shuō de shì zìjǐ de mèng , gēn zhēn
也许她说的是自己的梦，跟真
de qiáomàihuā nòng hǔn le . Nàyàng de qiáomàihuā
的荞麦花弄混了。那样的荞麦花
shì hěn nán kàndào de .
是很难看到的。

Yuànzi li de rén dōu méiyǒu shuōhuà , zhǐ
院子里的人都没有说话，只
yǒu yuèguāng jìngjìng de sǎluò .
有月光静静地洒落[1]。

1 洒落：to sprinkle

Xiǎokòuzi hé mǔqīn bǎ nǚ huàjiā de huà
小扣子和母亲把女画家的话
dōu jìzhù le.
都记住了。

Dì-èr nián, zài Xiǎokòuzi de yāoqiú xià,
第二年，在小扣子的要求下，
mǔqīn zài yí kuài dì li zhòngle qiáomài.
母亲在一块地里种了荞麦。
Xiǎokòuzi kànjiàn qiáomài fāyá le, qiáomài zhǎng
小扣子看见荞麦发芽了，荞麦长
yè le, qiáomài jié huāgūduo le … qiáomài
叶了，荞麦结花骨朵[1]了……荞麦
zhōngyú kāi huā le! Qiáomàihuā kāi de gēn nǚ
终于开花了！荞麦花开得跟女
huàjiā de huíyì yíyàng rútóng xiānjìng, bǎ
画家的回忆一样如同仙境[2]，把
Xiǎokòuzi gǎndòng de dōu kuàiyào kū le.
小扣子感动得都快要哭了。

Cóng qiáomài kāihuā nà yíkè qǐ, Xiǎokòuzi
从荞麦开花那一刻起，小扣子
tiāntiān zài huā dì li, xiàngzhe yuǎnfāng zhāngwàng.
天天在花地里，向着远方张望。
Mǔqīn zhīdao Xiǎokòuzi pànwàng shénme, tā yě
母亲知道小扣子盼望什么，她也
gēnzhe Xiǎokòuzi xiàng yuǎnfāng zhāngwàng.
跟着小扣子向远方张望。

1 花骨朵：bud
2 仙境：fairland

This story is an abridged version of Liu Qingbang's short story 遍地白花, selected from 2001 年中国小说排行榜·短中篇小说卷, which is published by Time Literature and Art Press (时代文艺出版社), 2002.

About the Author Liu Qingbang (刘庆邦)

Liu Qingbang is one of China's noteworthy contemporary writers. He is a member of China Writers Association and vice-chairman of Beijing Writers Association. He was born in the countryside in Shenqiu, Henan Province. At different times, he worked as a peasant, a miner and a reporter. Some of his works show his affection for his home village. He pays close attention to the destiny of ordinary people, especially those at the bottom of the social hierarchy, revealing in some of his works the miserable life of miners. He has talent for short stories and 红围巾 (Hóng Wéijīn) is representative of his short stories. He has published some novels including 红煤 (Hóng Méi) , and some novellas. He has won many literary prizes. His short story 鞋 (Xié) won the second Lu Xun Literature Prize (鲁迅文学奖). His novel 神木 (Shénmù) has been adapted into a film 盲井 (Máng Jǐng) directed by Li Yang (李杨) which won the 53rd Art Contribution Silver Bear Prize at the Berlin

International Film Festival. Some of his works have been translated into English, French, German, Italian, Russian and Japanese.

思考题：

1 女画家是什么时候到村子里来画画的？
2 女画家都画了什么？女画家为什么喜欢画古老的东西？
3 女画家画了一位农村老汉的头像，她画得怎么样？小扣子想起了谁？
4 女画家是怎样发现“美”的？又是怎样把“美”画出来的？
5 女画家的画给村子里的人们带来了什么变化？村子里的人对女画家怎么样？请举例说明。
6. “遍地白花”指的是什么花？为什么女画家喜欢遍地白花？

Wǔ , Xiàoyuán Sān Qǔ
五、校园三曲

Yuánzhù : Xiè Jìngyuǎn
原著：谢竞远

五、校园三曲

Guide to reading:

In the universities of China, views of campus life are varied. To some university students, life is romantic. But this is not always the case. There are some students who come from the countryside. They live a life that is different in almost all respects from that of students who come from cities. Despite these differences, they share an instinctive love of life mixed with other sentiments. Story One describes the life of the student Lao Liu (老六), who comes from the countryside. College tuition is a heavy burden for his family. Lao Liu loves his family and he willingly bears the pressure of studying at university. Story Two is a story of an election of excellent students. Kang Kai (康凯), a student from the countryside, takes part in the election. Kang Kai is a top student, but fails in the election. Story Three tells of Xiao Feng (萧风), another student who comes from an ordinary family. He enjoys his campus life, but of course he still has the pressure of study. At the end of the term, he fails his

English exam and as a result he has to resit the exam the following term. All three stories show the students' practical considerations of their lives, their happiness and their frustrations, as well as their ideals for the future.

故事正文：

Yī. Lǎoliù

1. 老六[1]

wǒ hé Lǎoliù shì dàxué tóngxué. Wǒ hé Lǎoliù dì-yī cì jiànmiàn, shì gāng dào dàxué bàodào de nà tiān. Wǒ bēizhe xíngli, cóng xuéxiào de xiàochē shang xiàlái, yì yǎn jiù qiáojiànle dūn zài bàodàochù ménqián de Lǎoliù.

我和老六是大学同学。我和老六第一次见面，是刚到大学报到的那天。我背着行李，从学校的校车上下来，一眼就瞧见了蹲在报到处[2]门前的老六。

Yì kànjiàn tā, wǒ jiù juéde tā tèbié qīn. Lǎoliù de shēnbiān fàngzhe gè dà bāo, sùliàodài pò le, fēng yì chuī, huālālā de xiǎng. Lǎoliù dūn de yàngzi, gēn nóngcūn shài tàiyáng de lǎotóur yìmú yíyàng, pìgu tiēzhe de, xiàba fàngzài xīgài shang.

一看见他，我就觉得他特别亲[3]。老六的身边放着个大包，塑料袋[4]破了，风一吹，哗啦啦地响。老六蹲的样子，跟农村晒太阳的老头儿一模一样[5]，屁股[6]贴着地，下巴[7]放在膝盖[8]上。

Wǒ pāipai tā de jiān, dūn xiàlái wèn: "Bàodào de?" Lǎoliù táiqǐ tóu, wǒ yí kàn,

我拍拍他的肩，蹲下来问："报到的？"老六抬起头，我一看，

1 **老六**: **老** is prefix used before **大** and **二**, **三**, **四** and other numerals to indicate order of birth.
老三, the third child

2 **报到处**: registration place

3 **亲**: intimate
e.g. 他跟他妈妈特别亲。
e.g. 她们姐妹俩可亲了。

4 **塑料袋**: plastic bag

5 **一模一样**: exactly alike
e.g. 这两本书一模一样。

6 **屁股**: buttocks

7 **下巴**: chin

8 **膝盖**: knee

yídìng shì nóngmín de érzi, hēihēi de liǎn,
一定是农民的儿子，黑黑的脸，
xiǎo yǎnjing, huáng tóufa, yì zuǐ huáng yá. Lǎoliù
小眼睛，黄头发，一嘴黄牙。老六
zhǎzha yǎnjing, wèn: "Yǒu shìr?"
眨眨眼睛[1]，问："有事儿？"

Wǒ xiàodào: "Méi shìr, wǒ yě shì
我笑道："没事儿，我也是
bàodào de, wǒ shì dìlǐxì de."
报到的，我是地理系的。"

Lǎoliù xiào le, zhàn qǐlái, qīnrè de
老六笑了，站起来，亲热地
shuō: "Wǒ yě shì dìlǐxì de. Wǒ jiào Niú
说："我也是地理[2]系的。我叫牛
Lǎoliù, wǒ jiā zhù Qǐdōng Shì, Qǐdōng Xiàn,
老六，我家住启东市、启东县、
Dàwǎn Xiāng, Xiǎofángshēn Cūn. Nǐ ne?"
大宛乡、小房申村。[3]你呢？"

Wǒ shuō: "Wǒ yě shì cóng nóngcūn lái de."
我说："我也是从农村来的。"

Lǎoliù wèn: "Méi rén lái sòng nǐ?"
老六问："没人来送你？"

Wǒ shuō: "Sòngbuqǐ."
我说："送不起[4]。"

Lǎoliù yǎnjing yí liàng, zhuāzhù wǒ de
老六眼睛一亮，抓住我的
shǒu, shuō: "Yíyàng, yíyàng. Wǒ yě méi rén
手，说："一样，一样。我也没人
sòng." Lǎoliù sìchù kànkan, jiàn méiyǒu rén
送。"老六四处看看，见没有人

1 眨眨眼睛：blink one's eyes
2 地理：geography
3 启东市…：Lao Liu's home address. When Chinese address is written or spoken, it is from the large place to the small place. Here the address is from the city to the village.
4 送不起：It is expensive for their parents to accompany them to the universities, so they come to the university alone.

zhùyì wǒmen, dīshēng shuō: "Zài jiā shí, wǒ
注意我们，低声说："在家时，我

mā shuō, gēn chénglirén dǎ jiāodào, yào duō
妈说，跟城里人打交道[1]，要多

liú gè xīnyǎnr, bié shàngdàng! Wǒ kàn
留个心眼儿[2]，别上当[3]！我看

shàngqu yǒudiǎn shǎ, qíshí wǒ yìdiǎn yě bù
上去有点傻，其实我一点也不

shǎ."
傻。"

Méi xiǎngdào wǒ hé Lǎoliù fēn zài tóng yì
没想到我和老六分在同一

jiān sùshè. Wǒmen sùshè yígòng yǒu bā gè rén.
间宿舍。我们宿舍一共有八个人。

Wǒmen àn měi gè rén de shēngrì pái, wǒ pái
我们按每个人的生日排[4]，我排

lǎo'er, Lǎoliù hái shì pái lǎoliù, suǒyǐ tā
老二，老六还是排老六，所以他

háishi jiào Lǎoliù. Lǎoliù bǎ tā zìjǐ dàngzuò
还是叫老六。老六把他自己当作

wǒ de dìdi, zǒngshì jiào zìjǐ "lǎodì
我的弟弟，总是叫自己"老弟，

lǎodì". Wǒ rènwéi zìjǐ shì yí gè
老弟"。我认为自己是一个

cōngmíngrén, Lǎoliù yě shì yí gè cōngmíngrén.
聪明人，老六也是一个聪明人。

Yí gè cōngmíngrén hé lìng yí gè cōngmíngrén jiāo
一个聪明人和另一个聪明人交

péngyou tǐng shūfu.
朋友挺舒服。

1 **打交道**: have dealings with
e.g. 我认识他，但是很少跟他打交道。

2 **心眼儿**: cleverness
e.g. 他很有心眼儿，办事很灵活。

3 **上当**: be fooled
e.g. 小心点儿，别上他的当。

4 **排**: arrange according to the time of the birthdays of the eight roommates. In order to show the intimate feelings, the roommates will call each other **老大**, **老二**, **老三**…

Wǒ dúle Jīn Yōng de suǒyǒu wǔxiá
我读了金庸[1]的所有武侠
xiǎoshuō, wǒ de yántán-jǔzhǐ yě biǎoxiàn chū
小说[2]，我的言谈举止[3]也表现出
wǔxiá xiǎoshuō li rénwù de xiágān-yìdǎn.
武侠小说里人物的侠肝义胆[4]。
Jǐnguǎn yǒu rén bèihòu shuō wǒ mào shǎqì, kě
尽管有人背后说我冒傻气[5]，可
wǒ bú zàihu! Lǎoliù pāizhe wǒ de jiān,
我不在乎[6]！老六拍着我的肩，
shuō: "Wǒ tè fú nǐ!"
说："我特服你[7]！"

Wǒmen zài yìqǐ shíjiān cháng le, wǒ
我们在一起时间长了，我
fāxiàn Lǎoliù méiyǒu shíjiān gàiniàn, gàn shénme
发现老六没有时间概念，干什么
dōu shì wǒ jiào tā. Zǎoshang jiào tā qǐchuáng zuò
都是我叫他。早上叫他起床做
zǎocāo, shàng kè, shàng túshūguǎn, lián shàng
早操、上课、上图书馆，连上
shítáng yě děi wǒ jiào tā. Méi bànfǎ, tā shì
食堂也得我叫他。没办法，他是
wǒ de lǎodì ya! Chīfàn de shíhou shítáng li
我的老弟呀！吃饭的时候食堂里
rén tèbié duō, wǒmen fēnkāi páiduì, wǒ páiduì
人特别多，我们分开排队，我排队
mǎi cài, Lǎoliù qù mǎi fàn. Guò yí gè xīngqī,
买菜，老六去买饭。过一个星期，
wǒmen zài huàn guòlái, tā mǎi cài, wǒ mǎi
我们再换过来，他买菜，我买

1 **金庸**: Jin Yong, Chinese contemporary writer of **武侠小说**

2 **武侠小说**: swordsman fiction

3 **言谈举止**: speech and deportment
e.g. 他的言谈举止很有礼貌。

4 **侠肝义胆**: chivalrous deeds and fearless spirit

5 **冒傻气**: behave foolishly

6 **不在乎**: not care
e.g. 他总是做自己喜欢做的事，不在乎别人说什么。

7 **特服你**: extremely admire you

fàn . Wǒmen liǎ dōu shì tèkùnshēng , dōu yǒu
饭。我们俩都是特困生[1]，都有
shēnghuó bǔzhù . Wǒmen měi cì mǎi fàn dōu hěn
生活补助[2]。我们每次买饭都很
jiéshěng .
节省[3]。

Jīnr wǎnshang , wǒ mǎile yí fènr
今儿晚上，我买了一份儿
shāotǔdòu , tǔdòu kuài yòu dà yòu hēi , hái yǒu
烧土豆，土豆块又大又黑，还有
tāng . Lǎoliù mǎile sān gè mántou , dìgěi wǒ
汤。老六买了三个馒头，递给我
yígè , zìjǐ náqǐ yí gè , náqǐ kuàizi
一个，自己拿起一个，拿起筷子
jiù chī qǐlái . Tā yòng kuàizi zhāzhù tǔdòu
就吃起来。他用筷子扎住土豆
kuài , fàngjìn mántóu li . Lǎoliù bǎ liǎng gēn
块，放进馒头里。老六把两根
kuàizi fēnkāi , yì shǒu yì gēn , cóng liǎng biān
筷子分开，一手一根，从两边
duìzhe chājìn mántou , mànmān jǔgāo , zhāngkāi
对着插进馒头，慢慢举高，张开
zuǐ yì kǒu yǎo xiàqu … Wúlùn chūn-xià-qiū-dōng ,
嘴一口咬下去……无论春夏秋冬，
bùguǎn chīfàn háishi chī miàn , Lǎoliù chīfàn de
不管吃饭还是吃面，老六吃饭的
yàngzi dōu gēn biéren bù yíyàng . Tā chīfàn de
样子都跟别人不一样。他吃饭的
yàngzi zǒngshì rě de tóngxuémen tōutōu de xiào .
样子总是惹得同学们偷偷地笑。

1 **特困生**: short term for **特别困难的学生**, poverty-stricken student

2 **生活补助**: money granted to poverty-stricken student

3 **节省**: to economize

e.g. 她在生活上很节省。

e.g. 这样做会节省很多时间。

Tā yě bú zàihu. Tā bǎ zuǒjiǎo fàng zài pìgu xiàmiàn, zuò zài dèngzi shang, chī de jīnjīnyǒuwèi.
他也不在乎。他把左脚放在屁股下面，坐在凳子上，吃得津津有味[1]。

Wǒmen cóng shítáng chūlái, yìqǐ qù jiàoshì, yìqǐ shàng wǎnzìxí. Wǒmen de xuéxiào shì zài yí gè hǎibiān chéngshì, xiàoyuán li guāqǐle hǎifēng. Wǒ bèizhe shǒu zǒu, Lǎoliù mōzhe dǔzi zǒu.
我们从食堂出来，一起去教室，一起上晚自习。我们的学校是在一个海边城市，校园里刮起了海风。我背着手走，老六摸着肚子走。

Wǒmen zǒuguò jiāoxuélóu chángcháng de zǒuláng, zǒujìn jiàoshì. Shàng wǎnzìxí de rén bù duō, wǒ liǎ zǒu dào hòumiàn de zuòwèi, zuòle xiàlái.
我们走过教学楼长长的走廊，走进教室。上晚自习的人不多，我俩走到后面的座位，坐了下来。

Lǎoliù pèngpeng wǒ, wǒ kànjiàn qiánmiàn jǐ pái yí gè nánshēng hé yí gè nǚshēng zuò zài yìqǐ. Nánshēng zài tīng nàge nǚshēng shuōhuà.
老六碰碰我，我看见前面几排一个男生和一个女生[2]坐在一起。男生在听那个女生说话。

1 **津津有味**: with relish
e.g. 这儿的菜不错，大家吃得津津有味。

2 **男生**: boy student; **女生**: girl student

Nǚshēng de tóufa hěn cháng, zài nǎo hòu zāchéng
女生的头发很长，在脑后扎成
yì bǎ mǎwěiba. Tā piānzhe tóu, xiǎoshēng
一把马尾巴[1]。她偏着头，小声
shuōzhe shénme, xiào le. Tā de mǎwěiba
说着什么，笑了。她的马尾巴
bǎilái-bǎiqù, wǎng zuǒ piān yíxià, wǎng yòu piān
摆来摆去，往左偏一下，往右偏
yíxià. Nánshēng yě xiào le, diǎnzhe tóu.
一下。男生也笑了，点着头。
Dēngguāng jiāng tāmen liǎ de yǐngzi lā de hěn
灯光将他们俩的影子拉得很
cháng …
长……

Wǒ hé Lǎoliù tǎolùnguo àiqíng. Wǒ
我和老六讨论过爱情。我
rènwéi: Zài dàxué zhǎo duìxiàng, bù hésuàn.
认为：在大学找对象[2]，不合算[3]。
Dàxué shì yìshēng shìyè dǎ jīchǔ de shíhou.
大学是一生事业打基础的时候。
Rúguǒ nǐ xiāosǎ sì nián, jiāng huì jiàngdī nǐ
如果你潇洒[4]四年，将会降低你
yìshēng shìyè de gāodù, yǐngxiǎng nǐ jīnhòu de
一生事业的高度，影响你今后的
shēnghuó zhìliàng. Chú cǐ zhī wài, zài dàxué tán
生活质量。除此之外，在大学谈
liàn'ài hái yào làngfèi dàliàng de jīnglì, shíjiān
恋爱还要浪费大量的精力、时间
hé qián, zuìhòu huā luò shéi jiā yòu nánshuō …
和钱，最后花落谁家又难说[5]……

1 **马尾巴**: ponytail

2 **找对象**: look for a boyfriend or girlfriend; **介绍对象**, introduce a boyfriend or girlfriend; **有对象**, have a boyfriend or girlfriend

3 **（不）合算**: (not) worthwhile
e.g. 坐飞机去太贵，还是坐火车去合算。

4 **潇洒**: with an easy and natural bearing
e.g. 他的言谈举止很潇洒。

5 **花落谁家又难说**: It is hard to see who will marry the beautiful girl in the end.

Lǎoliù duì àiqíng de rènshí dábudào wǒ zhège
老六对爱情的认识达不到我这个
gāodù, dàn tā hěn pǔsù, yě hěn cōngmíng.
高度，但他很朴素，也很聪明。
Tā shuō: "Rúguǒ wǒ xiǎng zhǎo duìxiàng, wǒ yào
他说："如果我想找对象，我要
huí nóngcūn zhǎo. Zài xiāngxia, wǒ yǒu wénhuà,
回农村找。在乡下，我有文化，
chī huángliáng, piàoliang de gūniang suíbiàn ràng
吃皇粮[1]，漂亮的姑娘随便让
wǒ tiāo! Bǐrúshuō wǒ kànshàngle cūnzi li de
我挑！比如说我看上了村子里的
Xiǎo Càihuā, tā kěndìng gāoxìng huài le! Dāngrán
小菜花[2]，她肯定高兴坏了！当然
le, wǒ shì dǎ gè bǐfang."
了，我是打个比方[3]。"

Wǒ wēixiàozhe, xiézhe yǎn kàn Lǎoliù. Tā
我微笑着，斜着眼看老六。他
dīxià tóu, pūkāi zhǐ xiě qǐlái le. Xiàobào
低下头，铺开纸写起来了。校报[4]
xiàng xīn dàxuéshēng zhēnggǎo, ràng xīnshēngmen xiě
向新大学生征稿[5]，让新生们写
yi xiě dào dàxué hòu de gǎnshòu. Wǒ hé
一写到大学后的感受[6]。我和
Lǎoliù shāngliang, xuéxiào duì zánmen tèkùnshēng tǐng
老六商量，学校对咱们特困生挺
rèqíng de, zánmen děi biǎoshì biǎoshì gǎnxiè. Wǒ
热情的，咱们得表示表示感谢。我
xiě de wénzhāng shì《Shī-Dà, Wǒ Xiǎng Duì Nǐ
写的文章是《师大[7]，我想对你

1 吃皇粮: work as governmental officials
2 小菜花: a girl's name
3 打（个）比方: use an analogy
e.g. 你的意思我懂，用不着打比方了。
4 校报: university journal
5 征稿: solicit contributions
6 感受: feeling
e.g. 他看到农村的变化，感受很深。
7 师大: normal university

Shuō》, Lǎoliù de wénzhāng shì《Gǎnxiè Shī-Dà》.
说》，老六的文章是《感谢师大》。

Dì-èr tiān, wǒ hé Lǎoliù jiù názhe wǒmenliǎ
第二天、我和老六就拿着我们俩

de gǎozi láidàole xiàobào bàngōngshì. Xià yǔ
的稿子[1]来到了校报办公室。下雨

le, zhè shì gè duō yǔ de xiàtiān. Yǔ bú
了，这是个多雨的夏天。雨不

dà, jìnchù de fángwū, shùmù, dǎ sǎn de
大，近处的房屋、树木、打伞的

xíngrén, dōu hěn móhu. Wǒ shuō: "Lǎoliù, nǐ
行人，都很模糊。我说："老六，你

xiě de nàxiē dōngxi, tài shízài le." Lǎoliù
写的那些东西，太实在了。"老六

zhǎzha xiǎo yǎnjing shuō: "Nǐ xiě de yě bù
眨眨小眼睛说："你写的也不

zěnmeyàng, shénme 'xiàoyuán de měilì
怎么样，什么'校园的美丽

liútǎngzhe', zhèyàng de jùzi tōng ma?" Wǒ
流淌着'，这样的句子通吗？"我

"pūchī" xiào le shuō: "Nà zánmen jiù děngzhe
"扑哧"笑了，说："那咱们就等着

qiáo ba."
瞧吧。"

Xiàobào de lǎoshī niánjì hěn dà, zuò zài yì
校报的老师年纪很大，坐在一

zhāng zhuōzi hòumiàn. Lǎoshī de bèihòu shì yí miàn
张桌子后面。老师的背后是一面

qiáng de shūjià. Wǒ shuō: "Lǎoshī, nín hǎo!
墙的书架。我说："老师，您好！

1 稿子: article

Wǒmen shì dìlǐxì de, lái sòng gǎozi." Lǎoshī
我们是地理系的，来送稿子。"老师
zhāixià yǎnjìng, xiàodào: "Jìnlái, jìnlái."
摘下眼镜，笑道："进来，进来。"

Lǎoshī jiēguò wǒmen de gǎozi, kànle yì
老师接过我们的稿子，看了一
yǎn, fàngdào yì biān, gēn wǒmen liáoqǐ tiān lái,
眼，放到一边，跟我们聊起天来，
wèn wǒmenliǎ de jiā shì nǎr de, jiāli
问我们俩的家是哪儿的，家里
shēnghuó de zěnmeyàng. Wǒliǎ tǐng gǎndòng, lái
生活得怎么样。我俩挺感动，来
xuéxiào zhème jiǔ le, cónglái méiyǒu rén zhème
学校这么久了，从来没有人这么
zǐxì wènguo wǒmen. Zuìhòu, lǎoshī hěn dòng
仔细问过我们。最后，老师很动
gǎnqíng de shuō: "Nóngmín zhēn bù róngyì ya!"
感情地说："农民真不容易呀！"
Wǒ yào shì gè nǚ tóngxué, kěndìng gǎndòng de kū
我要是个女同学，肯定感动得哭
le. Wǒliǎ yí kàn chàbuduō le, jiù gàocí
了。我俩一看差不多了，就告辞[1]
chūlái le.
出来了。

Bàn gè yuè hòu, xiàobào chūlái le. Yǒurén
半个月后，校报出来了。有人
gàosu wǒ, Lǎoliù de wénzhāng dēng bào le.
告诉我，老六的文章登[2]报了。
Wǒ yì tīng, jiù lǎnde fān nà pò bàozhǐ le.
我一听，就懒得[3]翻那破报纸了。

1 告辞: take leave
2 登: publish an article in the newspaper
3 懒得: be tired of doing something or unwilling to do something

Xiàobào bú yòng wǒ de gǎozi xíng, kěshì yě bié
校报不用我的稿子行，可是也别
shénme gǎozi dōu dēng ya! Wǎnshang huídào
什么稿子都登呀！晚上回到
sùshè, wūli hěn jìng, dàhuǒ gè máng gè
宿舍，屋里很静，大伙各忙各
de. Wǒ tái tóu qiáole yì yǎn Lǎoliù, tā tǎng
的。我抬头瞧了一眼老六，他躺
zài chuáng shang, shuāngshǒu fàngzài nǎodai xiàmiàn,
在床上，双手放在脑袋下面，
dèngzhe xiǎo yǎnjing, wàngzhe wūdǐng.
瞪着小眼睛，望着屋顶[1]。

Wǒ késou yì shēng, Lǎoliù méi zīshēng.
我咳嗽一声，老六没吱声[2]。
Wǒ shōushi dōngxi zhǔnbèi shuìjiào. Zhèshí Lǎoliù
我收拾东西准备睡觉。这时老六
wèn wǒ: "Kàn xiàobào le ma?" Wǒ shuō: "Kàn
问我："看校报了吗？"我说："看
yòu zěnyàng, bú kàn yòu zěnyàng?" Lǎoliù bǎ
又怎样，不看又怎样？"老六把
bàozhǐ rēng guòlái, shuō: "Qiáo yì yǎn ba."
报纸扔过来，说："瞧一眼吧。"
Wǒ jiēguò bàozhǐ zhǎo Lǎoliù de wénzhāng. Lǎoliù
我接过报纸找老六的文章。老六
wénzhāng de biāotí, xìngmíng hé jǐ gè jùzi
文章的标题、姓名和几个句子
méiyǒu gǎi dòng, dànshì zhěnggè wénzhāng de
没有改动，但是整个文章的
nèiróng quándōu biàn le, hǎoxiàng Lǎoliù néng lái
内容全都变了，好像老六能来

1 屋顶: roof
2 吱声: utter a word

shàng dàxué, quán shì xuéxiào de bāngzhù.
上大学，全是学校的帮助。
Wénzhāng bǎ Lǎoliù de jiā xiě de hěn qióng. Wǒ
文章把老六的家写得很穷。我
kànwán hòu, xīnli zhēn bú shì zīwèi. Wǒ hé
看完后，心里真不是滋味[1]。我和
Lǎoliù de xīnqíng yíyàng, suīrán jiāli qióng,
老六的心情一样，虽然家里穷，
què bú yuànyi bèi rénjia miáoxiě de zhèyàng kělián!
却不愿意被人家描写得这样可怜[2]！
Wǒ hé Lǎoliù yíyàng, juéde zìzūnxīn
我和老六一样，觉得自尊心[3]
shòudàole shānghài!
受到了伤害[4]！

Sùshè li, dàjiā dōu zhǔnbèi shàng chuáng
宿舍里，大家都准备上床
le. Kào chuānghu de Lǎo Wǔ cóng chuáng dǐxià
了。靠窗户的老五从床底下
náchū yì shuāng pò píxié, rēng gěi ménkǒu de
拿出一双破皮鞋，扔给门口的
lǎosān, duì tā shuō: "Bǎ xié rēng dào ménwài
老三，对他说："把鞋扔到门外
qù." Lǎo Sān názhe xié gāng xiǎng chūqu, Lǎo
去。"老三拿着鞋刚想出去，老
Wǔ yòu gǎibiàn le zhǔyi, shuō: "Bié rēng, gěi
五又改变了主意，说："别扔，给
Lǎoliù ba." Wū li yíxià jìngle xiàlái.
老六吧。"屋里一下静了下来。
Lǎoliù xiàozhe shuō: "Xiè le!" Dàjiā dōu
老六笑着说："谢了！"大家都

1 **滋味**: experience, feeling
e.g. 听了这话，我心里真不是滋味。
2 **可怜**: pitiable
e.g. 这个孩子的样子很可怜。
3 **自尊心**: self-respect
4 **伤害**: to harm; to hurt
e.g. 他伤害了我的自尊心。

sōngle kǒu qì, xiàole xiào. Lǎoliù jiēguò xié,
松了口气，笑了笑。老六接过鞋，
cāca huīchén, bǎ xié bǎi zài chuāngtái shang.
擦擦灰尘，把鞋摆在窗台[1]上。

Guān dēng yǐhòu, dàjiā yào jiāoliú yíxià gè fāngmiàn de xìnxī, xì li yào gǎo shénme huódòng, shéi jiā yǒu qián, shéi hé shéi tán liàn'ài fēnshǒu le, shéi yòu hé shéi hǎole děngděng. Dàjiā liáo de shíjiān bù cháng, yíhuìr, jiù méi dòngjing le.
关灯以后，大家要交流一下各方面的信息，系里要搞什么活动，谁家有钱，谁和谁谈恋爱分手了，谁又和谁好了等等。大家聊的时间不长，一会儿，就没动静了。

Wǒ hé Lǎoliù méiyǒu cānjiā tāmen de liáotiān. Biéren dōu shuì le, kě wǒmen shuìbuzháo. Wǒmenliǎ dōu pā zài chuángtóu, wàngzhe chuāngwài. Duìmiàn de sùshèlóu yě hēi le, yǒu yì jiān sùshè diǎnzhe làzhú.
我和老六没有参加他们的聊天。别人都睡了，可我们睡不着。我们俩都趴在床头，望着窗外。对面的宿舍楼也黑了，有一间宿舍点着蜡烛[2]。

Wǒ shuō: "Jiāli de dì li huór yòu kuài máng le."
我说："家里的地里活儿[3]又快忙了。"

1 窗台: window sill
2 蜡烛: candle
3 地里活儿: same as 农活儿 (farm work)

Lǎoliù shuō: "Máng diǎnr hǎo, yǒu gè bèntou."

老六说："忙点儿好，有个奔头[1]。"

Duìmiàn sùshè de nà shān chuānghu tūrán liàngle xǔduō, zhuōbiān wéizhe jǐ gè rén, jǔqǐle píjiǔpíng.

对面宿舍的那扇窗户突然亮了许多，桌边围着几个人，举起了啤酒瓶。

Lǎoliù dào: "Nǐ jiā jīnnián dì li zǎ yàng?"

老六道："你家今年地里咋样？"

Wǒ shuō: "Jiāli láixìn shuō, jīnnián yǔshuǐ zú, niánjǐng hǎo, kěshì liángshi de jiàgé méi zhǎng, bìngqiě hái bùtíng de wǎng xià diào."

我说："家里来信说，今年雨水足，年景好，可是粮食的价格没涨[2]，并且还不停地往下掉。"

Wǒmen chénmòle yíhuìr. Hūrán, Lǎoliù xià chuáng, guāngzhe jiǎo, zǒu dào chuāngtái biān, náqǐ yì zhī píxié, xiàng wài shǐjìn yì shuǎi, jiēzhe, "pū" de yì xiǎng.

我们沉默了一会儿。忽然，老六下床，光着脚，走到窗台边，拿起一只皮鞋，向外使劲一甩，接着，"噗"地一响。

Shèngxià yì zhī xié, réngrán fàngzài chuāngtái shang.

剩下一只鞋，仍然放在窗台上。

1 **奔头**: prospect **有奔头**, have bright prospects; **没奔头**, have nothing to look forward to

2 **涨**: to rise **涨价**, increase the price

Wǒ shuō: "Wèi shénme bù quán rēng?"
我说:"为什么不全扔?"

Lǎoliù shuō: "Liú yì zhī, gěi tāmen tí gè xǐngr. Lǎo Wǔ de bàba xiàgǎng kuài bàn nián le, tā píng shénme bǎ yào rēng de xié gěi wǒ, píng shénme qiáobuqǐ nóngcūnrén? Tā Lǎo Wǔ bǐ wǒ duō shá? Hái bú shì hé wǒ yíyàng, yí dùn fàn yí gè mántou、yí fèn xiáncài ma? Shéi bǐ shéi tèkùn!"
老六说:"留一只,给他们提个醒儿[1]。老五的爸爸下岗[2]快半年了,他凭[3]什么把要扔的鞋给我,凭什么瞧不起农村人?他老五比我多啥?还不是和我一样,一顿饭一个馒头、一份咸菜[4]吗?谁比谁特困[5]!"

Duìmiàn sùshè li de rén jǔqǐle jiǔpíng. Wǒ xiǎng: Yàoshì hē diǎn jiǔ, xīnqíng gāi yǒu duō hǎo a!
对面宿舍里的人举起了酒瓶。我想:要是喝点酒,心情该有多好啊!

Lǎoliù huí dào chuáng shang, shuō: "Wǒ jiā jīntiān láixìn le, gàosu wǒ, wǒ de xiǎomèi bú shàngxué le."
老六回到床上,说:"我家今天来信了,告诉我,我的小妹不上学了。"

"Tā jǐ niánjí?"
"她几年级?"

1 **提个醒儿**: to remind
e.g. 给你提个醒儿,别忘了吃药。

2 **下岗**: be laid off
下岗工人, layoff worker

3 **凭**: based on
e.g. 你凭什么跟我发脾气?

4 **咸菜**: pickles; salted vegetables

5 **特困**: short term for **特别困难**

“ Gāozhōng èr niánjí , ” Lǎoliù shuō ,
“高中 二 年级,”老六 说,
“ Háishi zhòngdiǎn gāozhōng . ”
“还是 重点 高中。”

Wǒ méiyǒu zīshēng . Xiǎngdào wǒ shàng
我 没有 吱声。想到 我 上
gāozhōng 、 shàng dàxué huā de qián , jiāli zhēn
高中、上 大学 花 的 钱,家里 真
shì kùnnan a !
是 困难 啊!

Lǎoliù tàn kǒu qì , shuō : “ Wǒ mèimei bǐ
老六 叹 口 气,说:“我 妹妹 比
wǒ kǔ . Tā shàng chūzhōng shí , měi tiān dōu yào
我 苦。她 上 初中 时,每 天 都 要
fān shān , èrshí lái lǐ dì . Zhōngwǔ cóng bú
翻 山,二十 来 里 地。中午 从 不
dài fàn , wǎnshang huílái hái shuǎ bāng wǒ mā
带 饭,晚上 回来 还 耍 帮 我 妈
gànhuó . Wǒ bà shēntǐ bùhǎo , yāo yǒu bìng ,
干活。我 爸 身体 不好,腰 有 病,
píngshí zhǐnéng zài jiāli tǎngzhe . Mèimei ài xiào ,
平时 只能 在 家里 躺着。妹妹 爱 笑,
wéizhe wǒ mā , yìbiān gànhuó yìbiān jiǎng xuéxiào
围着 我 妈,一边 干活 一边 讲 学校
de shì . Wǒ bà měi tiān zài nàge shíhou , jiù
的 事。我 爸 每 天 在 那个 时候,就
cóng kàng shang xiàlái , zuò zài ménkǒu , chōuzhe
从 炕[1] 上 下来,坐 在 门口,抽着
yāndài , tīng māma hé xiǎomèi liáotiān . Yǒu yí
烟袋[2],听 妈妈 和 小妹 聊天。有 一

1 炕: a bed built on a brick base, with a fire underneath to heat the bed

2 烟袋: long-stemmed pipe usu. with a bowl filled with tobacco leaves

cì , wǒ kànjiàn māma zuò fàn , wūzi li yān
次，我看见妈妈做饭，屋子里烟

tèbié dà , wǒ mā késou qǐlái . Xiǎomèi
特别大，我妈咳嗽起来。小妹

gǎnmáng pǎo guòlái , gěi wǒ mā chuíbèi . Wǒ
赶忙跑过来，给我妈捶背[1]。我

yě bùnéng zài kàng shang kàn shū le , yě chūlái
也不能在炕上看书了，也出来

shǐjìn shān yān . Wǒ mā jiào wǒ shàng yuànzi li
使劲扇烟。我妈叫我上院子里

kàn shū , shuō yǒu xiǎomèi bāngmáng jiù xíng le .
看书，说有小妹帮忙就行了。

Fàn zuòhǎo le , wǒmen yì jiā sì kǒu zuò xiàlái
饭做好了，我们一家四口坐下来

chīfàn . Wǒ bà wǎng wǒ wǎn li jiā cài , shuō ,
吃饭。我爸往我碗里夹菜，说，

duō chī diǎn , xuéxí fèi nǎozi . Wǒ jiā měi dùn
多吃点，学习费脑子。我家每顿

fàn jiù yí gè cài . Nà diǎnr cài , yě
饭就一个菜。那点儿菜，也

chàbuduō dōu gěi dào wǒ wǎn li le . Wǒ bà wǒ
差不多都给到我碗里了。我爸我

mā zài xìn shang shuō — Hǎohāo xuéxí , chūqu
妈在信上说——好好学习，出去

shàng dàxué le , jiù bié huílái le . Hái shuō ,
上大学了，就别回来了。还说，

wǒ xiǎomèi , yí gè nǚ háizi , jiāli yě
我小妹，一个女孩子，家里也

shízài gōngbuqǐ le . ”
实在供[2]不起了。”

1 捶背：pound the back (as a massage)
2 供：to supply

Lǎoliù shuō: "Wǒ gěi jiā huí xìn, gàosu
老六说："我给家回信，告诉
wǒ bà wǒ mā, xiǎomèi de xué yídìng yào shàng,
我爸我妈，小妹的学一定要上，
wǒ gōng! Wǒ yǐhòu měi yuè gěi tā jì sìshí
我供！我以后每月给她寄四十
kuài qián. Zài rěn yi rěn, děng wǒ dàxué
块钱。再忍一忍，等我大学
bìyè, jiù xíng le."
毕业，就行了。"

"Nǐ shàng nǎr nòng nà sìshí kuài qù?"
"你上哪儿弄那四十块去？"

"Měi gè yuè wǒ de xuésheng bǔzhù wǔshíwǔ
"每个月我的学生补助五十五
yuán, tèkùnshēng bǔzhù sānshí yuán, wǒ lǐbàiliù,
元，特困生补助三十元，我礼拜六、
lǐbàitiān liǎng fèn jiājiào néng zhèng liùshí yuán,
礼拜天两份家教[1]能挣六十元，
yígòng shì yìbǎi sìshíwǔ yuán. Jìzǒu sìshí
一共是一百四十五元。寄走四十
yuán, liú shíwǔ kuài línghuāqián, chīfàn hái shèng
元，留十五块零花钱[2]，吃饭还剩
jiǔshí kuài qián, jiéshěng yìdiǎnr jiù gòu le."
九十块钱，节省一点儿就够了。"

"Kāi wánxiào! Zhème shǎo de qián zěnme
"开玩笑！这么少的钱怎么
néng gòu ne!"
能够呢！"

Lǎoliù xiàodào: "Wǒ suànguo, wǒ yì tiān
老六笑道："我算过，我一天

1 家教: to tutor
2 零花钱: pocket money

chīfàn huā sān kuài qián, yě chàbuduō le."
吃饭花三块钱，也差不多了。"

Wǒ shuō: "Zhèyàng ba, měi yuè wǒ jiéshěng chū èrshí, nǐ zài jiāshàng èrshí, liǎng gè rén jiéshěng zǒng bǐ yí gè rén qiáng. Chīfàn de qián shì bùnéng jiéshěng de."
我说："这样吧，每月我节省出二十，你再加上二十，两个人节省总比一个人强[1]。吃饭的钱是不能节省的。"

Lǎoliù yòu fānle gè shēn, shuāngshǒu tuōzhù xiàba shuō: "Qíshí, wǒ xiànzài bǐ shàng gāozhōng nà shíhou hǎo duō le. Shàng gāozhōng de shíhou, měi gè yuè jiāli jiù gěi wǒ sānshí yuán qián, měi gè yuè de zuìhòu shí tiān, shì wǒ zuì kùnnan de shíhou."
老六又翻了个身，双手托住下巴说："其实，我现在比上高中那时候好多了。上高中的时候，每个月家里就给我三十元钱，每个月的最后十天，是我最困难的时候。"

Wǒ shuō: "Děng zánmen bìyè le, hái děi zìjǐ zhǎo gōngzuò."
我说："等咱们毕业了，还得自己找工作。"

Lǎoliù shuō: "Wǒ dàxué bìyè yǐhòu, jiù huí nóngcūn qù dāng lǎoshī. Wǒ yǒu gè chūzhōng
老六说："我大学毕业以后，就回农村去当老师。我有个初中

1 比…强: better than
e.g. 他的英语比我强。

nǚ tóngxué, kǎole liǎng nián gāozhōng, méi
女同学，考了两年高中，没
kǎoshàng, jiù huí cūnzi li jiāoshū le. Tā
考上，就回村子里教书了。她
jiāozhe sìshí gè háizi. Yuánlái yǒu gè lǎoshī,
教着四十个孩子。原来有个老师，
shì gè nánde, sānshí lái suì. Bú ràng tā jiāo
是个男的，三十来岁。不让他教
le, tā jiù zhàn zài jiàoshì wàimiàn, kànzhe wǒ
了，他就站在教室外面，看着我
nàge nǚ tóngxué shàngkè."
那个女同学上课。”

"Tā kě zhēn yǒu yìsi!" Wǒ shuō.
“他可真有意思！”我说。

"Tā yǐqián yě xiǎng kǎo chūlái, kěshì méi
“他以前也想考出来，可是没
kǎoshàng, xiǎng dāngbīng, jiāli yòu méi qián
考上，想当兵[1]，家里又没钱
sònglǐ lā guānxì. Zhè cì hánjià huíjiā, wǒ
送礼拉关系[2]。这次寒假回家，我
yùjian nà nǚ tóngxué, tā huáiyùn le, tǐng gè
遇见那女同学，她怀孕[3]了，挺个
dà dǔzi. Wǒ wèn 'Tā bà ne?' Nǚ tóngxué
大肚子。我问：‘他爸呢？’女同学
dádào: 'Tì wǒ shàngkè ne.' Wǒ wǎng jiàoshì
答道：‘替我上课呢。’我往教室
li yí kàn, yuánlái jiù shì nàge nán lǎoshī,
里一看，原来就是那个男老师，
zhèngzài gěi xuésheng shàngkè ne."
正在给学生上课呢。”

1 当兵：join the army
2 拉关系：try to establish an underhand relationship with someone
3 怀孕：be pregnant

Wǒ xiào le, táiqǐ tóu, duìmiàn sùshèlóu,
我笑了，抬起头，对面宿舍楼，
yígè xuésheng zuò zài le chuāngtái shang. Tā
一个学生坐在了窗台上。他
shǒuli de jiǔpíng huànchéngle jítā, dīshēng de
手里的酒瓶换成了吉他，低声地
tánchàngzhe …
弹唱着……

Wǒ shuō: "Duìmiàn yǒu rén chànggē."
我说："对面有人唱歌。"

Lǎoliù jiāng chuānghu lākāi yìdiǎn, gēshēng
老六将窗户拉开一点，歌声
piāole jìnlái. Hēi'àn zhōng, wǒ hé Lǎoliù
飘了进来。黑暗中，我和老六
jìngjìng de tīngzhe …
静静地听着……

Èr. Jìngxuǎn
2. 竞选[1]

Qùnián wǒmen bānjí xuǎn sān-hǎo xuésheng,
去年我们班级选三好学生[2]，
wǒ déle shísān zhāng xuǎnpiào, Bì Jìng déle
我得了十三张选票[3]，毕竟得了
shíliù zhāng xuǎnpiào. Bì Jìng dāngxuǎn, jiǎngjīn
十六张选票。毕竟当选[4]，奖金[5]
liùbǎi kuài. Bì Jìng píng shénme, píng tā shì
六百块。毕竟凭什么，凭她是
xuéshēnghuì gànbù? Wǒ yí gè tángtáng nánzǐhàn,
学生会干部？我一个堂堂男子汉[6]，
què shū gěi yí gè nǚ tóngxué! Píngshí, wǒ hé
却输给一个女同学！平时，我和

1 竞选：stand for election
2 三好学生："three-good" student—an honorific title given to students who are good in study, morality and health
3 选票：vote
4 当选：be elected
5 奖金：money award
6 堂堂男子汉：an aboveboard and dignified man

dàjiā de guānxì tǐng hǎo, kěshì zài jìngxuǎn de
大家的关系挺好，可是在竞选的
shíhou dàjiā zěnme bù xuǎn wǒ? Wǒ yào xīqǔ
时候大家怎么不选我？我要吸取
jiàoxun, qùnián wǒ shū gěi Bì Jìng, wǒ juéde
教训[1]，去年我输给毕竟，我觉得
jīnnián kěndìng néng yíng huílái. Jīnnián, wǒ
今年肯定能赢回来。今年，我
zǎozāo zhìdìng chū le jìngxuǎn jìhuà.
早早制订出了竞选计划。

Wǒ gēn nán tóngxuémen shuō: "Rúguǒ jīnnián
我跟男同学们说："如果今年
wǒ bèi xuǎnshàngle sān-hǎo xuéshēng, wǒ de jiǎngjīn
我被选上了三好学生，我的奖金
dàjiā yòng! Wǒ cānjiā jìngxuǎn bú shì wèile
大家用！我参加竞选不是为了
jiǎngjīn, érshì xiǎng zhēng kǒu qì."
奖金，而是想争口气[2]。"

Lǎoliù qiáole wǒ yì yǎn, shuō: "Nǐ
老六瞧了我一眼，说："你
jīnnián hái yǒu bǎwò kǎo dì-yī? Bié dǎibuzháo
今年还有把握考第一？别逮不着
húli rě yì shēn sāo!" Lǎoliù hé wǒ de
狐狸惹一身臊！[3]"老六和我的
guānxì hěn hǎo, tā de huà wǒ děi tīng.
关系很好，他的话我得听。

Wǒ shuō: "Nǐmen hái bù xiāngxìn wǒ de
我说："你们还不相信我的
nǎodai? Wèile zhēng kǒu qì wǒ yě děi kǎo dì-
脑袋？为了争口气我也得考第

1 **吸取教训**: learn a lesson
2 **争口气**: try to win credit for
3 **别逮不着狐狸惹一身臊**: It is a saying implying that you risk losing the credit if you lose the election again.

yī míng."
一名。"

Dàjiā fēnfēn diǎntóu, tǎolùn rúhé fēnpèi
大家纷纷点头，讨论如何分配

"liùbǎi kuài jiǎngjīn".
"六百块奖金"。

Lǎo Wǔ xiàomīmī de shuō: "Wǒ mèi jīnnián
老五笑眯眯地说："我妹今年

xuéfèi méi jiāo ne, nǐ néng gěi duōshao?" Wǒ
学费没交呢，你能给多少？"我

shuǎngkuai de shuō: "Yìbǎi." Jīnnián xiàtiān,
爽快[1]地说："一百。"今年夏天，

Lǎo Wǔ jiā de fángzi hé dì bèi shuǐ yān le,
老五家的房子和地被水淹[2]了，

wǒ zhè yě suàn tì zhèngfǔ bāngzhù tā le.
我这也算替政府帮助他了。

Zhōu Bō shuō: "Zánmen sùshè quē gè
周波说："咱们宿舍缺个

shíyīngzhōng." Wǒ shuō: "Náchū sìshí kuài mǎi
石英钟[3]。"我说："拿出四十块买

yí gè shíyīngzhōng."
一个石英钟。"

Lǎo Sān shuō: "Wǒ yǒule Nàikè dàyī hé
老三说："我有了耐克[4]大衣和

Nàikè xié, xiànzài wǒ jiù shǎo dǐng Nàikè mào,
耐克鞋，现在我就少顶耐克帽，

nǐ kàn zǎ yàng?" Wǒ shuō: "Lǎo Sān, nǐ zhè
你看咋样？"我说："老三，你这

shì chènhuǒ-dǎjié! Hǎo, gěi nǐ wǔshí. Búguò
是趁火打劫[5]！好，给你五十。不过

1 **爽快**: outright
e.g. 他的性格很爽快。
2 **淹**: to flood
3 **石英钟**: quartz clock
4 **耐克**: Nike
5 **趁火打劫**: rob the owner while his house is on fire—profit by someone's misfortune

bié nále qián bú gàn shìr . " Wǒ huáiyí qùnián
别拿了钱不干事儿。"我怀疑去年
jìngxuǎn shí , tā kěnéng méi xuǎn wǒ .
竞选时，他可能没选我。

Chén Kǎi zhǐzhe dì shang de pò qiú shuō :
陈凯指着地上的破球说：
" Zán bān zúqiú dōu bù yuán le , mǎi gè xīn de
"咱班足球都不圆了，买个新的
ba . " Wǒ tòngkuai dāying : " Wǒ chū qīshí kuài . "
吧。"我痛快答应："我出七十块。"
Wǒ yě shì gè qiú pízi .
我也是个球皮子[1]。

Qí Yuènán shuō : " Hái yǒu liǎng gè lǐbài
齐悦男说："还有两个礼拜
shì wǒ de shēngrì , mǎi gè dàngāo ba . " Wǒ
是我的生日，买个蛋糕吧。"我
xiàodào : " Xíng , wǒ chū sānshí . " Zhè fèn qián ,
笑道："行，我出三十。"这份钱，
zǎowǎn de huā , yùdào tóngxué guò shēngrì , dàhuǒ
早晚得花，遇到同学过生日，大伙
dōu yào chūqù chī yí dùn .
都要出去吃一顿。

Zuìhòu Lǎo Sān duì wǒ shuō : " Kāng Kǎi , bié
最后老三对我说："康凯，别
wàngle bǎ qián liú chūlái hē qìnggōng jiǔ . " Wǒ
忘了把钱留出来喝庆功酒[2]。"我
ràng Lǎoliù suàn yi suàn hái shèng duōshao qián .
让老六算一算还剩多少钱。
Lǎoliù suànle yíxià , shuō : " Liùbǎi jiǎn wǔbǎi
老六算了一下，说："六百减五百

1 球皮子：one who is not a good football player but likes to play
2 喝庆功酒：toast for celebration

èrshíwǔ , hái shèng qīshíwǔ kuài . ”
二十五，还剩七十五块。”

Wǒ diǎndiantóu , shuō : “ Wǒ zài gěi nǐ
我点点头，说：“我再给你

èrshíwǔ kuài qián zuò huódòng jīngfèi , bùxǔ
二十五块钱做活动经费[1]，不许

mǎi yān chōu . Shèngxià wǔshí , wǒ zhǔnbèi jiànlì
买烟抽。剩下五十，我准备建立

gè àiqíng jījīn , shéi zhǎodàole nǚpéngyou ,
个爱情基金[2]，谁找到了女朋友，

wǒ chū qián , qǐng tāmen kàn diànyǐng . ”
我出钱，请他们看电影。”

Dàhuǒ rèliè gǔzhǎng . Wǒ zhème zuò , yě
大伙热烈鼓掌。我这么做，也

shì yǒu mùdì de . Yīnwèi wǒ zhīdao yǒu liǎng gè
是有目的的。因为我知道有两个

nánshēng zhèngzài hé bān li nǚshēng tán liàn'ài .
男生正在和班里女生谈恋爱。

Tāmen de nǚpéngyou yěxǔ huì tóu wǒ de piào .
他们的女朋友也许会投我的票。

Zuìhòu , wǒ shuō : “ Jīnnián wǒ cānjiā sān-hǎo
最后，我说：“今年我参加三好

xuéshēng jìngxuǎn , quán kào dàjiā zhīchí le . ”
学生竞选，全靠大家支持了。”

Jǐ tiān hòu , Lǎoliù gēn wǒ shuō , yǒuxiē
几天后，老六跟我说，有些

tóngxué duì wǒ de zuòfǎ yǒu yìjiàn . Wǒ de
同学对我的做法有意见。我的

jìngxuǎn duìshǒu Bì Jìng háishi yìbiān wéizhe lǎoshī
竞选对手毕竟还是一边围着老师

1 **活动经费**: expenditure for the election
2 **爱情基金**: love fund

zhuàn, yìbiān zuò tā de jìngxuǎn zhǔnbèi gōngzuò.
转，一边做她的竞选准备工作。Yǒu yí cì wǒ pèngdàole Bì Jìng, tā xiàozhe shuō: "Zěnmeyàng? Shìqing jìnxíng de hái shùnlì ba?" Wǒ méi lǐ tā, cóng tā pángbiān zǒule guòqù.
有一次我碰到了毕竟，她笑着说："怎么样？事情进行得还顺利吧？"我没理她，从她旁边走了过去。

Jìngxuǎn de rìzi zhōngyú dào le. Nà tiān shàngwǔ yào xiān xuānbù kǎoshì chéngjì, ránhòu dàjiā xuǎn sān-hǎo xuéshēng. Nà tiān zǎoshang, wǒ qǐ de hěn zǎo, xǐle tóu, huànle jiàn xīn chènyī, hěn yǒu xìnxīn de zǒujìn jiàoshì. Tóngxuémen lùlùxùxù dào le, Lǎoliù zuò zài qiánmiàn, lí Bì Jìng bù yuǎn. Bānzhǎng xuānbù qīmò kǎoshì chéngjì: " Dì-yī míng, Kāng Kǎi, zǒngfēn liùbǎi jiǔshíliù fēn; dì-èr míng, Bì Jìng, zǒngfēn liùbǎi jiǔshíyī fēn……"
竞选的日子终于到了。那天上午要先宣布考试成绩，然后大家选三好学生。那天早上，我起得很早，洗了头，换了件新衬衣，很有信心地走进教室。同学们陆陆续续[1]到了，老六坐在前面，离毕竟不远。班长宣布期末考试成绩："第一名，康凯，总分696分；第二名，毕竟，总分691分……"

1 **陆陆续续**: one after another
e.g. 客人们陆陆续续地都到了。

Lǎoliù méi huí tóu, bǎ yòushǒu shēn chūlái,
老六没回头，把右手伸出来，
duì wǒ shùqǐ dàmǔzhǐ. Wǒ xīnli hěn
对我竖起大拇指[1]。我心里很
déyì, xiàng dàjiā diǎndiantóu. Bì Jìng yě huí
得意[2]，向大家点点头。毕竟也回
tóu kànle wǒ yì yǎn.
头看了我一眼。

Wǒ yě kànle tā yì yǎn, xīnli shuō,
我也看了她一眼，心里说，
xiǎo yātou, hǎoxì zài hòutou ne! Niànwán
小丫头，好戏在后头呢！[3]念完
chéngjì, bānzhǎng shuō: "Gēnjù sān-hǎo xuéshēng de
成绩，班长说："根据三好学生的
biāozhǔn, jīngguò bānwěihuì de tǎolùn, tímíng
标准，经过班委会[4]的讨论，提名
Kāng Kǎi hé Bì Jìng tóngxué wéi hòuxuǎnrén.
康凯和毕竟同学为候选人[5]。
Xiàmiàn fā xuǎnpiào, qǐng dàjiā zǐxì kǎolǜ,
下面发选票，请大家仔细考虑，
rènzhēn tiánxiě."
认真填写。"

Pángbiān yǒurén xiǎoshēng shuō: "Hòuxuǎnrén bú
旁边有人小声说："候选人不
jiùshì yí gè dì-yī míng hé yí gè dì-èr míng
就是一个第一名和一个第二名
ma? Shénme shíhou wǒmen yě néng dāng yí cì
吗？什么时候我们也能当一次
hòuxuǎnrén."
候选人。"

1 **竖起大拇指**: give someone a thumb's up

2 **得意**: be pleased with oneself

e.g. 他得了冠军，所以很得意。

3 **小丫头，好戏在后头呢**: Little girl, wait to see who will win in the end.

4 **班委会**: class committee

5 **候选人**: candidate

Zhèshí, yì míng nǚ tóngxué zhàn qǐlái,
这时，一名女同学站起来，
duì bānzhǎng shuō: "Wǒ bù tóngyì zhèyàng de
对班长说："我不同意这样的
xuǎnjǔ. Gǎigé kāifàng dōu èrshí nián le, bānjí
选举。改革开放都二十年了，班级
de mínzhǔ zhìdù hái méiyǒu gǎibiàn. Wǒ tuìchū
的民主制度[1]还没有改变。我退出
xuǎnjǔ!" Shuō bà, tā náqǐ shūbāo jiù zǒu
选举！"说罢，她拿起书包就走
le. Zhège nǚshēng hěn yǒu gèxìng. Yǒu yí cì
了。这个女生很有个性[2]。有一次
xuéxiào wèi fāngbiàn tóngxué, zài sùshè li zhuāngle
学校为方便同学，在宿舍里装了
diànhuà, měi rén shōu sānshí kuài yājīn, tā
电话，每人收三十块押金[3]，她
rènwéi bù hélǐ, shì luàn shōufèi, jiù gěi
认为不合理，是乱收费[4]，就给
xiàozhǎng xiěle yì fēng gōngkāixìn. Tā juéde hái
校长写了一封公开信。她觉得还
búgòu, yòu bǎ diànshìtái jìzhě jiào lái le, nào
不够，又把电视台记者叫来了，闹
de mǎnchéngfēngyǔ. Lǎoliù huíguo tóu, chòng wǒ
得满城风雨[5]。老六回过头，冲我
xiào yi xiào. Bānzhǎng xuānbù: "Qìquán yí
笑一笑。班长宣布："弃权[6]一
piào." Dàjiā tiánwán xuǎnpiào, wǒ suànle yíxià:
票。"大家填完选票，我算了一下：
Quánbān shí'èr míng nánshēng, zuì shǎo néng yǒu
全班十二名男生，最少能有

1 **民主制度**: democratic system

2 **个性**: character, personality

3 **押金**: deposit

4 **乱收费**: have unreasonable charge
e.g. 政府不允许学校乱收费。

5 **满城风雨**: (of the news, rumor) spread all over the city; the talk of the town
e.g. 他们俩恋爱的事情弄得满城风雨。

6 **弃权**: abstain from one's right in election or voting

shíyí gè xuǎn wǒ ; shíqī míng nǚshēng , jù
十一个选我；十七名女生，据

Lǎoliù shuō , kěnéng yǒu sì-wǔ gè nǚshēng xuǎn
老六说，可能有四五个女生选

wǒ . Suīrán qìquán yí gè , yě méi shénme
我。虽然弃权一个，也没什么

guānxì . Wǒ gūjì dàgài néng dé shíwǔ-liù zhāng
关系。我估计大概能得十五六张

xuǎnpiào , Bì Jìng yě jiù zhǐ yǒu shísān-sì zhāng .
选票，毕竟也就只有十三四张。

Rúguǒ zhèyàng dehuà , wǒ jiù jìngxuǎn chénggōng
如果这样的话，我就竞选成功

le ! Bānzhǎng hé yí gè tóngxué chàngpiào . Wǒ
了！班长和一个同学唱票[1]。我

qī piào , Bì Jìng wǔ piào ; wǒ jiǔ piào , Bì Jìng
七票，毕竟五票；我九票，毕竟

shí piào . Wǒ kāishǐ jǐnzhāng le , méi xiǎngdào Bì
十票。我开始紧张了，没想到毕

Jìng zhuī de zhème jǐn . Wǒ shísān piào , Bì Jìng
竟追得这么紧。我十三票，毕竟

shísì piào , zhǐ yǒu yí piào méi dǎkāi le . Zhè
十四票，只有一票没打开了。这

zhāng piào rúguǒ xuǎn wǒ , suīrán wǒ liǎ piàoshù
张票如果选我，虽然我俩票数

yíyàng , kě wǒ de chéngjì shì dì-yī míng , sān-
一样，可我的成绩是第一名，三

hǎo xuéshēng réngrán yìnggāi shì wǒ . Wǒ xīnli
好学生仍然应该是我。我心里

fēicháng jǐnzhāng . Lǎoliù yòu huí tóu , chòng wǒ
非常紧张。老六又回头，冲我

1 唱票：call out the votes

tànqì , yáoyaotóu. Wǒ xīnli màdào: Bú tì
叹气[1]，摇摇头。我心里骂道：不替
wǒ jiāyóu, tàn shénme qì!
我加油，叹什么气！

Bì Jìng zuò zài nàr, yí fù yōuránzìdé
毕竟坐在那儿，一副悠然自得[2]
de yàngzi. Bānzhǎng dǎkāi zuìhòu yì zhāng
的样子。班长打开最后一张
xuǎnpiào — Zhè shì yì zhāng kòngbái de xuǎnpiào.
选票——这是一张空白的选票。
Wǒ yòu shū le! Wǒ dīxià tóu, xīnli fēicháng
我又输了！我低下头，心里非常
nánguò. Wǒ méi xiǎngdào wǒ huì shū. Nàme shì
难过。我没想到我会输。那么是
shéi méi tián xuǎnpiào?!
谁没填选票？！

Jìngxuǎn jiéshù le, jiàoshì li zhǐ shèngxià
竞选结束了，教室里只剩下
wǒ hé Lǎoliù le. Wǒ kǔxiào dào: "Móushì zài
我和老六了。我苦笑道："谋事在
rén, chéng shì zài tiān a." Lǎoliù yáoyao-
人，成事在天[3]啊。"老六摇摇
tóu, shuō: "Bì Jìng méi tián xuǎnpiào. Tā lái de
头，说："毕竟没填选票。她来的
shíhou, lián bǐ dōu méi dài. Nǐ méi xuǎnshàng,
时候，连笔都没带。你没选上，
kànlái hái yǒu shìdào rénxīn." Wǒ cháng chū yì
看来还有世道人心[4]。"我长出一
kǒu qì, kànzhe Lǎoliù de liǎn shuō: "Zhèxiē tiān
口气，看着老六的脸说："这些天

1 **叹气**: to sigh
2 **悠然自得**: be carefree and content
e.g. 他一边看书，一边听音乐，一副悠然自得的样子。
3 **谋事在人，成事在天**: Man proposes, God disposes.
4 **世道人心**: social morality and popular feelings

bǎ nǐ lěihuài le." Lǎoliù xiàoxīxī de shuō:
把你累坏了。"老六笑嘻嘻地说:
"Qíshí suīrán nǐ shū le, yě méi shū shénme.
"其实虽然你输了,也没输什么。
Nǐ gēn dàjiā shuō de nàxiē jìhuà dōu shì
你跟大家说的那些计划都是
kōngtóu zhīpiào. Nǐ yě méi shīqù shénme."
空头支票[1]。你也没失去什么。"

Wǒ liǎ zǒuchū jiàoshì, wàimiàn yángguāng
我俩走出教室,外面阳光
cànlàn. Wǒmen zǒujìnle yángguāng li.
灿烂[2]。我们走进了阳光里。

Sān. Shàngpù
3. 上铺[3]

Zài dàxué de sùshè li, Xiāo Fēng shì wǒ
在大学的宿舍里,萧风是我
de tóng wū, shuì zài wǒ de shàngpù. Tā pāipai
的同屋,睡在我的上铺。他拍拍
wǒ de jiānbǎng, shuō: "Wǒ zài chūzhōng,
我的肩膀,说:"我在初中、
gāozhōng yìzhí shuì shàngpù. Dào dàxué bàodào nà
高中一直睡上铺。到大学报到那
huìr, wǒ gūjì zài zhèr yě néng shuì
会儿,我估计在这儿也能睡
shàngpù. Shuì shàngpù shuǎng." Wǒ diǎndiantóu,
上铺。睡上铺爽[4]。"我点点头,
hǎoxiàng zhīdaole wèi shénme tā xǐhuan shuì
好像知道了为什么他喜欢睡
shàngpù. Tā de shǒujìn tǐng dà. Wǒmen zài
上铺。他的手劲挺大。我们在

1 空头支票: bad cheque, implying that what Kang Kai promises his classmates is an empty promise.
2 阳光灿烂: the sun shines brightly
3 上铺: upper berth
4 爽: feel fine and comfortable

yìqǐ shuōhuà hěn suíbiàn .
一起说话很随便[1]。

Xiāo Fēng měi tiān ànshí qǐchuáng, bāokuò
萧风每天按时起床，包括
lǐbàiliù, lǐbàitiān. Tā qǐlái hòu, jiù bǎ
礼拜六、礼拜天。他起来后，就把
bèizi diéhǎo. Wǒmen zhèr shàngpù dié bèizi
被子叠[2]好。我们这儿上铺叠被子
de rén hěn shǎo. Tā yì dié bèi, chuáng jiù
的人很少。他一叠被，床就
"zhīzhīyāyā" xiǎng, wǒ yě xǐng le. Wǒ shuō:
"吱吱呀呀"响，我也醒了。我说：
"Zǎo — ya!"
"早——呀！"

Xiāo Fēng bù hǎoyìsi de xiào le, huídá
萧风不好意思地笑了，回答
shuō: "Tiān yí liàng jiù shuì bù tàshi."
说："天一亮就睡不踏实[3]。"

Tā suīrán qǐlái le, dàn bú xià chuáng.
他虽然起来了，但不下床。
Xiāo Fēng shuō, tā xǐhuan dāi zài shàngpù, xǐhuan
萧风说，他喜欢待在上铺，喜欢
dāi zài shàngpù de gǎnjué, xǐhuan zài shàngbian
待在上铺的感觉，喜欢在上边
kànkan shū, tīngting gē. Tā xǐhuan zài shàngpù
看看书、听听歌。他喜欢在上铺
kànzhe wǒmen wéizhe zhuōzi chīfàn de yàngzi.
看着我们围着桌子吃饭的样子。
Wǒ yǒushí táiqǐ tóu, ràng tā xiàlái yíkuàir
我有时抬起头，让他下来一块儿

1 随便: casual
e.g. 我说话很随便，请不要见怪。
2 叠: to fold
3 踏实: down-to-earth; steadfast
e.g. 这个学生学习很踏实。
e.g. 工作就应该踏踏实实地干。

chī, dànshì Xiāo Fēng háishì xǐhuan zài zìjǐ de
吃，但是萧风还是喜欢在自己的
shàngpù chīfàn. Tā bǎ fàn gāng fàngzài shàngpù
上铺吃饭。他把饭缸[1]放在上铺
de shūjià shang. Xiāo Fēng de shūjià shang shénme
的书架上。萧风的书架上什么
dōu fàng. Dāngchū, Xiāo Fēng mǎile shūjià, dīng
都放。当初，萧风买了书架，钉
zài chuángtóu, ránhòu wǎng lǐ tián shū. Tā de
在床头，然后往里填书。他的
shū shǎo, méi tiánmǎn, tā yòu bǎ tā de suíshēn-
书少，没填满，他又把他的随身
tīng hé cídài wǎng lǐ duī. Hái yǒu kōng
听[2]和磁带往里堆。还有空
dìfang, Xiāo Fēng yòu bǎ fàn gāng fàng zài
地方，萧风又把饭缸放在
shàngmiàn. Wǒ xiào tā, shuō: "Hē, nǐ de
上面。我笑他，说："嗬，你的
shūjià jiǎnzhí chéngle 'dàzáhuì' le!" Xiāo
书架简直成了'大杂烩'[3]了！"萧
Fēng xiǎngle xiǎng, shuō: "Yě shì." Tā bú
风想了想，说："也是。"他不
yuànyi cóng shàngpù xiàlái, jiù ràng wǒ qù lóuxià
愿意从上铺下来，就让我去楼下
shāngdiàn mǎi yì fú jiǎnzhǐ lāhuā. Wǒ xiàng
商店买一幅剪纸拉花[4]。我像
tùzi yíyàng pǎoxià lóu qù mǎi jiǎnzhǐ lāhuā.
兔子一样跑下楼去买剪纸拉花。
Xiāo fēng yòng wǒ mǎilái de jiǎnzhǐ lāhuā zhàozhù
萧风用我买来的剪纸拉花罩[5]住

1 **饭缸**: food mug, a food container bigger than a bowl

2 **随身听**: portable cassette player; walkman

3 **大杂烩**: mixture of dissimilar things without order or proper arrangement

4 **剪纸拉花**: paper-cut garland

5 **罩**: to cover

shūjià . Ránhòu , tā kànzhe shūjià shang de shū ,
书架。然后，他看着书架上的书、
fàn gāng , suíshēntīng hé zhào zài shàngmiàn de
饭缸、随身听和罩在上面的
jiǎnzhǐ lāhuā , gāoxìng de chuīle shēng kǒushào .
剪纸拉花，高兴地吹了声口哨[1]。
Bùzhì wán chuángtóu shūjià , Xiāo Fēng yòu fānchū
布置完床头书架，萧风又翻出
Qiáodān de huà tiē zài qiángshang . Cóng xiàmiàn
乔丹[2]的画贴在墙上。从下面
wǎng shàng kàn , hǎoxiàng Qiáodān yì shǐjìn , jiù
往上看，好像乔丹一使劲，就
néng bǎ lánqiú kòujìn Xiāo Fēng de fàn gāng li .
能把篮球扣进萧风的饭缸里。

Xiāo Fēng chángcháng shì nǎodai zhěnzhe bèizi ,
萧风常常是脑袋枕着被子，
tǎng zài shàngpù , cóng shūjià shang náchū yì běn
躺在上铺，从书架上拿出一本
wǔxiá xiǎoshuō , yìbiān kàn shū , yìbiān tīngzhe
武侠小说，一边看书，一边听着
suíshēntīng , yí fù yōuránzìdé de yàngzi . Xiāo
随身听，一副悠然自得的样子。萧
Fēng shuō , tā de suíshēntīng shì jípǐn , dīyīn
风说，他的随身听是极品[3]，低音
xià de qù , gāoyīn shàng de lái . Tīng zhèyàng de
下得去，高音上得来。听这样的
suíshēntīng shì yì zhǒng xiǎngshòu … Xiāo Fēng
随身听是一种享受……萧风
yǒushí bǎ suíshēntīng jiè gěi wǒ tīng , tā shuō :
有时把随身听借给我听，他说：

1 口哨: whistle
e.g. 他会吹口哨。
2 乔丹: Michael Jordan
3 极品: highest grade; best quality
e.g. 这种茶是极品。

“ Zǎoshang qǐ de zǎo , píngshí shàng chuáng xià
“早上起得早，平时上床下
chuáng , gěi nǐ tiān máfan le . ”
床，给你添麻烦了。”

Wǒ xiào le , shuō : “ Wǒmen shàng-xiàpù shì
我笑了，说：“我们上下铺是
yuánfen , zánmen dōu shì gēmenr ! ”
缘分[1]，咱们都是哥们儿[2]！”

Wǒ fāxiàn , Xiāo Fēng de cídài hěn zá ,
我发现，萧风的磁带很杂，
shénme dōu yǒu , yǒu liúxíng gēqǔ , yǒu dōngběi
什么都有，有流行歌曲[3]，有东北
èrrénzhuàn , yě yǒu Yīngwéngē . Wǒ shuō : “ Nǐ
二人转[4]，也有英文歌。我说：“你
zuì xǐhuan shénme cídài ? ” Tā shuō : “ Qíshí
最喜欢什么磁带？”他说：“其实
tīng shá dōu wúsuǒwèi . Wǎnshang jìng , yǒu gè
听啥都无所谓[5]。晚上静，有个
shēngyīn jiù xíng . ”
声音就行。”

Tīngzhe suíshēntīng , tǎngzhe kàn wǔxiá xiǎoshuō
听着随身听、躺着看武侠小说
de Xiāo Fēng , yǒushí tā zìjǐ kànzhe kànzhe jiù
的萧风，有时他自己看着看着就
xiào le . Tā hái chángcháng zài shū shang huà
笑了。他还常常在书上画
huàr , huò xiě diǎnr shénme . Xiāo Fēng duì wǒ
画儿，或写点儿什么。萧风对我
shuō : “ Wǒ kàn shū shì cóng hòu wǎng qián kàn , nà
说：“我看书是从后往前看，那

1 **缘分**: (superstition) predestined affinity or relationship; lot of luck by which people are brought together

2 **哥们儿**: (a friendly term of address for friends) buddy
e.g. 他和我是哥们儿，我俩关系很好。

3 **流行歌曲**: popular song

4 **二人转**: song-and-dance duet popular in Northeast China

5 **无所谓**: not care

cái yǒu yìsi ." Wǒ tīng le , juéde tā tǐng yǒu
才有意思。"我听了，觉得他挺有
yìsi , wǒ xiào le .
意思，我笑了。

Zài sùshè li , Xiāo Fēng cónglái bù gēn
在宿舍里，萧风从来不跟
wǒmen yíkuàir chīfàn . Zài lánqiúchǎng shang ,
我们一块儿吃饭。在篮球场上，
Xiāo Fēng yě hěn tèbié . Xiāo Fēng dǎ lánqiú de
萧风也很特别。萧风打篮球的
jìshù hěn hǎo , kěshì měi cì lánqiú bǐsài
技术很好，可是每次篮球比赛
zhīhòu , Xiāo Fēng dōu gēn wǒ bàoyuàn , shéi dǎ qiú
之后，萧风都跟我抱怨[1]，谁打球
dǎ de tài chà , dǎ qiú bú dòng nǎozi , jiù
打得太差，打球不动脑子，就
zhīdao tóuqiú …
知道投球……

Huídào sùshè , Xiāo Fēng qù shuǐfáng xǐle
回到宿舍，萧风去水房洗了
xǐ , ránhòu jiù yào shàng chuáng le . Xiāo Fēng
洗，然后就要上床了。萧风
shàng chuáng shì sùshè de yì jǐngr !
上床是宿舍的一景儿[2]！

Xiāo Fēng bǎ liǎng zhī xié tuōdiào , xiéjiān kào
萧风把两只鞋脱掉，鞋尖靠
xiéjiān , hòugēn kào hòugēn , fàngdào wǒ de chuáng
鞋尖，后跟靠后跟，放到我的床
xià . Ránhòu tā shuāng jiǎo zhàn zài dì shang ,
下。然后他双脚站在地上，

1 抱怨：to complain
2 景儿：scene

huódòng huódòng shǒuzhǐ 、 shǒuwàn , bèi kàozhe
活动活动手指、手腕，背靠着
chuáng zhànhǎo , jǔqǐ gēbo , fǎnshǒu zhuāzhù
床站好，举起胳膊，反手抓住
chuángyán , hǎn shēng “ qǐ ”, shuāngjiǎo tánqǐ ,
床沿，喊声“起”，双脚弹起，
“ pū ” yíxià , jiù zuò zài le shàngpù shang !
“噗”一下，就坐在了上铺上！

Wǒmen quán fú le !
我们全服了！

Xiāo Fēng de bàba shì gè wàgōng . Měi
萧风的爸爸是个瓦工[1]。每
dào hán-shǔjià , Xiāo Fēng dōu qù bāng bàba
到寒暑假，萧风都去帮爸爸
gànhuó . Xiāo Fēng gěi bàba dāng xiǎogōng . Bàba
干活。萧风给爸爸当小工。爸爸
gànhuó shí , Xiāo Fēng zhàn zài tīzi shang ,
干活时，萧风站在梯子上，
shuāngshǒu duānzhe huī pén , jǔguò tóudǐng . Tā
双手端着灰盆[2]，举过头顶。他
bà shuō : “ Wǎng zuǒ diǎn . ” Xiāo Fēng xiàng zuǒ nuó .
爸说：“往左点。”萧风向左挪[3]。
Tā bà yòu shuō : “ Zài guòlái diǎn ! ” Xiāo Fēng
他爸又说：“再过来点！”萧风
gǎnmáng cóng tīzi shang xiàlái , bǎ huī pén
赶忙从梯子上下来，把灰盆
fànghǎo , bǎ tīzi nuó yi nuó , zài páshàng
放好，把梯子挪一挪，再爬上
tīzi , jǔqǐ jǐshí jīn zhòng de huī pén . Xiāo
梯子，举起几十斤重的灰盆。萧

1 瓦工：bricklayer
2 灰盆：a container for mixing lime, cement and water
3 挪：to move

Fēng jǔzhe huī pén, bózi suān, gēbo téng.
风举着灰盆，脖子酸，胳膊疼。
Yì tiān xiàlai, gēbo lèi de dōu méiyǒu zhījué
一天下来，胳膊累得都没有知觉
le. Xiāo Fēng shuō: "Wǒ nà xìxì de xiǎo
了。萧风说："我那细细的小
gēbo, xiànzài duànliàn de gēn tuǐ chàbuduō
胳膊，现在锻炼得跟腿差不多
yíyàng cū. Rénmen dōu shuō gēbo níng bu guò
一样粗。人们都说胳膊拧不过
dàtuǐ, wǒ kě shì lìwài." Dàjiā tīngle
大腿[1]，我可是例外[2]。"大家听了
dōu xiào le.
都笑了。

Xiāo Fēng tǎng zài shàngpù, yǒushí yě názhe
萧风躺在上铺，有时也拿着
Yīng-Hàn cídiǎn fānfan, xuéxí xuéxí Yīngyǔ.
英汉词典翻翻，学习学习英语。

Rìzi yì tiān yì tiān de guòqù. Yíhuàng,
日子一天一天地过去。一晃[3]，
bàn xuéqī jiùyào guòqu le. Qīmò kǎoshì qián,
半学期就要过去了。期末考试前，
Xiāo Fēng jí de xiàng yì zhī lǎoshu, dàochù gēn
萧风急得像一只老鼠[4]，到处跟
tóngxué dǎ zhāohu: Kǎowán le, fùxí zīliào bié
同学打招呼：考完了，复习资料别
rēng, gěi tā liúzhe. Guǒrán, Xiāo Fēng Yīngyǔ méi
扔，给他留着。果然，萧风英语没
jígé. Xiāo Fēng zài shàngpù tǎngle yì tiān.
及格。萧风在上铺躺了一天。

1 **胳膊拧不过大腿**: (fig.) the arm is no match for the thigh—the weaker can't contend with the stronger
2 **例外**: exception
3 **一晃**: (of time) passing in a flash (without one realizing it)
e.g. 一晃就是五年，孩子都长这么大了。
4 **老鼠**: mouse

Dàhuǒr quàn tā: "Méi shì, kāixué hòu bǔkǎo bei. Cháng zài hé biān zǒu, nǎ néng bù shī xié."
大伙儿劝他："没事，开学后补考[1]呗。常在河边走，哪能不湿鞋[2]。"

Dì-èr tiān zǎochen, Xiāo Fēng gēn dàjiā shuō: "Dàjiā gè kē dōu jígé, shèngxià wǒ gàn shénme ya!"
第二天早晨，萧风跟大家说："大家各科都及格，剩下我干什么呀！"

Dàjiā gèzì zhǔnbèi huíjiā le, fàng hánjià le.
大家各自准备回家了，放寒假了。

Guò Chūn Jié de shíhou, Xiāo Fēng gěi wǒ dǎlái diànhuà bàinián.
过春节的时候，萧风给我打来电话拜年[3]。

Wǒ wèn: "Nǐ nàr xiàxuě le ma?"
我问："你那儿下雪了吗？"

Wǒ kànzhe chuāngwài, wàimiàn xiàzhe xuě, duìmiàn lóudǐng bái le.
我看着窗外，外面下着雪，对面楼顶白了。

Xiāo Fēng zài diànhuà li xiào le, shuō: "Wǒ zhèr yě xià le, búguò xià de bú dà."
萧风在电话里笑了，说："我这儿也下了，不过下得不大。"

Wǒ shuō: "Zàijiā máng bu máng?"
我说："在家忙不忙？"

1 **补考**: take a make-up examination

2 **常在河边走(站)，哪能不湿鞋**: It's hard for one not to wet shoes by walking or standing near the river. It implies that certain activities carry inherent risks.

3 **拜年**: pay a New Year call

Xiāo Fēng shuō: " Mángzhe guònián. Bùguǎn
萧风说："忙着过年。不管
zěnmeyàng, rìzi yě děi guò ya!"
怎么样，日子也得过呀！"

Wǒ shuō: " Xiōngdi, Yīngyǔ jiāyóu ya,
我说："兄弟[1]，英语加油[2]呀，
bǔkǎo zài bù jígé, kě yào jiàngjí le.
补考再不及格，可要降级[3]了。
Rúguǒ nàyàng dehuà, nǐ jiù bùnéng shuì zài wǒ
如果那样的话，你就不能睡在我
de shàngpù le."
的上铺了。"

Shuāngfāng chénmòle yíhuìr.
双方沉默了一会儿。

Wǒ shuō: " Méishì guà ba, dǎ chángtú
我说："没事挂吧，打长途
diànhuà tǐng guì de. Duìle, gěi nǐ fùmǔ dài
电话挺贵的。对了，给你父母带
hǎo."
好。"

Xiāo Fēng jíqiè de shuō: " Wǒ de xuéxí
萧风急切地说："我的学习
yídìng néng shàngqù! Zánmen xiōngdì de yuánfen
一定能上去！咱们兄弟的缘分
duànbuliǎo!"
断不了！"

Wàimiàn de biānpào xiǎng le, yòu shì yì
外面的鞭炮[4]响了，又是一
nián le.
年了。

1 兄弟：brother
2 加油：make an extra effort
3 降级：to degrade
4 鞭炮：firecrackers

This srory is an abridged version of Xie Jingyuan's short story 校园三曲 published in 小说月报, No. 10, 1999.

About the Author Xie Jingyuan（谢竞远）

Xie Jingyuan is a youth writer in China. At present he is the vice chief editor of 小学生优秀作文选. He has published a variety of short stories and essays. 校园三曲 was published in 1999, when he was a senior student at Shenyang Normal University.

思考题

1. 老六

① 老六的家庭情况怎样？

② 大学给了老六什么样的帮助？对校报登他的文章和老五送给他鞋这两件事，老六是怎么看的？他的心情怎样？

③ 他对爱情和工作的看法是什么？

④ 他对家人的感情怎么样？

⑤ “我”和老六的关系为什么特别亲？

⑥ 你是怎样体会一个来自农村大学生的内心感情的？

2. 竞选

① “我”（康凯）为什么要参加三好学生的竞选？

②“我”在竞选之前做了什么准备工作？

③ 最后，“我”在竞选中输了。你是怎么看这件事的？

3. 上铺

① 萧风为什么喜欢睡上铺？

② 萧风在上铺经常做什么？

③“我”和萧风的关系怎么样？请举例说明。

责任编辑：陆　瑜
英文编辑：薛彧威
封面设计：古　手

图书在版编目（CIP）数据

汉语分级阅读 . 3000 词 / 史迹编著 . -- 北京 : 华语教学出版社 , 2016.4
ISBN 978-7-5138-0832-3

Ⅰ . ①汉… Ⅱ . ①史… Ⅲ . ①汉语－阅读教学－对外汉语教学－自学参考资料 Ⅳ . ① H195.4

中国版本图书馆 CIP 数据核字 (2014) 第 286176 号

汉语分级阅读 · 3000词

史迹　编著

*

华语教学出版社有限责任公司出版
（中国北京百万庄大街24号　邮政编码100037）
电话：(86)10-68320585, 68997826
传真：(86)10-68997826, 68326333
网址：www.sinolingua.com.cn
电子信箱：hyjx@sinolingua.com.cn
新浪微博地址：http://weibo.com/sinolinguavip
北京易丰印捷科技股份有限公司印刷
2007 年（32 开）第 1 版
2016 年（32 开）修订版
2016 年修订版第 1 次印刷
ISBN　978-7-5138-0832-3
定价：49.00元